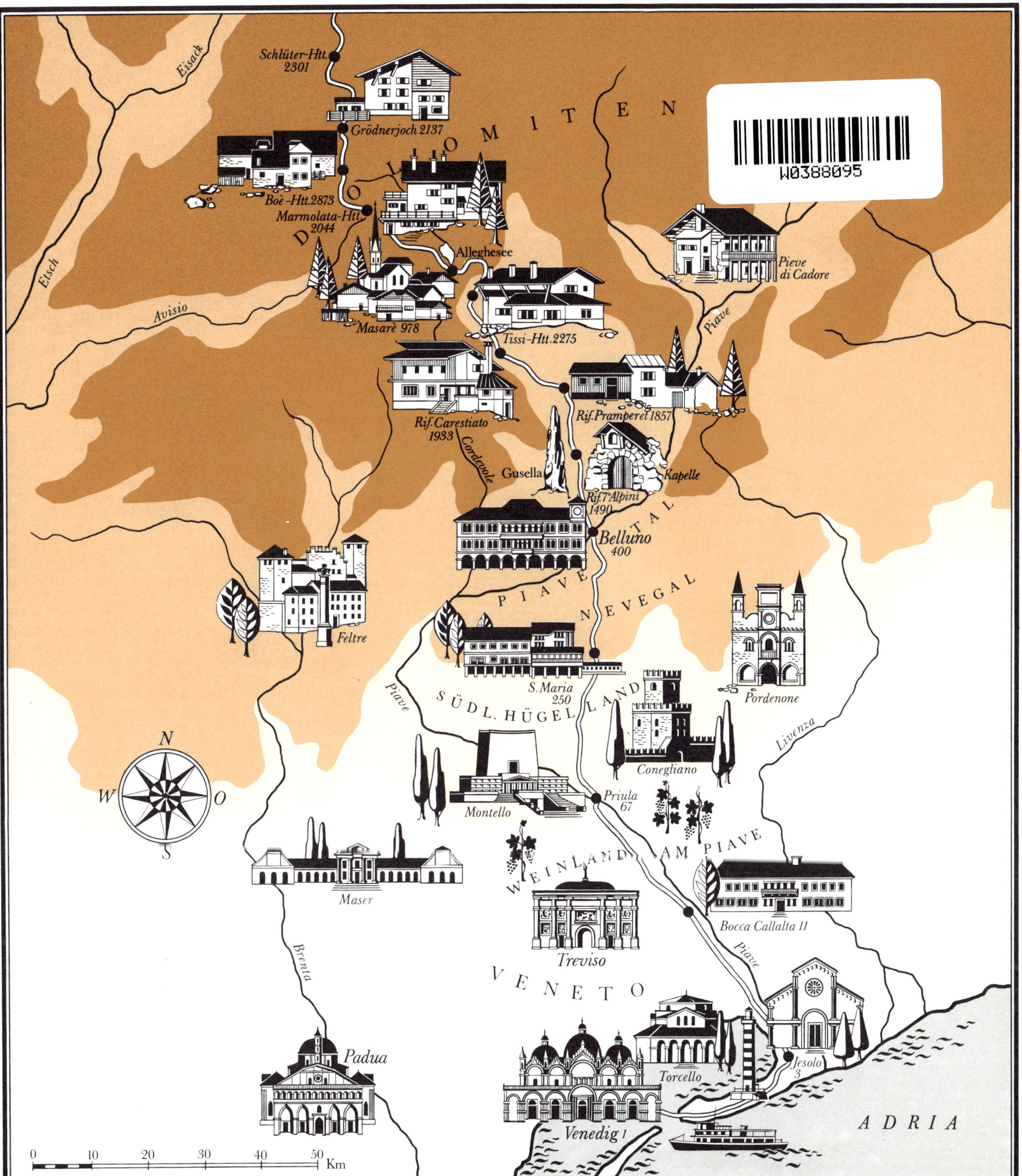
D O L O M I T E N
Eisack
Etsch
Avisio
Schlüter-Htt.
2301
Grödnerjoch 2137
Boè-Htt.2873
Marmolata-Htt.
2044
Alleghesee
Masarè 978
Tissi-Htt.2275
Pieve
di Cadore
Piave
Rif.Carestiato
1933
Rif.Pramperet 1857
Cordevole
Gusella
Kapelle
Rif.7°Alpini
1490
Belluno
400
PIAVE TAL
NEVEGAL
Feltre
S.Maria
250
SÜDL. HÜGELLAND
Pordenone
Piave
Livenza
Conegliano
Montello
Priula
67
N
W
O
S
WEINLAND AM PIAVE
Maser
Bocca Callalta 11
Treviso
Brenta
Piave
VENETO
Padua
Torcello
Jesolo
3
Venedig 1
ADRIA
0
10
20
30
40
50
Km

Zu Fuß über die Alpen

Ludwig Graßler

Zu Fuß über die Alpen

Auf dem ›Traumpfad‹
von München nach Venedig

Süddeutscher Verlag

Gestaltung des Schutzumschlags: Rudolf Miggisch
Vorderseite: Aufstieg zum Varettajoch (Bild 44)
Vorsatzkarte: Christel Aumann, München

Den »Längenschnitt der Wanderroute« (S. 6/7) zeichnete Anton Graßler

Der Beitrag »Der Wanderweg – geologisch gesehen« sowie die geologischen Karten (S. 174/175) stammen von Dr. Walter Stephan

ISBN 3-7991-5999-1

1981 · 20. Tausend

Reproduktion und Druck: Karl Wenschow GmbH, München
Bindearbeit: Grimm & Bleicher, München

Inhalt

Bilderverzeichnis

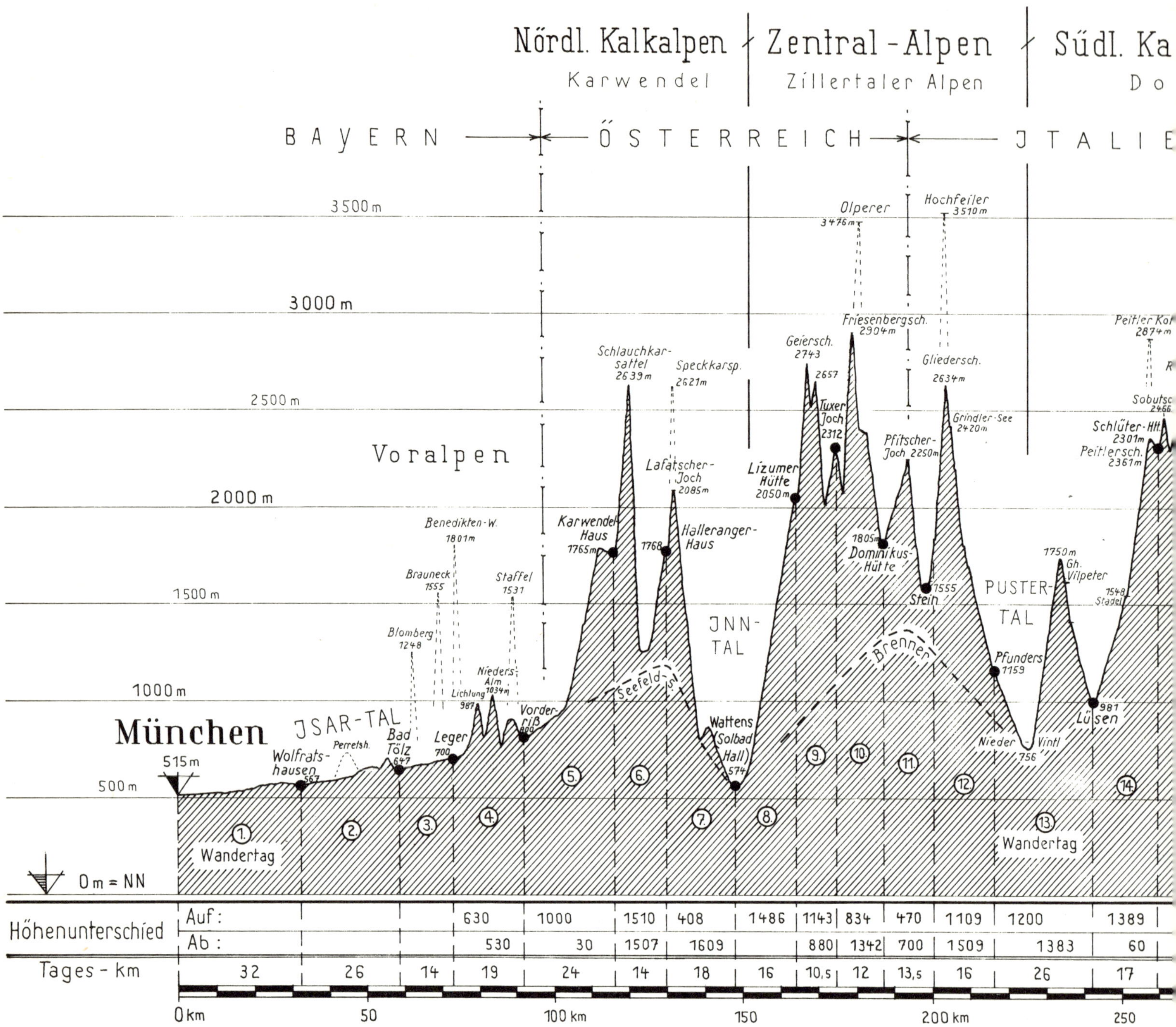

Längenschnitt der Wanderroute 50-fach überhöht ~520 km Wand

en

e n

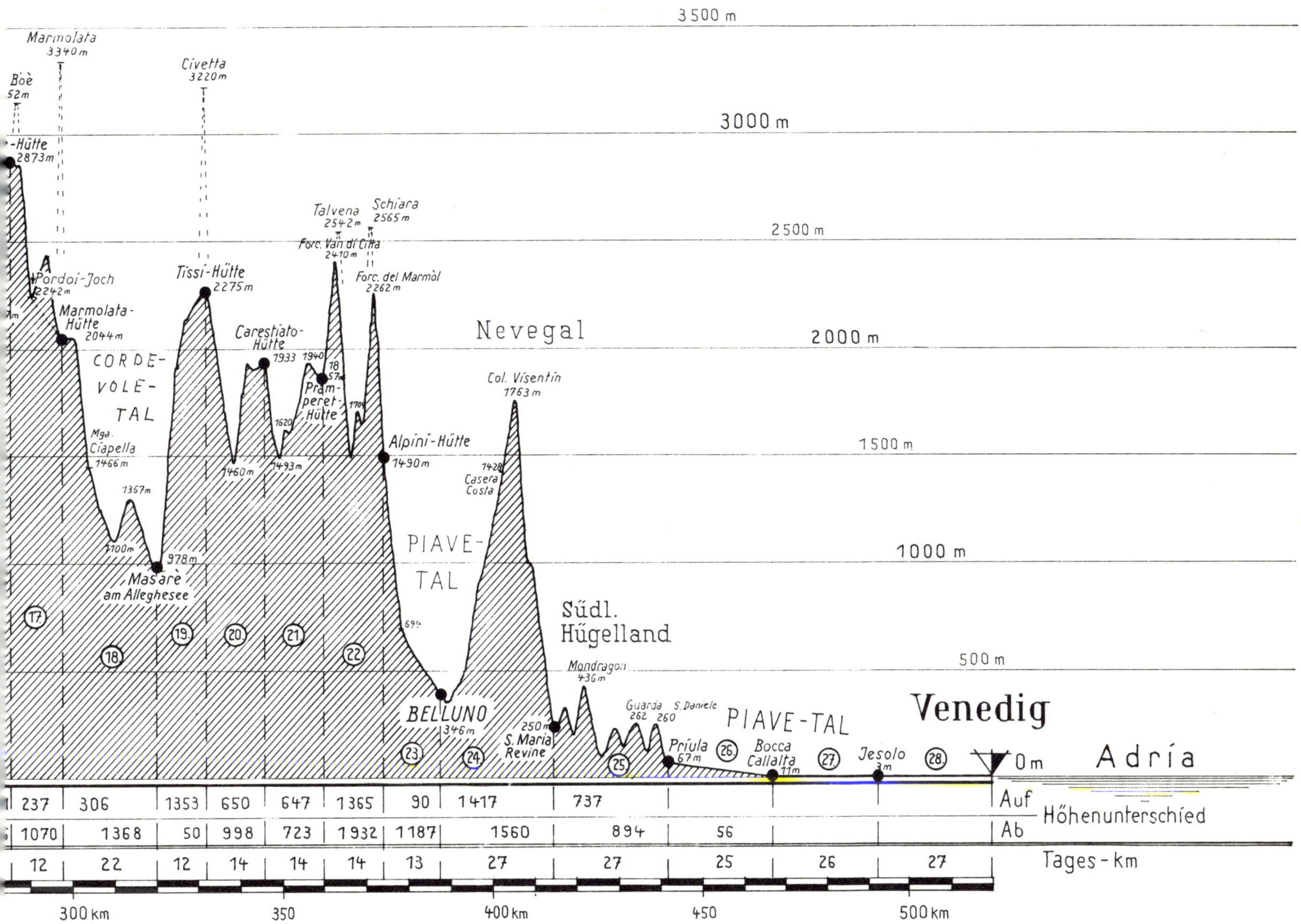

~ 20 000 Höhenmeter im Auf- und Abstieg in 28 Tagen (4 Ruhetage)

gez. Anton Graßler

Danksagung

Dank allen, die mithalfen das Erlebte in Wort und Bild umzusetzen, insbesondere Herrn Dr. Stephan für die geologische Ergänzung, Herrn Ernst Graf für die Beiträge über die Lagune und den Markusplatz, Herrn Dr. Helmut Seemann für das auf Seite 16 zur Verfügung gestellte Bild und vor allem auch dem italienischen Fremdenverkehrsverband (ENIT) in München für die großzügige Beschaffung von touristischen Unterlagen. Nicht zuletzt gilt der Dank meiner Weggefährtin für die tatkräftige Unterstützung beim Schreiben des Manuskriptes, meinem Bruder Anton für das Zeichnen des Längsschnittes der Wanderroute, und den Damen und Herren des Süddeutschen Verlages für die verständnisvolle und gute Zusammenarbeit bei der Herausgabe des Vorliegenden.
Freuen würde ich mich über jedes Echo, auch über wohlwollende Kritik und Anregungen, insbesondere von Wanderern entlang des beschriebenen Traumpfades von München nach Venedig. Für weitere Auskünfte, auch im Rahmen eines Dia-Vortrages mit großformatigen Bildern, stehe ich gerne zur Verfügung.

Ludwig Graßler

Vorwort zur 2. Auflage

Die Notwendigkeit des Nachdrucks und das Echo, das dieses Buch fand, zeigen seine wohlwollende Aufnahme. Des öfteren wurde mir bestätigt: Bilder und Text regen sehr zum Nachwandern an. Dies freut mich natürlich, veranlaßt mich aber (gerade nach einem Bergsommer mit viel Schnee und Eis in den Hochlagen) auf Folgendes sehr deutlich hinzuweisen:
Wer die Alpenüberquerung in der beschriebenen Weise unternehmen will, braucht Hochgebirgserfahrung, Ausdauer und an mehreren Stellen Trittsicherheit und Schwindelfreiheit. Extreme Verhältnisse können zur Umkehr bzw. zum Ausweichen zwingen; bei normalen sommerlichen Verhältnissen allerdings kann die Route ohne Kletter- und Eisausrüstung begangen werden.
Da längere Wegstrecken nicht markiert sind, muß der Wanderer Karten lesen und sich gut orientieren können. Trotz allem sind Überraschungen und Abenteuer nicht auszuschließen. Gerade dies ist es aber, was den von Technik und Automation verwöhnten Menschen reizt und schließlich bereichert.
Möge die Wanderung über's Gebirg auch für Sie zu einem unvergeßlich schönen Erlebnis werden!

Herbst 1978 — Ludwig Graßler

Zum Geleit

Wandern, oder wie es früher hieß ›Fußreisen‹, ist wieder modern geworden. Bereits der Schriftsteller Karl Philipp Moritz, ein Zeitgenosse Goethes, schrieb, daß in der zweiten Hälfte des 18. Jahrhunderts in Europa eine regelrechte ›Fußtoursucht‹ ausgebrochen sei. Bekannte Deutsche wie Ludwig Richter, Friedrich Hebbel, Ernst Moritz Arndt und Johann Gottfried Seume wanderten quer durch Deutschland, ja durch ganz Europa. Erinnert sei nur an das Buch Seumes: »Spaziergang nach Syrakus«, in dem er seine Wanderung von Leipzig bis Sizilien schildert (Dezember 1801 bis März 1802).

Damals hatte das Wandern primär den Zweck, ein bestimmtes Reiseziel zu erreichen und auch den Geldbeutel zu entlasten. Andererseits beweisen gerade die Werke dieser Künstler, wie sehr sie Anregungen und Kräfte aus dem unmittelbaren Naturkontakt schöpften. Für uns aber ist das Überwinden von Entfernungen zweitrangig geworden. Unsere Motive sind vielmehr Wanderlust, Freude am Unterwegssein sowie ein Sichfinden und die Begegnung mit der Natur.

Vieles, was jene Wanderer im Postkutschen-Zeitalter aussprachen, kann nicht passender für uns Menschen des 20. Jahrhunderts gesagt werden (siehe Seume). Das Auge älterer Menschen leuchtet oft auf, wenn von der Wandervogelzeit der Zwanziger Jahre die Rede ist. Anderen wieder war sie zu wanderselig, zu weltfern und zu romantisch. Muß aber für einen, der die Schönheiten und die Zusammenhänge der Natur erkennt, das lautstarke und sich wichtignehmende Tagesgeschehen nicht zusammenschrumpfen? Genau wie es jenen Menschen ergeht, die aus dem Weltraum unsere Erde in ihrer Ganzheit als »blauen Planet« erlebt haben. Wandern ist heute wieder zeitgemäß. Für uns Übergewichtige, gefahren- und geschobenwerdende Menschen des 20. Jahrhunderts wurde es zu einem therapeutischen Mittel, zu einem Quell der Gesundheit. Allerdings hat jener Zeitgenosse, der neben lärmenden und stinkenden Blechkolonnen auf einer Rue National von einer Stadt zur anderen marschiert, den Sinn und Zweck des Wanderns nicht verstanden, genausowenig wie der nur Orden sammelnde »Volkswanderer«. Auch der König der Fußgänger, der sich mit seinem vierrädrigen Karren auf der Olympiade 1972 in München zur Schau stellte, erfuhr nichts von der Freiheit und dem Zauber des Wanderns in der Natur. Erst wenn man sich von Rad und Wagen löst, und den Rucksack schultert, kann man entlang munter dahinplätschernder Bäche schlendern und über Jöcher und Scharten steigen. Für mehrere Tage, in unserem Falle für vier Wochen, muß man sich von zahlreichen zivilisatorischen Annehmlichkeiten und vom Alltagstrott losreißen. Aber zahllose stille und auch gewaltige Naturschönheiten entschädigen reichlich dafür. Die Länge der Zeit, das vielgestaltige Erleben zusammen mit dem Gefordertwerden, verhelfen zu einem restlosen Abschalten. Dauerhaft verlagern sich die Gewichte. Jene Fußgängerfreiheiten allerdings, von denen Ernst Moritz Arndt spricht, wurden für uns sehr eingeschränkt. Die sich ausdehnenden Städte fressen die Landschaft, so wie der Ausbau der Straßen die stillen Wege schluckt. Auch auf dem Lande ist anstelle des besinnlichen Kirchgangs die schnelle Autofahrt getreten. Dadurch gehen leider immer mehr Kirchwege ein, die über Wiesen und an den Feldrainen entlang führten. Für einen Wanderer unserer Tage ist es deshalb schwer, durchgehende Pfade über weite Strecken zu finden. Am leichtesten ist dies noch entlang von Flüssen und im Gebirge möglich.

Unsere Route führt uns zuerst an der Isar entlang hinauf zu den Bergen. Jenseits der Alpen begleitet uns der Piave an die Adria. Beim Aufbruch entläßt uns die anheimelnde Gemütlichkeit der Münchner Stadt, am Ende steht die Kunst und der verblassende Glanz Venedigs, der einstigen Beherrscherin der Meere. Dazwischen liegen die weißen Kalkwände des Karwendels, die firnglänzenden Höhen der Zillertaler Berge und die lieblichen Matten mit ihren roten Felsburgen in den Dolomiten. Die Wanderung endet schließlich mit einem Spaziergang entlang des Meeres.

Fürwahr ein echter Traumpfad, wie er schöner nicht sein kann!

1 Blick auf den Marienplatz in der Landeshauptstadt München, dem Aufbruchsort der vierwöchigen Fußwanderung. Rechts ein Teil des neuen Rathauses, links im Hintergrund die »welschen« Hauben der Frauenkirche und in der Mitte die Mariensäule. Als platzbeherrschendes Weihemonument stammt sie aus dem Dreißigjährigen Krieg und wurde vorbildhaft für ähnliche Säulen in anderen Städten.

Wie kam es zu dieser Alpenüberquerung?

Isartalverein kauft Weißleiten!

2 Erholungssuchende am Georgenstein. Der Nagelfluhfelsen, der in vorgeschichtlicher Zeit vom Ostufer in das Flußbett stürzte, ist benannt nach dem Namenspatron eines Lenggrieser Flößers, der dort einst in Not geriet.

Im Jahre 1965 erwarb der renommierte Münchner Isartalverein (ITV) die 5 Hektar große Weißleiten, ein Isarsteilufer zwischen Wolfratshausen und Bad Tölz. Wegen der hübschen Ausblicke, die vor dem Krieg Münchner Maler anzogen, heißt sie im Volksmund zu Recht auch Malerwinkel. Der Vereinsvorstand bat mich, das Waldgelände mit einem Wanderweg zu erschließen.
Damals endeten die beliebten Spazier- und Wanderwege dieses bereits 1902 von dem Münchner Architekten Gabriel von Seidel gegründeten Vereins zur Erhaltung landschaftlicher Schönheiten im Isartal in Wolfratshausen, 30 Kilometer südlich von München; Munitions-Fabriken im weiten Wolfratshausener Forst aus der Ära des Dritten Reiches, mit vielen Bunkern und hohen Zäunen, hatten die Fußwegverbindung isaraufwärts unterbrochen. Die Stadt Bad Tölz, reizvoll am Alpenrand gelegen, ist Patenstadt von Wolfratshausen. Dazwischen liegt eine in Europa seltene Wildflußlandschaft. Was lag da näher, als einen durchgehenden Fußweg bis an den Alpenrand zu suchen?

Wanderweg Wolfratshausen – Bad Tölz – Lenggries

Bei einem der zahlreichen Erkundungsgänge im Dickicht der Flußauen hörten meine Frau und ich plötzlich eine Stimme von oben: »Ja seid's denn Ihr ganz verruckt worn?« Sie kam von einem Hochsitz! In der Dämmerung waren wir einem Jäger und seinem prominenten Jagdgast vor die Flinte gelaufen. Ganz allmählich konnte die geplante Route auf einer Karte festgehalten werden. Verschiedene Pfadfindergruppen und der Königsdorfer Burschenverein halfen bereitwillig beim Ausbau. Mein erstes Auto bewährte sich als Gelände- und Transportfahrzeug für die verschiedensten Werkzeuge und Gerätschaften. Die Trägerschaft der Baumaßnahmen übernahm der Isartalverein, finanziell unterstützt von verschiedenen Behörden, besonders von den Landkreisen Wolfratshausen und Bad Tölz. An der Wanderroute schützen Naturfreunde die vielen seltenen Blumen und Pflanzen.
In Absprache mit der Stadt Bad Tölz, der Unteren Naturschutzbehörde und den angrenzenden Gemeinden, legte ich schließlich die Wanderroute isaraufwärts bis Lenggries fest. Für den Ausbau finanzierte der Landkreis im Jahre 1968 ein internationales Jugendlager. Junge Menschen aus verschiedenen europäischen Ländern rodeten Weidendickicht und planierten die Wegtrasse. Eine alljährliche Isarwanderung zum Alpenrand während der Orchideenblüte wurde inzwischen zur Tradition.

Siebentägige Wanderung zur Isarquelle

3 Blick in die Klosterkirche Schäftlarn. Der Innenraum ist ein Kleinod des bayerischen Barock. Die Stukkaturen aus den Jahren 1754/56 und die Fresken stammen von Johann Baptist Zimmermann, das Hochaltargemälde »Himmelfahrt Mariae« von Balthasar Albrecht aus dem Jahr 1755 und die Kanzel von Johann Baptist Straub.

Die rauschende Isar lockte uns immer weiter in die Berge hinein. So brach ich im Herbst 1972 mit Freunden und Mitgliedern des ITV zu einer 7tägigen Wanderung von München-Großhesselohe zur Isarquelle im Karwendel auf. Als wir dann an einem schönen Herbsttag durch das wildromantische Vomperloch in das Inntal hinauswanderten, sagte eine Wandergefährtin: »Jetzt wäre es schön, noch in die Zillertaler Berge und hinein in die Dolomiten zu gehen«! Eine andere, die schon etwas von den Dolomiten-Höhenwegen wußte, nannte die reizvolle, südlich gelegene Bergstadt Belluno als Ziel. Der Wildfluß Piave, ein südliches Gegenstück zur bayerischen Isar, führt von dort bis an den Golf von Venedig. Mit den beiden Bergflüssen nördlich und südlich der Alpen und den Dolomitenhöhenwegen als Mittelstück reifte der Plan, München mit Venedig durch eine Wanderroute zu verbinden. Die verstopften Autostraßen und die immer mehr aufkommende Wanderlust gaben weiteren Auftrieb.

Ein Jahr Vorbereitungen

Für einige hundert Mark beschaffte ich mir Wanderkarten über die Gebiete von der Isarmündung bei Deggendorf bis zur Lagune von Venedig. Eine Teilstrecke in den Tuxer Alpen kannte ich aus meiner Gebirgsjägerzeit. Damals – 1942 und 1944 – sind wir noch über die ächzende Holzbrücke vom Bahnhof Fritzens nach Wattens hinübermarschiert. »Ohne Tritt!« lautete das Kommando, um ja nicht im Gleichschritt das alte Brückenbauwerk in's Schwingen oder gar zum Einstürzen zu bringen. Wochenendwanderungen und ein Kurzurlaub im Frühsommer 1973 im nördlichen Südtirol halfen weitere Lücken schließen. Doch es blieben noch genug Ungewißheiten.
Zwischenzeitlich, als oben in den Bergen noch tiefer Schnee lag, begannen wir eine Fernwanderung an der Mündung der Isar in die Donau. Mit dem einziehenden Frühling wanderte ich mit einer kleinen Gruppe an Ostern und jeweils an Wochenenden isaraufwärts. Wir erlebten die vielbesungene Isar in ihrer ganzen Länge (283 km). Dies war ein gutes Vortraining für die Alpenüberquerung.

Erste Alpenüberquerung – jedoch vor dem Ziel gescheitert

Am 8. September 1973 war es dann endlich so weit. An einem der schönsten Plätze Oberbayerns, auf dem Tölzer Kalvarienberg, verabschiedeten die Wolfratshauser Jagdhornbläser mit besinnlichen Weisen zwei Dutzend Wanderer. Jenseits der Isarquellen, im Inntal, endete die offizielle Führung für den Isartalverein. Am 28. September erreichte ich mit einer kleinen Gruppe Belluno; von dort sind es 110 Straßenkilometer bis Venedig. Die Freunde verabschiedeten sich. Vom Nevegal (1763 m), dem letzten alpinen Höhenrücken, stiegen wir in den Verkehrskessel

4 Ausblick vom Riemerschmidpark auf das Naturschutzgebiet der »Pupplinger Au« bei Wolfratshausen. Am Hangfuß mündet nach einem etwa 115 Kilometer langem Lauf die Loisach. Im Dunst der Ferne der Alpenrand bei Bad Tölz.

Vittorio Veneto hinab. Nach tagelangem Regen mit Schneefall in den Dolomiten hatten wir nun erneut schlechtes Wetter. Außerdem fanden wir nur noch belebte Autostraßen, aber keine Wanderwege mehr! Dazu schmerzte meiner Frau die dritte Haut an den Fersen und bei mir machten sich erneut die Folgen eines leichten Muskelanrisses bemerkbar. Ich hatte ihn mir sechs Tage vorher bei einem Sprung an der Civetta zugezogen. So mußten wir vier Wandertage vor dem Ziel aufgeben. Wir stiegen in den Bus nach Treviso und erreichten mit der Bahn am frühen Nachmittag des 1. Oktober 1973 die Lagunenstadt Venedig. Gescheitert! Der Gedanke aber, durch das Hügelland westlich von Vittorio Veneto die Wildflußlandschaft am Piave mit ihren Dämmen bei Nervesa de bataglia und schließlich das Meer bei Jesolo zu erreichen, ließ mich nicht los.

Erneute Vorbereitungen

Ostern 1974 erkundete ich den idealen Abstieg vom Nevegal zu einem Ausflugsgasthof nach Lago di Revine und die Fortsetzung zum Mondragon.
Der Schnee in der Schiara ließ wiederum einen Einstieg in die Via Ferrata oberhalb der Siebten-Alpini-Hütte nicht zu. Diese letzte Felsbastion der Dolomiten mußten wir bei der Wanderung 1973 wegen Neuschnee umgehen. Auch fehlte die Zeit, um die Flußlandschaft am Piave näher kennenzulernen. Also auch für die Wanderung 1974 noch Fragezeichen genug. Um das Risiko von herbstlichen Schneefällen zu vermindern und um noch mehr von der meistens beständigen Spätsommer-Schönwetterlage mitzubekommen, legte ich die Wanderung um 14 Tage vor. Anfang August 1974 belieferte ich zwei Depots im Inntal und in den Dolomiten mit Wäsche, Karten u.ä. notwendigen Utensilien zum Auswechseln.

Höhepunkt und Ausblick

Bewußt wählte ich als Aufbruchsort den Marienplatz in München. Diesmal mußte ich den Markusplatz erreichen! Die Wanderung 1974 wurde ein einmaliges Erlebnis, ein Höhepunkt, wie er kaum übertroffen werden kann. Von den 33 Tagen waren nur drei ausgesprochen schlecht. Bei herrlichstem Fotografierwetter konnten wir mehrere Gipfel besteigen. Zusammen mit meinen Wanderkameraden stand ich nach 28 Wandertagen und nach Überwindung von 20000 Höhenmetern endlich am Meer und wenige Stunden später auf dem Markusplatz in Venedig.
Es ist nicht nur das sich selbst gesetzte und erreichte Ziel, das einen froh macht und beglückend wirkt, vielmehr sind es die Erinnerungen an die zahllosen Naturschönheiten dieses Traumpfades über die Alpen und die Begegnung mit ihren Bewohnern. All dies weckt erneut den Wunsch, möglichst bald vom Marienplatz zum Markusplatz wieder unterwegs zu sein.

Aufbruch in Münchens Guter Stube

Als wir am Morgen des 24. August 1974 von Münchens Marienplatz zur großen Wanderung über die Berge aufbrachen, verabschiedete uns die Sängerzunft Wolfratshausen mit Wanderliedern. In der Ecke beim Donisl schlugen sich ein paar Übernächtige. Ein Zuschauer meinte: Unsere romantischen Lieder wären dabei nicht angebracht, und die Polizei hatte Mühe, die betrunkenen Hitzköpfe auseinander zu bringen. Von der anderen Seite trat ein junger Mann auf mich zu, drückte mir einen Geldschein in die Hand und sagte: Endlich etwas Vernünftiges! Wenn Ihr in Südtirol seid, so trinkt einen Tiroler Roten auf mein Wohl! Soviel über unsere Verabschiedung auf dem Platz, dessen Freihaltung Kaiser Ludwig der Bayer im Jahre 1325 mit nachfolgenden Worten anordnete: »furbas sollte darauf nieman niht pauwen, weder mauren noch zimmern« dürfen. Zum Wohl seiner Bürger wünschte der Kaiser: »daz der Margt dest lustsamer und dest schöner und dest gemachsamer sei«.

Zur Guten Stube Münchens war jedoch noch ein weiter Weg. 515 Jahre später, im Jahr 1840, berichtete das ›Vaterländische Magazin‹ vom allwöchentlichen Markttag: »Man trete in irgendeiner der Morgenstunden gegen den Schrannenplatz, in allen dahinführenden Straßen und Gassen steht oder fährt Wagen an Wagen, und auf dem Platze selbst herrscht ein Drängen, Stoßen, Rufen, ein Knäuel von unterschiedlichen Bewegungen, in welche die aufsichthaltenden Gendarmen und Soldaten kaum noch einige Ordnung zu bringen vermögen ... Bei Einbruch der Nacht schließt endlich das wüste Stück Leben ...«

Ein weiteres Jahrhundert später fiel der Platz in Schutt und Asche; um dann nach dem Wiederaufbau in den darauffolgenden Jahrzehnten mit dem Verkehrslärm und dem Benzingestank das ›Gemachsame‹ erneut zu verbannen. Erst mit der Schaffung der Fußgängerzone wurde der ehemalige Schrannenplatz (1853 Verlegung des Getreidemarktes) wieder lustsamer, schöner und gemächlicher. Er wurde dadurch wieder zu einem Platz der menschlichen Begegnung, wo diskutiert, musiziert und gefeiert wird.

Mit den Zeitläufen hatte er auch sein Aussehen gewandelt. Von 1867 bis 1909 wurde anstelle von 24 Altmünchner Häusern das Neue Rathaus um sechs Binnenhöfe errichtet; gebaut von Hauberrisser in Anlehnung an die flandrische Gotik. Seine Frontseite ist fast 100 Meter lang und reich an figürlicher und ornamentaler Bauplastik. Im 80 Meter hohen Turm befindet sich ein Glockenspiel mit 43 Glocken, welches der Münchner Kaufmann Konsul Rosipal 1904 gestiftet hat. Es ist das größte Glockenspiel Deutschlands und täglich um 11.00 Uhr kündet es von Szenen aus der Stadtgeschichte.

Der Platz hat die verschiedensten Ereignisse erlebt. Mancher Verbrecher hat im

5 Die ehemalige Kreisstadt Wolfratshausen, das Ziel des ersten Wandertages. Die Grundformen der Sankt Andreaskirche zeigen oberbayerische Spätgotik von 1484; sie wurden im Neubau 1621 mit einer barocken Innenausstattung verbunden. An der von Westwinden geschützten Loisach beziehen alljährlich Hunderte von Wasservögeln ihr Winterquartier.

55

6 Ein blumengeschmücktes Haus aus dem Isarwinkel. Der weiße Steinsockel bildet mit dem dunklen verwitterten Holz, den rot leuchtenden Geranien und dem grünen Hausanger eine anheimelnde und harmonische Einheit.

Mittelalter bei den öffentlichen Hinrichtungen hier sein verwirktes Leben lassen müssen. Eine der grauenvollsten war 1337 die Enthauptung des Raubritters Dietz von Schaumburg. Er erbat sich als letzten Wunsch vom Kaiser: Seine vier mitgefangenen Knechte sollten am Leben bleiben, wenn er selbst nach seiner Hinrichtung ohne Kopf an ihnen vorbeilaufen würde. Der kopflose Dietz erhob sich vom Scharfrichterblock, lief an seinen Knechten vorüber und brach erst dann zusammen.

Zwischen 1370 und 1440 fanden fast jedes zweite Jahr Kampfspiele der Ritter statt. Besonders großartig waren sie in Verbindung mit Festlichkeiten des Hofes. Zu Fastnacht im Jahre 1500 kam der »Letzte Ritter« Maximilian zum Rennen und Stechen.

Die Bayerischen Fürsten begrüßten auf dem Platz 1434 den Kaiser Sigismund, 1491 den Kaiser Maximilian I. und 1530 Karl V. Er war der Träger der deutschen und der spanischen Krone. Auf dem Weg zum Reichstag in Augsburg besuchte er die Stadt. Zu seinen Ehren veranstaltete man am Abend auf dem Markt ein Feuerwerk, bei dem ein hölzernes Schloß in Flammen aufgehen mußte.

An das aufwendigste Fest, welches die Münchner auf dem Marktplatz feierten, erinnert das Turnier des Glockenspiels auf dem Rathausturm. Zur Fürstenhochzeit 1568 feierten Hof und Bürger acht Tage lang die Vermählung des späteren Herzog Wilhelm V. mit Renate von Lothringen. Der Schäfflertanz, 1683 beurkundet, soll mit seinen Anfängen bis in das 14. Jahrhundert zurückreichen.

Als im Jahre 1854 täglich mehr als 100 Menschen in der Stadt an Cholera starben, versammelten sich am 28. August 20 000 Menschen zu einem Bittamt vor der Mariensäule. Ein Blumengärtchen mit Eisengitter umgibt sie, schreibt Gsell Fels in seinem Führer von 1908 und erwähnt weiter, daß vor der Säule oft andächtige Landleute knien.

Ein festliches Ereignis zu Füßen der Mariensäule war anläßlich der 800-Jahrfeier Münchens der große, gemeinsame Gottesdienst. Die Säule beherrscht als Weihemonument die Mitte dieses historischen Platzes. Sie ist zugleich der geographische Mittelpunkt der Landeshauptstadt und gilt als Bayerns Kilometer-Nullpunkt. Was lag da näher, als von hier aus den Weg über die Berge zu beginnen? Schließlich ist München nach der Schriftstellerin Ricarda Huch (1864–1947) die Stadt der Bergluft und des südlichen Himmels, Pfeiler der Brücke zwischen Deutschland und Italien.

Erster Wandertag

Hüter einer Wildflußlandschaft vor den Toren der Großstadt.

»An den Tyroler Bergen standen die Wolken in ungeheuren Massen fest. . . . Der Weg geht auf die Höhen, wo man unten die Isar fließen sieht, über zusammengeschwemmte Kieshügel hin. Hier wird uns die Arbeit der Strömungen des uralten Meeres faßlich. . . . Nun ging mir eine neue Welt auf!« So schreibt Goethe in der ›Italienischen Reise‹ über die Landschaft, die wir zu Beginn unserer Fußreise durchwandern. Leider ist diese in Europa einmalige Wildflußlandschaft stark gefährdet. Der Kampf um sie im Vorfeld der Großstadt dauert schon Jahrzehnte. Wasserentzug und Flußverbauungen waren die empfindlichsten Eingriffe. Oft ist es nur Gedankenlosigkeit, die in der Summierung aber die Flora zerstört und die Ruhe beeinträchtigt. Da und dort aber auch handfester Egoismus Einzelner, wirtschaftliche Interessen, oder ein besonderes Geltungsbedürfnis, die direkt oder indirekt diesen selten gewordenen Landschaftscharakter verändern.
Man schrieb das Jahr 1902: Gabriel von Seidl, der große Münchner Architekt, Erbauer des Bayerischen Nationalmuseums und ein Freund des Malerfürsten Lenbach, spazierte mit seinen Kindern entlang des Höhenrandweges südlich von Baierbrunn. Da standen sie plötzlich vor einem Zaun, der den beliebten und bislang freien Weg versperrte. Der Architekt schrieb daraufhin an das Bezirksamt in Wolfratshausen: »Der Weg ist nach dem Zeugnis des Vorbesitzers und vieler anderer Personen, auch durch die ganze Art der Anlage und durch viele jahrzehntelange Benützung, ein öffentlicher«. Seidl beließ es aber nicht bei diesem Schreiben. Er erkannte die große Gefahr für die wertvolle Erholungslandschaft und schloß sich deshalb mit Gleichgesinnten zu einem Verein zur Erhaltung der landschaftlichen Schönheiten des Isartals (ITV) zusammen. Damit war der Isartalverein gegründet. Das erste Mitglied war der damalige Innenminister Freiherr von Feilitzsch. Viele bedeutende Künstler, Gelehrte, Politiker und angesehene Bürger folgten dem Aufruf Seidls.
Seitenlange Verse widmeten beispielsweise Hermann und Eugen Roth diesem Verein. Letzterer schrieb: »Das Grün um München wird sehr schmal! / Fast bleibt nur noch das Isartal. / Soll das nicht auch verloren sein, / Steht treu zum Isartalverein!«
Von der ersten Stunde an im Jahre 1902 blieb es aber nicht bei Worten; bereits der erste Jahresbericht verzeichnet 30 000 Mark Stiftungsgelder. Und auch heute noch finden sich hochherzige Gönner, die dem Isartalverein ansehnliche Erbschaften vermachen. Gemäß der Devise: Der sicherste Naturschutz ist der Grundstückserwerb, kaufte der ITV im Laufe seines 75jährigen Bestehens rund 150 Tagwerk Grund. Meist handelte es sich um herrliche Aussichtsgrundstücke, die so für alle Zeit der Allgemeinheit für eine sinnvolle Erholung zur Verfügung stehen. Neben

7 Ausblick in den Isarwinkel vom Tölzer Kalvarienberg. Links im Bild der neugotische Turm der Stadtpfarrkirche von Bad Tölz, rechts unten die Isar, dahinter in der Bildmitte der 1491 Meter hohe Geierstein östlich von Lenggries.

8 Die Reste eines Kalkofens in der Nähe der Lenggrieser Isarbrücke auf dem Westufer des Flußes. Früher gab es entlang der oberen Isar an die fünfzig derartige Öfen. In ihnen wurde aus handverlesenen Kieselsteinen durch ein 1100 Grad heißes Holzfeuer begehrter Branntkalk gewonnen. Dritter Wandertag.

dem Grundstückserwerb strebt der ITV den Ausbau sowie den Unterhalt von Wanderwegen an.
Zum 60. Vereinsjubiläum widmete Eugen Roth, der allseits bekannte und beliebte Münchner Dichter, dem Isartalverein:

Der Münchner hat gar reiche Wahl
Im Grünen zu lustwandeln,
Am schönsten ist das Isartal
So lang sie's nicht verschandeln.

Das würde längst geschehen sein
Wollt's nicht davor bewahren
Der wackre Isartalverein
Seit nunmehr sechzig Jahren.

Laßt ihn, Ihr Münchner, nicht im Stich
Es könnt Euch sonst gereuen:
Noch Eure Enkel sollen sich
Der schönen Landschaft freuen!

Weiden-Tamarisken-Flur

9 Vom Aufstieg auf den Grammersberg schauen wir auf den Sylvenstein-Stausee. In der Bildmitte das Dorf Neufall. Auf Jägersteigen der gegenüberliegenden Berghänge und im Einschnitt des Schronbachtales verläuft die Wanderroute des vierten Tages.

Die Schneeschmelze im Frühjahr oder ausgiebige Regenfälle im Sommer lassen die ansonsten gezähmte Isar auch heute noch mächtig anschwellen. Nach Abklingen des Hochwassers leuchten die blankgeputzten oder neu aufgeschütteten Kiesflächen. Zum größten Teil bestehen sie aus den abgerundeten, bis faustgroßen Kieseln der Kalkalpen (Hauptdolomit und Wettersteinkalk). Dort wo die Fließgeschwindigkeit geringer war, lagerte sich Schluff und Sand ab. Er stammt zum Teil aus der Flinzregion der Vorberge. Bei näherem Hinsehen findet sich Feinmaterial auch zwischen dem groben Geröll.
Gleich interessant für den Naturliebhaber wie für den Fachmann ist es zu beobachten, wie sich auf dieser scheinbar sterilen Steinwüste erstes Pflanzenleben ansiedelt. Genügsame Pioniere sind es, die Hitzegrade über 35 Grad Celsius sowie gelegentliche Überflutungen, Überschiebungen und auch Trockenheit aushalten. Zwei Vertreter aus der etwa 300 Arten umfassenden Gattung der Weiden (Salix), nämlich die Purpur- und die Grauweide, zählen dazu. Ihr in Massen auftretender Same besitzt nur eine kurze Keimkraft. Die Blüten sind zweihäusig, d.h. männliche und weibliche Blüten wachsen auf verschiedenen Sträuchern. Zu diesem Gehölz gesellt sich eine Staude, die Schnee-Pestwurz aus der Familie der Korbblütler. Bevor ihre großen Blätter, die zu den größten in der heimatlichen Pflanzenwelt zählen, sich entfalten, schieben sich die weiß- oder weißroten Blütenschäfte aus dem steinigen Boden. Die Blüte ist zweihäusig und auch zwittrig. Ihr Same reift bereits im Hochsommer. Zusammen mit den Weiden bildet die Pestwurz ein weitverzweigtes Wurzelsytem. Es verankert sich immer mehr im Boden und schützt so vor der Erosion durch den reißenden Fluß. Als dritte im Bunde der Pionierpflanzen sei noch der zweijährige Natterkopf (Echium vulgare) genannt. Er hat etwas stachlig-distelartiges an sich, mit seinen an Stengel und Blättern sitzenden Borsten. Die Blütenfarbe wechselt bei ihm mit dem Aufblühen von rot zu blau.
Die floristisch bemerkenswertesten Vertreter auf den offenen Kiesflächen sind die alpinen Schwemmlinge. Die Bergwasser verfrachten ihre Samen in das Alpenvorland. Als alte Bekannte werden wir sie einige Tage später hoch oben in den Bergen wieder antreffen. Sie steigen dort über 3000 Meter hinauf. Bei der Alpengemskresse (Hutchinsia alpina) verrät schon der Name ihre Herkunft. Gerne fressen die Gemsen dieses weißblühende und wohlschmeckende Kräutlein: Sein botanischer Name geht auf die irische Botanikerin Ellen Hutchins (1785-1815) zurück. Von bezaubernder Farbe und Form ist das violett-orangegelb blühende Alpen-Leinkraut (Linaria alpina). Den Blütenreigen auf den Flußschottern vervollständigen die Alpenkresse (Arabis alpina) und das kriechende Schleierkraut (Gypsophila

DEM
ERFORSCHER
DIESES
ALPENGEBIETES
HERMAN
FREIHERR VON BARTH
HARMATING.
GEBOREN 15. MAI 1845, AUF SCHLOSS
EURASBURG.
GESTORBEN 7. DEC. 1876 ZU LOANDA
IN AFRICA.
DIE ALPENVEREINSSECTION AUGSBURG
1882.

10 Unter Fichten auf dem Kleinen Ahornboden erinnert dieses schlichte Denkmal an Hermann von Barth, den Erschließer der nördlichen Kalkalpen. Im Hintergrund verschwinden im Nebel die steilen Felsabstürze der Kaltwasserkarspitze (2 733 Meter). Fünfter Wandertag.

alpina), beide weißblühend. In geschickter Raumaufteilung streckt letzteres seine unzähligen Blütenköpfchen dem Licht entgegen. Wenn die reizende blaue Zwergglockenblume (Campanula cochleariifolia) einmal Fuß gefaßt hat, bildet sie mit den rosettentragenden Ausläufern bald dichte Polster. Am Rand der Dolomitenpässe wächst sie oft zu Tausenden. Hervorgehoben sei schließlich noch das Alpenleimkraut (Silena alpina), der Thymian und die Silberwurz (Dryas octopetala).

Zu dieser Ansammlung von Weidensträuchern, Stauden, ein- und zweijährigen Pflanzen gruppiert sich vereinzelt ein Halbstrauch; deshalb so genannt, weil Teile der ansonsten verholzten Zweige alljährlich absterben. Gemeint ist die Deutsche Tamariske (Myricaria germanica). Sie hat schuppige Blätter und graugrüne Blüten in Scheinähren. Im oberbayerischen Voralpenland erreicht sie ihre nördlichste Verbreitung. Zu Hause ist sie in den Alpentälern und in Südeuropa. Können sich all diese Pionierpflanzen einige Jahre ungestört weiter entwickeln, so bildet sich eine typische Pflanzengemeinschaft. Nach ihren auffallenden Straucharten heißt sie Weiden-Tamarisken-Flur. Professor Paul Seibert zählt in seinem Buch »Die Pflanzengesellschaften im Naturschutzgebiet Pupplinger Au« an die hundert verschiedene Pflanzenarten dazu. Zwanglos unterteilt er die Gesellschaft in vier Einheiten.

Erst das Aufkommen der Kiefer (Pinus silvestris), der Zypressenwolfsmilch (Euphorbia cyparissias) und des Blaugrases (Sesleria coerulea) leiten schließlich den Übergang zur Pflanzengesellschaft des Schneeheide-Kiefernwaldes ein.

Dritter Wandertag

Rote Geranien auf dunklem Holz

Bunte Blumen an Fenstern und Balkonen geben selbst den einförmigen Betonbauten im Grau der Großstädte eine freundlichere Note. Wieviel Harmonie aber strahlt ein blumengeschmücktes, stilvolles Bauernhaus im Gebirge aus! Ist es der Gegensatz zwischen altem Bauwerk und schnell vergänglichen Blumen, oder, wie im Bild (Nr. 6), der Dreiklang von weißem Verputz und roten Geranien auf dunklem, verwittertem Holz, das den Betrachter in den Bann zieht? Das Bild gehört zur Urlaubslandschaft der Alpen wie die Viehherden zu den Almen. Sogar der Journalist und Schwiegersohn des früheren Kremlgewaltigen Chruschtschow, Alexej Adschubej, erwähnte in dem sachlichen Bericht über seinen Deutschlandbesuch vor mehreren Jahren die mit Blumen geschmückten oberbayerischen Häuser.
Die schönsten Höfe findet man nicht immer als Schauobjekte an Hauptstraßen und auf Dorfplätzen; meist liegen sie als Einzelhöfe oder Weiler versteckt hinter Baumreihen und Moränenhügeln. Die sowieso schon mit Arbeiten im Haus und Stall überlastete Bäuerin hegt und pflegt dazu noch die vielen Blumen; vorwiegend aus Spaß an der eigenen Freud. Bringt die Blumenpracht auch noch anderen Freude, ist's umso besser!
Die Mühen und Einschränkungen beginnen schon im Winter. In vielen Fällen stehen die gefüllten Blumenkästen und Töpfe in einer frostfreien, lichten Kammer neben alten Bauernschränken. Die Pflanzen dürfen in ihrer Winterruhe nicht ganz austrocknen und müssen einigemale durchgeputzt werden. Mit dem wachsenden Tag bekommen sie eine frische, nahrhafte Erde. Die stehenden Geraniensorten – streng botanisch müßten sie eigentlich Pelargonien heißen – werden gestutzt, damit sie zu buschigen Stöcken heranwachsen; wohingegen die hängenden Arten (Pelargonium peltatum) möglichst lang belassen werden. Erst nach den Eisheiligen im Mai erhalten sie wieder ihre gewohnten Plätze an Fenstern und Balkonen. Damit nimmt auch die Arbeit wieder zu, denn sie müssen an heißen Tagen wenigstens einmal gegossen werden. Zu einer üppigen Blüte bedarf es einer erfahrenen und liebevollen Pflege. Keinesfalls dürfen bei der Jungpflanzengewinnung im August von kranken Pflanzen Stecklinge geschnitten werden. Junge, bis zum Herbst gekräftigte Pflanzen überwintern am besten. Sie blühen im nächsten Jahr wohl zeitiger, jedoch nicht so üppig wie die langen, alten Ranken. Werden sie weiter kultiviert, müssen sie vor den ersten Frösten im Herbst wieder in ihr Winterquartier. Als Südafrikanerin – 1710 wurden Pelargonien erstmals nach England eingeführt – würde sie unweigerlich bei uns im Freien erfrieren. In Kapland, ihrer ursprünglichen Heimat, blühen sie auf besonntem Gelände so zahlreich wie bei uns die Wiesenblumen.

11 Die Lafatschalm mit Speckkarspitze (2621 Meter). Im Zirbelnwald am Hangfuß ist die Alpenvereinshütte Hallerangerhaus zu erkennen, das sechste Tagesziel. Im Hangeinschnitt dahinter, der zum Überschalljoch hinaufleitet, sammeln sich die Bergwasser zur jungen Isar.

12 Die Alpenvereinshütte Hallerangerhaus der Sektion Schwaben/Stuttgart, dahinter die Nordostwände des Kleinen Lafatscher (2 502 Meter). Zwischen uralten Zirbeln (Arven) führt der Weg im Vordergrund zur Isarquelle, zur Hallerangeralm und weiter zum Überschalljoch (1910 Meter).

An schattigen Stellen gedeihen noch ganz gut Knollenbegonien und Glöckerlstökke (Fuchsien). Wegen der zierlichen Form und der geringeren Fernwirkung gehören letztere an besonders gut einsichtbare Stellen. Ungeeignet für ausgesetzte Stellen sind die einjährigen Petunien. Ihre verschiedenfarbigen und großen Blüten zerzaust leicht der Wind. Im Tirolerischen nimmt vereinzelt die Gebirgshängenelke den Platz der Geranie ein. Sie entwickelt sich dort besonders, wo die Luftfeuchtigkeit genügend hoch ist. Wie alle Nelken verlangen sie einen lehmhaltigen Boden. Auch sie werden im Spätsommer durch Stecklinge vermehrt und stellen in der Überwinterung ähnliche Anforderungen wie die Geranien.
Kletterrosen, blaue Waldreben, oder der im Sommer mit einem weißen Blütenschleier überzogene Knöterich (Polygonum aubertii) vervollkommnen in vielen Fällen das Bild. Weil er bis zu sechs Meter im Jahr emporklimmt, heißt letzterer auch Klettermaxe. Das ländliche Motiv unterstreichen ein ehrwürdiger Hofbaum und ein mit Stauden wie Rittersporn, Margeriten, Phlox und Herbstastern überquellender Bauerngarten. Trotz Rationalisierungsmaßnahmen und betriebswirtschaftlichen Überlegungen gehört nach wie vor auch der Obstanger zu einem richtigen Bauernhof.
Heimatrecht im Isarwinkel genießt auch seit vielen Jahren der südländische Oleander. Als nicht winterharte Kübelpflanze flankiert er mit seinen weißen, rosa oder roten – seltener auch gelben – Blüten häufig die Hauseingänge. In warmen Sommern blüht er sehr reichlich vom Juni bis in den Herbst. Die Heimat des Oleander ist der Mittelmeerraum, das Ziel unserer Wanderung. Dort werden uns hohe, freiwachsende Blütenhecken an den Isarwinkler Blumenschmuck erinnern.

Vierter Wandertag

Wasser ist Leben!

Monatelang nach der Alpenüberquerung zu Fuß glaubt man noch immer das Rauschen der Gebirgsbäche zu hören. Diese Musik der uns entgegensprudelnden, uns begleitenden, oder den Weg kreuzenden Bergwasser, lassen zusammen mit dem Erlebnis der leuchtenden Bergblumen allein schon den Weg zu einem ›Traumpfad‹ werden. Zahllos sind die Wasserfälle, die Ausrufe der Bewunderung auslösen. Auch der nüchternste Alltagsmensch kann sich dem Zauber des weltentlegenen Junssees und der in Gumpen springenden Wasser hinten im Staffelgraben (am vierten Wandertag) nicht entziehen. Über ein Dutzend Bergseen treffen wir an. Eis und Schnee als gefrorenem Wasser begegnen wir trotz Spätsommerzeit im Zillertaler-Hauptkamm und später nochmals auf der Marmolada.

Kommt die Verzauberung durch das Wasser davon, weil unser Sein zutiefst im Wasser wurzelt? Schließlich entstammt alles Lebende seiner Kraft und unser Körper besteht etwa zu 65% aus Wasser. Sterne ohne Wasser sind ohne Leben. Stark verschmutztes Wasser andererseits tötet alles Leben. Luftverunreinigungen, Radioaktivität, Öl- und Benzinrückstände bewirken eine globale Verschmutzung. Macht die Tatsache nicht bedenklich, daß es unmöglich geworden ist, irgendwo im großen Weltmeer einen Eimer Wasser zu schöpfen, der keine meßbare von Menschen erzeugte Verunreinigung enthält? Ein Liter Öl verseucht eine Million Liter Wasser. Der Weltumsegler Thor Heyerdahl berichtet: »Hunderte von Meilen von der Küste entfernt war das Wasser zu schmutzig, um es als Zahnwasser zu benützen.« Erschreckend hoch ist der Wasserbedarf der weltweit wachsenden Industrie, so werden z. B. für die Herstellung eines einzigen Autos – einschließlich aller Zulieferer-Industrie-Produktionsteile – 57 000 Liter Wasser verbraucht.

Sofern die Niederschläge nicht gerade radioaktiv verseucht sind, bringt uns über die weise Einrichtung des Wasserkreislaufes der Regen wieder das belebende, klare Naß. Regentropfen zersetzen durch ihren Gehalt an Kohlensäure winzige Teile des Gesteins. Die starke Abkühlung im Gebirge verändert Wasser immer wieder zu Eis. Durch seine Ausdehnung sprengt und zersetzt es härtestes Gestein. Die reißenden Wasser transportieren Material von Felsbrockengröße, aber auch Sand und Schluff talwärts und bis hinaus in das Meer. Gebirge, aus dem Schoß von Weltmeeren geboren, streben so wieder in das Meer zurück. Die Berge mit ihren Gletschern und Wäldern geben Wasser langsam und stetig an das Unterland ab. Alle Öko-Systeme werden letztlich vom Wasser beherrscht und gesteuert.

Besonders beglückend ist die Wanderung entlang der klaren Bergwasser für alle Menschen, die aus den großen Ballungszentren kommen und dort nur verseuchte Ströme und Meeresstrände kennen. Man gebe sich aber auch in den Bergen keiner Täuschung hin. Es genügt oft schon ein Bergdorf, eine Hotelsiedlung oder sogar

13 Auf dem Weg vom Halleranger-haus hinauf zum Lafatscherjoch (2 085 Meter); der gespaltene Fels der Schnittl-wand zeigt deutlich die abgelagerten und aufgefalteten Schichten des Wetterstein-kalkes.

14 Gemsen sind die »Alpinisten« der Tierwelt. Ihre Nahrung sind Kräuter und die Knospen und Blätter der Sträucher. Einzeltiere, die sie als Wache aufstellen, warnen das Rudel durch schrille Pfiffe vor nahender Gefahr. Wir begegnen ihnen vor allem im Naturschutzgebiet Karwendel und hier wiederum auf den weiten Matten oberhalb des Durchschlages in der Frühe des 7. Wandertages.

eine Hütte, um einen Bach auf eine längere Strecke zu verunreinigen. Verendendes Wild zieht sich gerne an das Wasser zurück und kann so ebenfalls ein hochgelegenes Rinnsal verseuchen. Im ersten Fall kann die Karte Auskunft geben, im zweiten hilft: nur ausschließlich aus Quellen zu trinken! Schon vor über 300 Jahren schrieb der Arzt und Dichter Angelus Silesius (1624–1677) im »Cherubinischen Wandersmann«: »Nur in dem Ursprung ist das Wasser rein und klar – trinkst du nicht aus dem Quell, so stehst du in Gefahr«.

Zur Geschmacksverbesserung meines heißen Tees aus der Thermosflasche oder auch eines Quellwassers habe ich immer ein Kunststofffläschchen mit einem Fruchtsirup im Rucksack. Das Mixgetränk erfrischt, und durch den schnell ins Blut übergehenden Fruchtzucker stärkt es noch dazu. Wie sehr auch nach einer anstrengenden Rucksackwanderung ein Bad locken mag, man hüte sich vor einem Sprung in unbekannte Gewässer! Leicht kann ein unvorhergesehenes Hindernis zum Verhängnis werden. Bestens zu empfehlen ist jegliches Kneipen. Die plätschernden Holzbrunnen am Weg, taufrische Wiesen und Wasserläufe – und am letzten Wandertag das Meerwasser und der von ihm angefeuchtete Sand am Strand der Adria – bieten gute Gelegenheiten dazu.

Zum Nachdenken regt an, daß die chemische Zusammensetzung unserer Blutflüssigkeit der des Meerwassers sehr ähnlich ist. In unserem Blut finden sich nämlich, wenn auch in anderer Zusammensetzung, all die Elemente wieder, die auch das Wasser des Meeres enthält.

Ob es die munteren, klaren Bergbäche, die sagenumwobenen Bergseen, oder das weite Meer auf unserer Wanderung war, immer ging davon eine Anziehungskraft aus, wie sie Goethe im »Gesang der Geister über den Wassern« anklingen läßt: »Seele des Menschen, / Wie gleichst Du dem Wasser! / Schicksal des Menschen / Wie gleichst Du dem Wind!«

Fünfter Wandertag

Hermann von Barth, der Erschließer der Nördlichen Kalkalpen

Während der ersten Woche unserer Fußreise durchwandern wir die Heimat des berühmten Gipfelstürmers Hermann Freiherr von Barth Harmating. Am Aufbruchsort München besuchte er in den sechziger Jahren des vergangenen Jahrhunderts das Gymnasium und studierte dort zuerst Rechtswissenschaft und später Naturwissenschaften. Wenige Kilometer oberhalb des ersten Tageszieles Wolfratshausen wurde er am 5. Juni 1845 im Schloß Eurasburg hoch über dem Loisachtal geboren. Seine Eltern waren der königlich bayerische Kämmerer Ignaz von Barth und seine Ehefrau Floriana geb. Freiin von Krauß. Ihnen gehörte auch das Schloß Harmating, welches von einem Hügel östlich von Ascholding am 2. Wandertag zu uns herübergrüßt. Auf den Anhöhen um Loisach und Isar verbrachte der spätere Alpenerschließer seine Kindheit. An den letzten 3 Tagen der ersten Wanderwoche schließlich durchqueren wir mit dem Karwendel seine engere Bergheimat. Verschiedene Routen und auch ein Gipfel tragen dort seinen Namen. Am 5. Wandertag erinnert uns ein schlichtes Denkmal auf dem Kleinen Ahornboden an ihn und seine große Erschließungsarbeit. Leider verstarb der verdienstvolle Alpenpionier in noch jungen Jahren auf tragische Weise als Landesgeologe im portugiesischen Angola in Afrika. Im Fieberwahn der heimtückischen Tropenkrankheit Malaria beendete er, erst 31 Jahre alt, am 7. Dezember 1876 sein tatenreiches Leben. Seine sterblichen Überreste ruhen im Kabinda-Dorf bei Poulo de Loanda, fern seiner geliebten Kalkalpen im afrikanischen Boden.

Dank Barths genauer und umfangreicher Aufzeichnungen – er schrieb einen Wegweiser durch die von ihm erschlossenen Gebirgsgruppen auf 2294 Manuskriptseiten – läßt sich sein bahnbrechendes Bergsteigen genau verfolgen. Im Jahr 1868 kommt Barth am 1. Mai als Rechtspraktikant an das königliche Landgericht nach Berchtesgaden. In diesem Jahr besteigt er rundum 69 Gipfel, davon 10 als Erster. Dies trägt ihm den Ruf verwegener Kühnheit und den Beinamen »Bergpraktikant« ein. Genau ein Jahr später wird er als Referendar nach Sonthofen versetzt. Die bergsteigerische Ernte des Sommers 1869 waren 44 Gipfel in den Allgäuer und Thannheimer Bergen; darunter sind 3 Erstbesteigungen.

Zum 1. Oktober 1869 führt der Beruf Barth an das königliche Bezirksamt rechts der Isar nach München. Das Jahr 1870 bringt mit der Erschließung des weiten Karwendels den Höhepunkt dieses Bergsteigerlebens. Barth beginnt im Juni mit der Innsbrucker Nordkette und dem Bettelwurf. Es folgen am 14.6. der Große Lafatscher, am 22. die erste touristische Ersteigung der Hochnißlspitze und die Lamsenspitze, am 29. das Gamsjoch und am 30. dieses Monats der Laliderer Falk. Im Juli 1870 bewältigt er folgende Erstersteigungen: Am 1. den Risser Falk, am 4. die Östliche Karwendelspitze, am 6. den Wörner, die Ödkarspitzen und die

15 Die Wandergruppe steigt vom Lafatscherjoch durch Latschenfelder hinunter in das Iss- und Halltal. Gegenüber führt ein steiler Anstieg hinauf zum Stempeljoch: Es wird vom Lafatscherjoch aus am besten über den Wilde-Bande-Steig erreicht, der rechts am Berghang entlang läuft.

16 Die Ausflugsgaststätte Speckbacherhof auf der nördlichen Inntalterrasse bietet sich auf der Wanderung nach Wattens als Einkehr an. Im Hintergrund grüßt der Kirchturm von Sankt Martin im Gnadenwald zwischen den Bäumen und den Wandfluchten des Bettlwurfs.

Birkkarspitze, am 16. Hochglück und Eiskarspitze, am 24. die Schafkarspitze, am 30. Katzenkopf und Mittlere Jägerkarspitze und am letzten Julitag überschreitet Barth die Praxmarerkarspitzen. Von seinen Touren im August und September sind hervorzuheben: Am 3.8. die Pleisenspitze, am 15. die Kaltwasserkarspitze über den Südgrat, am 17. die Roßloch-Umrahmung mit der Besteigung von Grubenkarspitze, Dreizinkenspitze, Lalidererwand und Lalidererspitze, am 2. September die Spitzkarspitze und am 25. September das Sonnjoch. In nur $3\frac{1}{2}$ Monaten hatte Barth, trotz 14 Tage schlechten Wetters, annähernd 90 Karwendelgipfel bestiegen, davon mehrere zum erstenmal. Seine Leistung ist umso höher zu bewerten, als es damals kaum Wege und Hütten, geschweige denn gute Karten oder Führer gab. 1871 durchstreift Barth das Wetterstein; erklimmt hier 22 Gipfel, darunter sind 6 Erstbesteigungen. Außerdem steigt er im Herbst noch am Seil eines Führers auf die Ötztaler Wildspitze. Davon schreibt er, daß es weniger reizvoll sei, wie ein Kalb von einem Gipfel zum anderen geschleift zu werden.
Im Sommer 1873 vor der endgültigen Fertigstellung seines Lebenswerkes »Aus den Nördlichen Kalkalpen« (660 Seiten, Verlag Eduard Amthor, 1874) bereist er nochmals den Grenzkamm zwischen Bayern und Österreich in seiner ganzen Länge. Der Weg führt ihn von den Allgäuer Bergen zu den Mieminger (Erstbesteigung von Hochplattig), zum Wetterstein, dem Karwendel bis zu den Berchtesgadener Alpen. Dort beschließt er mit der Durchquerung des einsamen Hagengebirges seine glanzvollen Unternehmungen in den Alpen.
Über Barths Bergsteigen im Karwendel schreibt sein Biograph »Ihm erschloß sich das vielgliedrige Bild dieses Gebirges mit all seinen Ketten und Gipfeln, von denen viele bisher noch keinen Namen getragen, oder deren Bezeichnungen doch eine sehr schwankende und wechselnde war. . . . Oft suchte er sich dem Jagdpersonal zum Trotz seinen Weg, wanderte als Einsamer bei Sturm und Regen wie bei glühender Hitze in Riesenmärschen über weite Grate von Gipfel zu Gipfel, bezwang bei allen Mängeln seiner Ausrüstung mit Steigeisen weitab von geeigneten Stützpunkten Wände und Kämme, die auch für den modernen Bergsteiger noch schwierige Stellen bieten.«

Sechster Wandertag

Isar und Piave, Wildflüsse im Norden und Süden

In der ersten Wanderwoche fließen uns die munteren Bergwasser der Isar entgegen. Am Abend des 6. Tages stehen wir in etwa 1800 Meter Höhe an ihren Quellen im Karwendel. Dieses Quellgebiet gehörte zeitweilig zum Besitztum des Hochstiftes Freising. Bis zum dortigen Domberg – an der Isar gelegen – wo jahrhundertelang der Bischof residierte, grüßen an Föhntagen die Zacken der Karwendelkette.
Ab dem Pordoijoch eilen uns die stürzenden Bäche nach Süden voraus. Ihr und unser Ziel ist der Wildfluß Piave. Der Ausblick vom Hotel in der Bischofsstadt Belluno auf den mäandernden Wildfluß mit seinen weißen Kiesinseln und den Bergen im Hintergrund, erinnert an den Blick vom Tölzer Kalvarienberg in den Isarwinkel. Das nicht ganz zu zähmende Element der ungestümen Bergflüsse hat an der Isar wie auch am Piave eine Auenlandschaft erhalten. Sie kontrastieren zu den rechteckigen Feldern und schnurgeraden Straßen. Entlang beider Wildflüsse wandern wir durch Buschland oder auf aussichtsreichen Dämmen.
Rot färbte sich das Wasser des unteren Piave in den letzten Kriegsjahren 1917/18. In den Schlachten am Fluß zwischen Feltre und Jesolo ließen hunderttausende junger Menschen ihr Leben. Mit dem für Italien günstigen Ausgang des Ersten Weltkrieges wurde der Piave zum Heiligen Fluß der Italiener.
Ganz im Süden stoppt der Rückstau vom Meer den Wildfluß. Am Piave vecchio, wo das Land sich in der Lagune auflöst, ist das Wanderziel Venedig nicht mehr fern. An seiner Mündung hat der Piave 220 Kilometer Entfernung und 1850 Meter Höhenunterschied zurückgelegt. Wie die Isar am Fuß der höchsten Karwendelberge (Birkkarspitze 2749 m) in den nördlichen Kalkalpen entspringt, so kommt auch der Piave aus den höchsten Bergen eines Kalkgebirges, nämlich aus dem Bergstock des Hochweißsteines (Peralba, 2693 m) in den südwestlichen karnischen Alpen.
Der Lauf der Isar im Karwendel-Hochtal bis zur Mündung in die Donau unterhalb Deggendorf, umfaßt 283 Kilometer und 1500 Meter Höhenunterschied. Er durcheilt die nördlichen Kalkalpen, das oberbayerische Voralpenland mit der Landeshauptstadt München und das tertiäre Hügelland Niederbayerns. Genau wie am jungen Piave begrenzen die Ufer des Oberlaufes steile Kalkfelsen und von Kuhherden belebtes Weideland. Entlang des Isarunterlaufes erstrecken sich große Getreide- und Zuckerrübenfelder, am Piave Weingärten, Mais- und auch Getreidefelder. Hier wie dort hat der Mensch das ungestüme Wasser zu Seen aufgestaut und gewinnt damit elektrischen Strom; an der Isar oben am Sylvenstein, bei Bad Tölz und unterhalb von Oberföhring, Moosburg und Landshut. Am Oberlauf des Piave und seiner Zuflüsse sind zu nennen: die Seen Auronzo, Centro Cadore und Santa Croce. Einen traurigen Ruhm erlangte der Stausee von Erto. Sein Stau-

17 Rast am Lizumer Zirbelnweg. Er führt vom Gasthof Walchen über die Melangalpe zur Lizumerhütte, dem Ziel des 8. Wandertages: Auftanken von Gesundheit, Ruhe und Beschaulichkeit ist neben dem Landschaftserlebnis das Ergebnis einer sinnvoll durchgeführten Wanderung.

18 In den Tuxer Voralpen blicken wir vom Pluderlingsattel (2743 Meter) auf den Pluderling. Anschließend fallen die Berge in das Tuxer Tal ab und fern am Horizont verläuft die Kammlinie der Hohen Tauern.

damm mit 280 Meter Höhe wird als der höchste der Welt gepriesen. Gunther Langes schrieb in dem im Frühjahr 1963 erschienen Autorama: »Man sollte es keinesfalls unterlassen, dieses technische Wunderwerk zu besuchen!« Wenige Monate später stürzten rund 60 Millionen Kubikmeter Fels und Erde in den See. Die hundert Meter hohe Flutwelle schwappte in Sekundenschnelle über den Damm, vernichtete Longarone und tötete dabei 2000 Menschen.

Am stärksten wird die Isar durch ihre linken Nebenflüsse Loisach, Würm und Amper, gekräftigt. Die Loisach bezieht ihr Wasser vom Fuß des seereichen Fernpasses und aus dem Werdenfelser Land um Garmisch-Partenkirchen, also rund um die Zugspitze. Aus den Schottern beim Königsschloß Linderhof entspringt die Ammer. Aus ihr wird später, nachdem sie durch den Ammersee fließt, die Amper. Die Würm schließlich verdankt ihren Namen dem gleichnamigen See, den die meisten Leute heutzutage Starnberger See nennen.

Der Piave erhält das meiste Wasser durch die Zuflüsse von rechts. Alle entstammen sie den Dolomiten. Als erster ist der Ansiei zu nennen. Geboren am Monte Cristallo, durchfließt er bald darauf den Misurina-See und mündet bei Cima Cogna (796 m). Nördlich vom Falzarego-Paß an der Tofana entspringt der Boite. Er durcheilt Cortina d'Ampezzo und mündet bei Perola (532 m). Genannt sei noch der Mae, dessen Heimat am Götterthron Monte Pelmo liegt, er speist das Zoldano und fließt dem Piave bei Longarone (441 m) in die Arme. Nicht vergessen werden darf schließlich der vom Pordoijoch durch das Agordino fließende Cordevole. Unterhalb von Belluno bei Pribano (299 m) vereinigt er sich mit dem Piave. In den einsamen Bergen zwischen den zwei letzten Zuflüssen verläuft unsere Wanderstrecke nach Belluno. Der Oberlauf des Piave mit seiner Landschaft Cadore grenzt die Dolomiten nach Osten von der Landschaft Carnia ab.

Der Isaroberlauf zusammen mit dem Nebenfluß Loisach ist zum Inbegriff Oberbayerns geworden. Auch die Quellgebiete des Piave und die seines Nebenflusses Boite lagen in frühester Zeit im bayerischen Einfluß- und Sprachbereich. So gehörten die Ampezzaner bis zum 11. Jahrhundert zum Pustertaler Besitz des Hochstiftes Freising. Und in der ersten Gemeinde oben am Piavelauf, in Bladen (Sappada), wird in einigen der bäuerlichen Familien noch heute bayerische Mundart gesprochen. Die Bewohner dieser deutschsprachigen Enklave am Fuße des Hochweißsteines an der Piavequelle emigrierten aus Villgraten (Sillian), um der unerträglichen Fron der Grafen von Heimfels zu entgehen. Bernhard Wurzer schreibt in seinem Buch »Die deutschen Sprachinseln in Oberitalien«: »In der Schule war der Unterricht bis 1866 deutsch. Siedlungsmäßig hat Bladen – abgesehen von den neuen Hotel- und Pensionsbauten – von allen deutschen

Siedlungen außerhalb Südtirols in Italien seinen deutschen Charakter am besten bewahrt.«
Das Nationalgetränk an der Isar in München, Schäftlarn oder Bad Tölz ist süffiges, bayerisches Bier; am Piave ist es der Weiß- oder Rotwein. Die Weiß- und Rotwein-Straßen verlaufen teilweise parallel zu unserer Wanderstrecke und zweimal kreuzen die Weinstraßen sogar unseren Weg.
Durch das Piavetal aufwärts führt die Strada d'Alemagna, ausgehend vom Golf von Venedig, dem Mündungsgebiet des Piave. Venedigs berühmter Maler Tizian ist oft auf ihr zu seinem Heimatort Pieve di Cadore an den oberen Piave gereist, ebenso die venezianischen Kaufleute. Sie zogen weiter durch das Pustertal, über den Brenner, und hinüber nach Mittenwald, wo sie ihre Waren auf Floße verluden und isarabwärts transportierten. Bis in's 20. Jahrhundert herein spielte die Flößerei als Transportgewerbe auf Isar und Loisach eine große, wirtschaftliche Rolle. Das Aufkommen der Eisenbahn und des Lastwagens, verbunden mit empfindlichen Eingriffen in den Wasserhaushalt, machten dem geachteten und traditionsreichen Gewerbe den Garaus. Einen Abglanz davon geben noch die im Sommer von Wolfratshausen nach München stattfindenden Floßfahrten. Das aufschäumende Element des Wildflusses zwischen den Nagelfluhfelsen und in den Floßgassen springt dabei auf die fröhlichen Menschen auf den Flößen über.

D'Visitnkartn
von der Isar

I bin a frisch Tirolerkind
Karwendlherrn meine Patn sind
bin glasklar und kalt
spiegl Wand und Wald
i murml und sing
schäum und spring
donner und braus
über d'Wehr im Saus . . .
Die »Reißende« hoaß i
i habs derfragt
»nomen est omen«
hat oaner gscheit gsagt.

Elisabeth Brizzi

19 Das Edelweiß ist als berühmteste Alpenblume zum Symbol der Bergwelt geworden. Aus den steilen Felsschrofen streckt es sich dem Licht entgegen. Seine dichte, wollige Behaarung schützt es vor dem Austrocknen.

Siebenter Wandertag

Josef Speckbacher, der Kampfgefährte Andreas Hofers

20 In Wanderrichtung schweift der Blick über den einsam gelegenen Junnssee und den Gschützspitzsattel (2657 Meter) auf die Eisriesen des Tuxer Hauptkammes. Links die Gefrorenen-Wand-Spitzen (3270 Meter), in der Mitte der Olperer (3476 Meter) und dazwischen das Sommerskigebiet oberhalb des Spannagelhauses.

Tritt der Wanderer am Nachmittag des 6. Tages aus dem Bergwald hinaus auf die Wiesen der Lafatsch-Alm, so sieht er zum ersten Mal das Tagesziel, die Alpenvereinshütte Halleranger-Haus oben im Zirbelwald, vor sich liegen. Dahinter streckt die Speckkarspitze (2621 m), ein Vorberg des Bettelwurfes, ihren Gipfel in den Tiroler Himmel. Bei dem Namen und dem gesunden Appetit, der sich am Ende eines Wandertages einstellt, mögen Gedanken an einen kernigen Tiroler Speck aufkommen. Doch die leichteste Namensableitung trügt auch hier; jedenfalls was die unmittelbare Abstammung betrifft.

Einen Tag später, bevor wir von der Hochterrasse ins Inntal hinab wandern, begegnet uns erneut dieser Name. Oben im Gnadenwald bei St. Martin liegt die stattliche Einkehr »Speckbacher Hof« am Wege. Wie ich auf meine Fragen hin erfuhr, leitet sich in beiden Fällen der Name von dem Hofnamen »Spöck« ab. Einen knappen Kilometer östlich stehen die Bauernhöfe zum »Unteren und Oberen Spöck«. Zwischen ihnen erinnert eine Gedächtniskapelle an den Tiroler Freiheitshelden Josef Speckbacher. Das Land Tirol errichtete sie zum 150. Jahrestag der Kämpfe von 1809. An derselben Stelle stand das Geburtshaus Speckbachers, der kurz auch Spöck genannt wurde. Wegen seiner Baufälligkeit war es vorher abgebrochen worden.

Am 13. Juli 1767 – im selben Jahr wie Andreas Hofer und Peter Mayr – wurde Speckbacher auf dem Unterspöckhof in Gnadenwald geboren. Früh verlor er seine Eltern. In schrankenloser Freiheit wuchs er in Wald und Gebirge auf und entwickelte sich zum kühnen Wilderer und gefürchteten Rangler. Die Liebe zu einer wohlhabenden Bauerstochter aus Rinn zähmte erstmals den Ungestümen. Bevor er seine Braut 1794 heimführen konnte, galt es, ein Jahr als braver Salinenarbeiter abzuleisten. Es folgten ein Dutzend Jahre als Schmiderer-Bauer in ungetrübtem Familienglück. Zwischendurch allerdings bestand Speckbacher am Siegestag von Springes, am 2. April 1797, die Feuertaufe.

Unter der Bayerisch-Napoleonischen Herrschaft hatte Tirol seit 1805 sehr zu leiden. Die Empörung in der Landbevölkerung stieg ständig und wurde geschürt von Österreich, welches hoffte, Tirol wieder zurückzugewinnen. Als Vertrauter des Sandwirts aus dem Passeiertal – er hatte ihn 1805 gelegentlich eines Pferdemarktes in Sterzing kennengelernt – organisierte der Spöck zu Beginn des Jahres 1809 die Mannschaften des Unterinntales. Auf der Rückreise von Wien war Hofer beim Kronenwirt in Hall abgestiegen und hatte mit Straub und Speckbacher eine längere Besprechung. Anfang April hieß es dann: »Es ist Zeit!« Durch seinen Sieg bei Hall und an der Innbrücke von Volders entschied Speckbacher die erste Befreiung des Landes mit. Trotz kühnstem persönlichem Einsatz gelang es ihm in

den darauffolgenden Wochen nicht, die Festung Kufstein einzunehmen. Als der Feind im Mai erneut das Land überflutete, entschied eine Botschaft Speckbachers an Andreas Hofer den richtigen Zeitpunkt zum Losschlagen. Bei den Berg-Isel-Schlachten am 25. und 29. Mai befehligte der Spöck jeweils den rechten Flügel vom Schloß Ambras bis hinüber zum Paschberg. Wenn auch der Feind durch das Unterinntal abzog, so war auch diese zweite Befreiung nicht von langer Dauer. Am 5. und 6. Juni fielen bei Wagram die Würfel endgültig zu Gunsten Napoleons. Österreich mußte den Waffenstillstand von Znaim unterzeichnen und damit das Land Tirol aufgeben. Hofer und seine Getreuen aber, angefeuert vom Kapuzinerpater Haspinger, gaben das »Landl« selbst in dieser aussichtslosen Lage nicht auf. Zusammen mit dem Mahrwirt Peter Mayr, dem dritten großen Bauernführer von 1809, schleuderte Spöck furchtbare Steinlawinen auf den durch die Eissackschlucht heranrückenden Feind und erstritt gemeinsam am 13. August die dritte Befreiung Tirols. Während der Tiroler Bauer und Sandwirt Andreas Hofer für einige Monate in der Innsbrucker Hofburg das Land regierte, sicherten der Kapuzinerpater Haspinger und Speckbacher die Grenzen im Osten. Nach mehreren glücklichen Gefechten wurde er am 17. Oktober bei Melleck vom Gegner überrascht und geschlagen. Trotz Kolbenschlägen und Stichwunden konnte er der Gefangenschaft entgehen. Sein elfjähriger Sohn Anderl, der dem Vater trotz dessen Verbot immer wieder folgte, geriet an diesem Tag in die Hände der Bayern. Der König Max Josef in München nahm sich des Kindes an und ließ ihn 7 Jahre lang am Königlich-Bayerischen Seminar ausbilden. Der Vater aber eilte erneut zu Hofer und kämpfte in der letzten unglücklichen Berg-Isel-Schlacht am 1. November an seiner Seite. Für die Anführer, auf deren Köpfe hohe Preise ausgesetzt wurden, folgten harte Wintermonate. Hofer und Mayr wurden verraten und von den Franzosen im Februar 1810 erschossen. Speckbacher konnte sich im Frühjahr desselben Jahres nach Wien retten, von wo er 1814, nach der friedlichen Wiedervereinigung Tirols mit Österreich, heimkehren konnte. Die Kraft des Feuerteufels, dessen abenteuerliches Leben Luis Trenker Stoff für ein Buch und den gleichnamigen Film abgab, war jedoch gebrochen. Am 28. März 1820 erlag der erst 53jährige einem schweren Nierenleiden in seinem Wohnort Hall.
Grabsteine an der Außenmauer der Stadtpfarrkirche und ein überlebensgroßes Denkmal erinnern in Hall an Josef Speckbacher und die Seinen. Seit 1858 ruht er neben Andreas Hofer und Pater Haspinger in der Hofkirche zu Innsbruck. Oben im Gnadenwald bewirtschaftet ein Ur-Ur-Enkel vom Mahrwirt Peter Mayr, dem Mitstreiter Spöcks und Hofers, den Speckbacher Hof. Sein Wappen ziert die Eingangsfront des Gasthauses.

21 Abstieg von der Olperer Hütte (2 385 Meter) zum Schlegeisgrund auf 1780 Meter. 10. Wandertag. Der Stausee wurde in den Jahren 1966 bis 1972 erbaut. Im Hintergrund links der große Möseler (3 478 Meter) und rechts der Breitnock (3 215 Meter).

22 Die letzten hundert Höhenmeter unter dem Pfitscherjoch (2 250 Meter), dem Grenzübergang von Österreich nach Italien. Zwischen den Silikatblöcken im Vordergrund verschwindet gerade ein Murmeltierchen.

Nach unserer Einkehr wandern wir sechs Tage später im Pustertaler Vintl durch jene Gegend, wo Andreas Hofer seinem Freund Spöck im Sommer 1809 zurief: »Seppl, willst a du mi und's Land verlassen? Schau, sie führn di in d'Schand!« Bedenkt man das Gemeinsame im Charakter und Volkstum des Bayerischen Stammes vom Fichtelgebirge bis zur Salurnerklaus und betrachtet seine Geschichte seit der Besiedelung dieses Raumes vor 1300 Jahren, so kann man von einer reichen Geschichte, aber auch von Tragik, Irrungen und Wirrungen sprechen.

Achter Wandertag

Bäume in der Kampfregion

23 Nach Nebel und Schneetreiben (Anfang September) Blick von der Südtiroler Seite des Pfitscherjoches gegen die Hochfernerspitze (3463 Meter) und Weißspitzgruppe (3431 Meter).

Ob wir am 8. Wandertag durch das Lizumertal hinauf wandern oder oben am Glungezer den Weg beginnen, an beiden Varianten begegnen uns markante Baumveteranen. Je höher wir hinauf steigen, umso zerzauster und uriger schauen sie uns an. Diese Charakterbäume, gezeichnet von Stürmen, Schneedruck und Frost, sind uns noch von der Isarquelle hinterm Hallerangerhaus in Erinnerung, und wir werden sie auf unserem Weg über die Berge immer wieder antreffen, wenn wir den geschlossenen Wald unter uns lassen; in besonders ausdrucksstarken Gestalten z.B. im hintersten Pfitschertal, beim Aufstieg zur Peitlerscharte oder auf dem Pra della Vedova.

Eine Mindestzahl an Wachstumstagen ist erforderlich, damit der Neuzuwachs an den Bäumen verholzen und ausreifen kann. Die Lebensbedingungen für einen Wald sind gerade noch gegeben, wenn bei ausreichender Feuchtigkeit an mindestens 100 Tagen Temperaturen über plus 5 Grad Celsius herrschen. Dort, wo der Bergwald sich nach oben in einzelne Baumgruppen und Einzelbäume auflöst, verläuft die Waldgrenze. Am Alpen-Nordrand, wo die Fichte, die Lärche und Arve (Zirbel) herrscht, liegt sie etwa bei 1800 Meter, in den Zentralalpen unter dem Einfluß eines mehr kontinentalen Klimas ungefähr bei 2000 Meter. In den Südalpen bildet die Buche die Waldgrenze in einer Höhe von etwa 1800 bis 1900 Metern. Die gedachte Verbindungslinie zwischen den einzelnen Bäumen oben in der Strauch- und Mattenregion ist die Baumgrenze. Zwischen ihr und der Waldgrenze erstreckt sich die Kampfregion der Bäume, die ungefähr 100 Höhenmeter umfaßt. Wo durch menschlichen Eingriff die Waldgrenze nach unten verschoben wurde, fehlt sie. In den einzelnen Gebirgsketten verlaufen die Waldgrenze und die Baumgrenze nicht gleichmäßig in einer Höhe. Felswände, Schotterkare, Lawinen und Murgänge oder Kaltlufttäler unterhalb der Gletscherströme bedingen ein Auf- und Abspringen dieser Grenzen. In der Kampfregion nützen die Bäume günstige Bedingungen des bodennahen Klimas in Mulden, hinter Felsblökken und in vermodernden Baumruinen aus, um ihren Kampf ums Überleben bestehen zu können.

Der Existenzkampf in dieser Höhenzone ist hart und unerbittlich. Zu zweit und in Gruppen stützen sie sich oft gegenseitig. Das Strahlungsklima bewirkt große Temperaturgegensätze in Bodennähe. Durch Zucker- und Stärkeanreicherung in den Zellen schützen sich die Pflanzen gegen Kälte. Bei Frosthärteprüfungen vertrugen Zirbeln minus 40 Grad Celsius und darunter. Andererseits überlebten Jungzirbeln ohne nachfolgende Schädigung Temperaturen über plus 40 Grad Celsius. Blitz oder Schneedruck knicken oft die Wipfel. Seitenäste übernehmen dann die Führung und so entstehen die typischen Kandelaber-Bäume. An den

schuster

24 Der Hochfeiler (3 510 Meter), höchster Berg der Zillertaler Alpen; rechts Glieder-, links Weißkarferner; im Vordergrund Felsen mit Flechten (Lebensgemeinschaft zwischen Algen und Pilzen) auf dem entlegenen Gliederschartl (2 634 Meter).

ausgesetzten Stellen drückt der Sturm alle Äste und Zweige nach der Lee-Seite. Wir sprechen dann von einem »Fahnenwuchs«. Wie ein Windstrahlgebläse wirken die vom Sturm herangepeitschten Eiskristalle. Kritisch für die Gehölze kann es werden, wenn nach einem niederschlagsarmen Sommer und Herbst im Winter langandauernde, austrocknende Stürme blasen. Die Wasserverluste können dann so hoch werden, daß es zu Vertrocknungsschäden (»Frosttrocknis«) kommt. Im metertiefen, lockeren Schnee sind die Pflanzenteile vor Sturm und Kälte geschützt. Lange Schneebedeckung, der gewaltige Druck der Schneemassen zusammen mit langem Lichtentzug, schwächen die schneebedeckten Pflanzenteile. Der Naßschnee bewirkt einen übernatürlich hohen Wassergehalt in den Pflanzen und die geschwächten Nadeln werden dadurch anfällig für die Kiefernschütte. Diese Pilzkrankheit kann junge Pflanzen zum Absterben bringen. Der Schnee an den Hängen bewegt sich wie ein Gletscher unmerklich aber stetig talabwärts. Der Druck dieses Kriechschnees führt bei den Jungbäumen zu einem Säbelwuchs. Von den gewaltigen Naturkräften können sie auch ganz umgedrückt werden.
Die Humusbildung und der Nährstoffvorrat in der lebensfeindlichen, meist steilen Kampfregion ist sehr gering; demnach auch der Pflanzenzuwachs. Längenmessungen an Zirbeln in 2000 Meter Höhe erbrachten folgende Ergebnisse: Nach 5 Jahren Wachstumszeit wird im Durchschnitt eine Höhe von 5 Zentimeter erreicht, nach 10 Jahren 19 Zentimeter, nach 15 Jahren 28 Zentimeter und nach 50 Jahren etwa 5½ Meter. Herbert Reisigl zählte bei einer spannenlangen, bleistiftdünnen Lärche mit dem Mikroskop 55 Jahresringe! Was nimmt es da Wunder, wenn die knorrigen und gar nicht so übermäßig hohen und dicken Baumveteranen ein für uns Menschen unwahrscheinliches Alter aufweisen. So schätzen Forstleute die betagten Zirbeln an der Isarquelle und unterm Überschalljoch auf ein Alter bis zu 2000 Jahren. Lange Zeit glaubte man, ein mächtiger Mammutbaum (Riesensequoia) im Westen Amerikas wäre mit 3125 Jahren der älteste lebende Baum der Welt; solange, bis man in der Kampfregion der weißen Berge von Kalifornien in einer Höhe von 3500 m auf die ehrwürdig-knorrigen Borstenkiefern stieß. Behutsam holten Dendrochronologen (Wissenschaftler, die mittels Jahresringen das Gehölzalter bestimmen) Bohrkerne von der Dicke einer Bleistiftmine aus den Bäumen. Nach sorgfältiger Analyse im Labor kamen sie auf ein Alter von fast 5000 Jahren. 1964 wurde die älteste Borstenkiefer für Studien- und Ausstellungszwecke gefällt. Sie stand unter dem Wheeler Peak im Osten von Nevada. Das Alter des derzeitigen Seniors zählt noch 4600 Jahre. Und in Japan fand man neuerdings Baum-Methusalems, die gar über 7000 Jahre zählen. Es gibt zu denken, wenn man liest, daß diese ältesten Lebewesen dort anzutreffen sind, wo die Lebensumstände

feindselig und hart sind. Es sind steile, felsige Plätze in mindestens 2900 Meter Höhe mit dünner Bodenschicht und wenig Niederschlag.
Die Begegnung mit den ehrwürdigen, skurril und bizarr geformten Baumgestalten in der Kampfregion entlang unseres »Traumpfades« zwischen Isar und Piave sind unvergeßliche Erlebnisse.

25 Ausblick in das Pfitscher Tal: Im Vordergrund die Dächer unseres Übernachtungsquartiers Stein, dahinter St. Jakob in Pfitsch; darüber der aussichtsreiche Gipfel der Amthorspitze (2 749 Meter), der mit Bergbahnen von Gossensaß aus erreichbar ist.

Zupf dir ein Wölkchen aus dem Wolkenweiß,
Das durch den sonnigen Himmel schreitet.
Und schmück den Hut, der dich begleitet,
Mit einem grünen Reis.

Verstecke dich faul in der Fülle der Gräser,
Weil's wohltut, weil's frommt.
Und bist du ein Mundharmonikabläser
Und hast eine bei dir, dann spiel, was dir kommt.

Und laß deine Melodien lenken
Von dem freigegebenen Wolkengezupf.
Vergiß dich. Es soll dein Denken
Nicht weiter reichen als ein Grashüpferhupf.

Joachim Ringelnatz

Neunter und zehnter Wandertag

Leuchtende Bergblumen aus allen Jahreszeiten

26 »Rangeln« ist eine bodenständige Art des Ringes, das auch mit dem Schweizer »Schwingen« verwandt ist – hier demonstriert anläßlich eines dörflichen Festes in Pfunders (1159 Meter); über dem Stadel die steilen Bergwiesen von Kammerschien und die Eidechsspitze (2738 Meter).

Eine Bergwanderung bietet außer gesunder Bewegung in reiner Luft, einem oft atemberaubenden Panorama, munter dahinplätschernden Bächen und gigantischen Wasserfällen auch noch die Freude an der vielseitigen Flora.

Nicht allein die vielbesungenen Enziane und Edelweiß sind es, die uns auf unserer Fußreise immer wieder erfreuen, nein, es gibt noch viele andere mehr. Die Pracht beginnt bereits in der Pupplinger Au. Hier finden wir auf unserem Weg zwischen Isarstrand und Schirmföhrenwald je nach Jahreszeit Enziane, Akelei, mehrästige Graslilie, Strenzie, Steinröserl (verwandt mit dem Seidelbast), Kugelblume, Silberwurz und verschiedene Schwemmlinge wie z.B. das Leinkraut (Linaria alpina) und die Alpenkresse (Hutchinsia alpina). Man kann sie gar nicht alle aufzählen, denn an den Unscheinbaren bleibt unser Auge ja weniger hängen. Auffallend leuchten die Blütenpolster von Thymian und Gipskraut aus den Schotterfluren der Au. Der Thymian ist ein stark aromatisches Gewürz und sollte viel mehr Verwendung finden bei Fleischgerichten und Gemüsesuppen. Gewürze machen die Speisen nämlich nicht nur schmackhafter, sondern auch leichter verdaulich.

Wenn wir oberhalb Geretsried in die sogenannte Wacholderschneise einbiegen, blüht unmittelbar rechts und links zu unseren Füßen das Sumpfherzblatt und das blaue fleischfressende Fettkraut. Seine klebrige Blattoberseite ist mit Fanghaaren ausgestattet, durch die kleine Insekten festgehalten werden. Mit ihren Bemühungen, wieder loszukommen, lösen sie einen Reiz auf das Blatt aus, das sich daraufhin zusammenrollt – und damit ist die Falle zugeschnappt. Wir sehen auch – ohne einen Schritt vom Weg abweichen zu müssen – Prachtexemplare von Frauenschuh. Sie zählen zu den schönsten Freilandorchideen und sind mit Recht streng geschützt. Sind doch zehn Jahre und mehr notwendig, bis aus einem Samen eine blühfähige Pflanze sich entwickelt. Auch der Frauenschuh ist eine Fliegenfalle, jedoch kann das Insekt zwischen zwei engen Spalten beiderseits der Narbe einen Ausgang finden und trägt so zugleich zur Bestäubung der Pflanze bei. Schön ist auch die zarte Golddistel, die verstreut unter Weiden und Tamarisken steht. Im lichten Wald des Malerwinkels fühlt sich der echte Türkenbund zu Hause. Besonders am Abend entströmt seiner Blüte ein betörender Duft mit dem er das Taubenschwänzchen – ein Schwärmer (Schmetterling), der am Körperhinterende vogelschwanzähnliche Haare hat, daher der Name – anlockt. Freischwebend vor der Blüte senkt es seinen langen Rüssel zur Honigquelle hinab. Auch auf den Seidelbast stoßen wir hier. Er ist mit den Palmkätzchen eines der allerersten Bienenfutter. Seine leuchtend roten Scheinbeeren sind giftig!

Aus den Rimslreiner Moorwiesen nicken uns vorwiegend Trollblumen, Wollgras und Mehlprimeln zu. Mehlprimel deshalb, weil ihre Blätter auf der Unterseite dicht weiß-mehlig bestäubt sind. In den Blüten der Trollblumen finden kleinste Insekten Schutz vor Regen und Unwetter und zugleich Nahrung. Zwischen Bad Tölz und Lenggries kann ein aufmerksames Auge da und dort auch einen Büschel Alpenleinkraut finden. Es ist eine der vielen Schwemmlingsarten, ein Rachenblütler mit orangegelben Gaumen und violetten Lippen und Sporn.

Ab dem Kohlerboden Richtung Hallerangerhaus finden wir dann zum erstenmal die typischen Almwiesen vor. Um die Fronleichnamszeit ist ihr herrlicher Blütenteppich wohl am üppigsten. Die kleinen Zuflußbächlein der jungen Isar sind dicht gesäumt von Dotterblumen. Auf dem Weg bergauf entzückt uns immer wieder an den Waldrändern die schöne, weißblau blühende Alpenrebe. Sie windet sich gerne um kleinere Bäume und ihre Samenstände bilden sich häufig zu haarigen Perücken aus. Im Höhenwind der Lafatscheralm zittert der weiße Alpenmohn – Papaver sendtneri – benannt nach dem Münchner Botaniker Otto Sendtner, der sich große Verdienste um die Erforschung der bayerischen Alpenflora erwarb. Beim Abstieg durch das Isstal fällt uns an feuchten Stellen der besonders reichliche Wuchs des echten Frauenmantels – auch Taumantel genannt – auf, weil er seine überflüssige Feuchtigkeit über die Blattränder als Tautröpfchen ausscheidet. Auf den Tuxer Bergen wächst das weiß-rosa blühende zierliche Katzenpfötchen. Es ist ähnlich wie die Strohblumen lange haltbar. In seiner Nähe auf den buckeligen Matten blüht ein Meer von vielen roten Primeln. Dort sehen wir auch zum erstenmal das rote Läusekraut. Warum diese schöne, alpine Wiesenpflanze einen so unschönen Namen hat, kann ich mir nicht erklären. Es hat farnähnliche Blätter, leuchtendrote Blüten und ist ein Halbschmarotzer, da sich die Saugorgane an seinen Wurzeln an anderen Pflanzen festsaugen.

Unvergeßlich ist die Frühlingswiese im Unterbergtal, Richtung Gliederschartl. Hunderte von blauen, stattlichen Eisenhut, schwefelgelbe Anemonen, Alpenvergißmeinnicht – die fast dem Himmelsherold gleichen – und Taubenkröpfchen stehen in Gesellschaft mit Augentrost, Küchenschellen, Trollblumen und anderen mehr. Interessant sind auch immer wieder die Stellen, an denen wir auf Krokus und Soldanellen stoßen. Da sie – und noch einige andere – ihre Knospen bereits im Herbst ausbilden, scheinen sie förmlich aus dem Schnee geboren zu werden. Überhaupt müssen sich die Alpenpflanzen besonders harten Klimabedingungen anpassen. Die Immergrünen sind oft von Frosttrocknis bedroht, nämlich dann, wenn der Boden noch gefroren, die Blätter aber bereits in Wind und Sonne viel Feuchtigkeit verdunsten. So schützen sie sich davor durch Zusammenwachsen zu Polstern. Ein natürlicher Schutz ist auch das lederartige Blatt von Enzian und

27 Kornmandeln bei Lüsen. Im letzten Abendlicht leuchtet der Peitlerkofel (2 874 Meter) im Einschnitt des Lasankentales, durch das wir am 14. Wandertag zu diesem Aussichtsberg hinaufsteigen.

28 Ein denkmalgeschützter Eingang zum Pardellerhof im stillen Südtiroler Bergdorf Lüsen, 14 Kilometer östlich von Brixen; über die Scheunenauffahrt schaut der Peitlerkofel. Nach 13 Wandertagen verbringen wir in Lüsen den zweiten Ruhetag.

Alpenrose, die filzige Behaarung beim Edelweiß, oder das nadelartige Blatt der Erikaarten. Die Sedumfamilien wiederum besitzen wasserspeichernde Blätter. Zur Vermehrung der Alpenpflanzen trägt der Wind bei, der die leichten Samen verbreitet, außerdem die Vögel und zum Teil bestäuben sich die Pflanzen selbst oder sie bilden Brutknospen und Ausläufer. Gegen die extremen Witterungsverhältnisse schützen sie sich, indem sie meist nicht sehr hoch wachsen, sich in Felsnischen ansiedeln oder die günstige Lage an wärmespeichernden Steinen ausnützen.

Am Tage der neun Jöcher und Scharten – dem ersten Wandertag in den Dolomiten – treffen wir auf typische Dolomitenblumen. Sie tragen sogar diese Bezeichnung in ihren Namen. Es ist das Dolomitenfingerkraut (Potentilla nitida), ein Zwergstrauch, der sich gerne den Felsen anschmiegt und große Flächen überzieht. Von weitem schon sind sie durch ihren rosaroten Blütenteppich zu erkennen. Die zweite, nicht minder schöne, ist die Dolomitenglockenblume (Campanula morettiana). Sie wurde 1818 im Fassatal entdeckt und nach dem Botanikprofessor Moretti benannt. Wir können ihre Schönheit nur stumm und staunend betrachten. Den Weg zum Villpederhof und seiner Kapelle – mit dem landauf-landab bekannten Mariahilfbild – säumt das schmalblättrige Weidenröschen. Auf den Schutthalden des naheliegenden Peitlerkofels grüßt wieder der zarte Alpenmohn, diesmal aber der gelbe, der eine angenehme Abwechslung in das eintönige Grau des Gerölls bringt.

Und immer wieder stoßen wir auf die bunten Flechtenarten, die wie Tapeten oft ganze Felsplatten überziehen. Die Flechten bestehen aus Algen und Pilzen, sie leisten eine vorbildliche und notwendige Gemeinschaftsarbeit um bestehen zu können. Während die Pilze an der Oberfläche wirken, indem sie einen Hitzeschutz bilden und für Stickstoffverbindungen sorgen, produzieren die Algen Stärke und Zucker. Durch eine gewisse Flechtensäure lösen sie ihre lebensnotwendigen Mineralien aus dem Gestein. Sie wachsen sehr langsam. Eine Ausdehnung von der Größe eines Fünfmarkstückes kann an die 50 Jahre alt sein.

Unter den vielen Teufelskrallenarten gefällt uns die Schopfige wohl am besten. Ihr Name bezieht sich auf die krallenähnliche Blütenform. Wir treffen sie nur einmal an und zwar hoch oben an den Hängen der Cima die cita.

Der Blütenreigen erstreckt sich weiter, bergauf und bergab, immer abwechselnd mit den Höhenlagen. Mit den vielen Steinbrech-, Hahnenfuß- und Primelpolstern fürwahr ein Steingarten, wie er von Menschenhand nicht schöner angelegt werden kann. Beim Abstieg von der Schiara und vom Nevegal sehen wir nochmal zwei Köstlichkeiten unter den Alpenblumen. Es sind das wilde Alpenveilchen und die

grüne Nieswurz (Christrose). Sie blühen versteckt im Halbschatten von Sträuchern und das Alpenveilchen macht den Wanderer durch seinen veilchenartigen Duft auf sich aufmerksam, obwohl es mit dem Veilchen nicht verwandt ist. Seine Samen werden gerne von Ameisen verschleppt, die somit zu seiner Vermehrung beitragen.
Im Stadtpark von Belluno ist gar von geschickten Gärtnerhänden das Datum mit Echeverien eingepflanzt. Es wird täglich »nachgestellt«. Am allerletzten Berg, dem Nevegal, fällt uns ein Hinweisschild zu einem alpinen botanischen Garten auf. Leider ist uns aus Zeitgründen ein Besuch nicht möglich. Aus dem Prospekt können wir entnehmen, daß er 1500 Meter hoch liegt und von der Bergstation in 10 Minuten erreichbar ist. Er hat eine Fläche von 6,5 Hektar und beinhaltet rund 500 Arten. So begleiten uns also Blumen vom Anfang bis zum Ende unserer einmaligen Bergwanderung. Pflücken aber wollen wir keine – nicht einmal das verlockende Edelweiß, das sich mancher gerne als Erinnerung an den Hut stecken würde! Denn wenn jeder Wanderer auch nur eine mitnähme, was bliebe da für die nach uns Kommenden?!

29 *Auf dem Gipfel des Peitler; drunten in der Biegung des Lasankentales sind die Häuser von Lüsen zu erkennen, darüber die Lüsener Alpe und der Einschnitt des Pfunderer Tales. Begrenzt wird das Bild von den westlichen und südlichen Zillertaler Alpen.*

Elfter und zwölfter Wandertag

Marschieren ... Laufen ... Wandern

30 Die drei Wanderer brachen am Morgen von der Schlüterhütte auf, überschritten den Sobutsch (2 466 Meter), passierten das Kreuzjoch (2 294 Meter) und steigen jetzt im Nebel zur Roascharte an. Am Fels ist die Markierung des Dolomitenhöhenweges Nr. 2 zu erkennen.

Einige Male wurde ich gefragt, ob ich jener sei, der nach Venedig marschierte? Meine Antwort war dann immer: »Marschiert nicht, sondern gewandert!« Auch kommt es vor, daß mir gesagt wird: »Ich mußte im vergangenen Krieg durch halb Rußland marschieren; mir reicht dies!« Wer so spricht, vergißt ganz, daß Marschieren und Wandern genau wie das Laufen nur die Art der Fortbewegung mit den Füßen gemeinsam haben. Auf diese Art, wenn auch mit vier Füßen, bewegen sich ebenfalls die Tiere. Marschieren hat etwas Einförmiges. Teerstraßen und die aufgeschotterten Wirtschaftswege der Forst- und Wasserwirtschaftsämter verleiten zum Marschieren. Der gleiche Gehrhythmus stellt sich ein. Es fehlt dann nur noch: »Drei ... vier ... ein Lied!« Dies kann helfen, die letzten Kilometer einer überlangen Tagesetappe leichter zu überwinden. Der Mensch ist aber dann zu einer »Gehmaschine« geworden. In Reih und Glied, rechts und links einen Nebenmann, ist kaum mehr ein Kontakt zu den Schönheiten am Weg möglich; meist wohl auch gar nicht erwünscht.

Gebirgstruppen, die sich mehr hintereinander auf Bergpfaden fortbewegen, kennen nie ganz das eintönige Marschieren der Infanterie. Für den Einzelnen war immer mehr Raum für Individualismus vorhanden. Ein gewisser Kontakt mit der Natur in den Bergen ist notwendig, um in kritischen Situationen zu überleben. Doch auch dieses militärische Bergsteigen ist bei weitem noch kein Wandern. Heinrich Harrer, der Eigernordwand-Bezwinger und Himalaja-Kenner, sagte bei einem Pressegespräch im vergangenen Jahr in München: »Wer nur und nichts als Bergsteiger bleibt, der hat sich nicht weiter entwickelt ...« Noch heute bedaure ich es, daß ich während der vielen Monate als Gebirgsjäger in den Alpen und in den Bergen Skandinaviens so wenig Augen und Verstand für die Vielgestaltigkeit der Bergwelt hatte. Das Wissen über Flora, Fauna und Geologie zählte eben nicht zu den soldatischen Tugenden und so wurde es uns auch nicht nahe gebracht.

Als italienische Sportfreunde von meiner Wanderung München-Venedig erfuhren, planten sie daraufhin diese Entfernung in umgekehrter Richtung zurückzulegen. Allerdings sollte abwechselnd jeweils einer von der Gruppe auf der Straße laufen, und außerdem sollte ein anderer ihn in einem Kombiwagen mit dem Gepäck der Gruppe begleiten. Mit diesem Staffettenlauf wären sie sicher bereits nach wenigen Tagen am Ziel angelangt. Ein anderer empfahl mir eine Winterbegehung. Ohne interessante Steine, der artenreichen Bergflora, zahlreicher Tierbegegnungen und den plätschernden Bergwassern, bliebe da von einem »Traumpfad« noch viel übrig? Gehen und Laufen ist zweifellos die naturgemäßeste Fortbewegung. Im richtigen Verhältnis zum Leistungsvermögen betrieben, fördert es die Gesundheit, stärkt die Herzmuskulatur und regt den Kreislauf an. Neuerdings stellten sogar Medizi-

ner fest: Körperliche Bewegung baut einen angsterzeugenden Stoff ab, der vor allem im Streß des Alltags gebildet wird. Mit Recht ist also der Sport eine beliebte Freizeitbeschäftigung.
Wandern ist aber mehr als nur Gehen, Laufen oder Bergsteigen. Heinrich Harrer fuhr in jenem Pressegespräch fort: »... Die Bergvölker, die Landschaft, ihre Menschen, die Blumen, geben mir längst mehr als das vielberedete, ganz sicher sehr relative Gipfelglück«. Für richtiges Wandern muß man sich Zeit nehmen. Als erstes schon für die Planung, und erst recht, wenn man dann in einer schönen und interessanten Landschaft unterwegs ist. Ohne Straße, nur einer Spur im Gras, am Feld- oder Waldrand folgend, denkt man weniger in Kilometern. Der mit Steinen und Baumwurzeln durchsetzte, aber doch weiche Pfad, läßt keinen einförmigen Rhythmus und auch kaum eine Müdigkeit aufkommen. Der unmittelbare Kontakt mit allem, was wenige Zentimeter neben dem Fuß kreucht und fleucht, verscheucht jede Langeweile. Eine Wanderung ist der Schlüssel zu einer Landschaft. Geht man durch sie, wird man heimischer als wenn man sie ein dutzendmal und öfter mit dem Auto durchfährt. Seume sagte: »Wer geht, sieht antropologisch und kosmisch mehr, als wer fährt«.
Beim Gehen verschwinden Alltagsängste und der Geist wird trächtig. Wandern ist also nicht nur eine Tätigkeit der Beine, sondern auch ein Zustand der Seele. Fritz Straßner, der Wandertips im Bayerischen Rundfunk gibt, schreibt in seinen »Überlegungen eines alten Wanderers«: »Wir brauchen das Wandern, wenn wir auf die Dauer mit uns selbst und mit der Welt in Einklang bleiben wollen«. Wer wirklich wandert, lebt nach dem Goethewort: »Zum Schauen geboren, zum Sehen bestellt«.

Mit Koffern, Schachteln, Reisesäcken
Dein Glück zu suchen ziehst Du aus?
Freund, nimm den leichten Wanderstecken,
Du bringst es wahrlich eh'r nach Haus!

Friedrich Rückert

31 Föhnstimmung über dem Langkofel (3181 Meter), davor der Taleinschnitt des Grödnertales. Im Vordergrund Bergschafe, stachelige Kratzdisteln und blauer Eisenhut am Weg von der Sielles-scharte (2512 Meter) zur Puezhütte. 15. Wandertag.

Dreizehnter Wandertag

Das harte Los der Bergbauern

32 Vom Cirjoch (2 466 Meter) schauen wir auf den Sellastock. Durch die Schlucht des Val Setus (rechts in der Mitte) steigen wir nach der Übernachtung auf dem Grödnerjoch zur Pisciadúhütte auf das Zwischen-Plateau und schließlich auf das im Hintergrund erkennbare Hochplateau (2 800–2 900 Meter). 16. Wandertag.

Verläßt man die Fels- und Mattenregion und steigt hinunter in den schützenden Bergwald, so trifft man auf steilen Wiesen die einsamen Bergbauernhöfe. Von ihnen bis zum ersten Bergdorf ist oft noch ein weiter Weg. Beim Aufstieg läßt man mit ihnen den Bereich menschlicher Dauersiedlung zurück. Oberhalb der Waldgrenze ist der Mensch nur ein zeitweilig geduldeter Gast.
Wie ein Teil der Bergnatur ducken sich die von Sonne und Sturm verwitterten Höfe an die Bergflanken. Auf klobigem Quadergestein ist das dunkle, massive Holzgebälk aufgesetzt. Zum Ernst der Szene kontrastieren bunte Blumen in Töpfen und Blechbehältern. Im Schutz des Söllers sind sorgsam große Holzstöße aufgeschichtet. Den weiteren Hofbereich grenzen Steinmäuerchen und einfachste Holzzäune ab. Eine kleine Kapelle oder ein Wegkreuz zeugt von der Frömmigkeit der Bergbewohner. Auf den Stadtmenschen, der fast nur mehr Beton, Glas, neonlicht- und lärmerfüllte Autostraßen kennt, wirkt der Bergbauernhof wie ein archaisches Idyll oder wie ein Mythos aus einer längst vergangenen Zeit. Der körperlich hart mit der Natur um sein bescheidenes Dasein ringende Bergbauer hingegen hat kaum Verständnis dafür, wie man freiwillig mit schwerem Rucksack über die steilen Jöcher und Scharten steigen kann. Er nimmt solche Mühen höchstens bei einer Wallfahrt auf sich, oder in früheren Zeiten beim Schmuggeln oder Wildern. Ob zwischen diesen beiden Welten ein gegenseitiges Verstehen überhaupt möglich ist? Für den Einen ist die Natur das bestimmende und harte Schicksal, beim Anderen ging der notwendige Kontakt mit ihr in den Großstädten der Industriegesellschaft fast völlig verloren.
In Südtirol liegen zum Teil die Höfe bis knapp unterhalb der Waldgrenze. Die Besiedelung der hochgelegenen Flächen reicht bis in das frühe Mittelalter zurück. Teilweise ließ sklavische Fronarbeit unter Feudalherren Freiheitsliebende in diese unwirtlichen Höhen vordringen, Wald roden und mit dem Holz die bescheidenen Behausungen errichten. Später wurden sie verbessert und erweitert. Davon zeugen die in dunklen, rußgeschwärzten Balken eingravierten Jahreszahlen. Das germanische Gesetz der Unteilbarkeit des Hofbesitzes galt von jeher auf den sogenannten geschlossenen Höfen, den Erbhöfen. So konnte das Eigentum nicht zersplittert werden. Im 18. Jahrhundert wurde dieses überlieferte Gewohnheitsrecht mit den Theresianischen Gesetzen schriftlich fixiert. Den weichenden Erben – meist waren und sind es noch über ein Dutzend – bleibt nichts anderes übrig, als entweder als Knecht oder Magd unter ärmlichsten Verhältnissen auf dem Hof zu arbeiten, oder in der Fremde ihr Brot zu suchen. Auf den entlegenen Bauernhöfen ist die Einsamkeit Schicksal und Erbe. Heute noch gibt es allein in Südtirol rund 5000 abgelegene Höfe, die nur zu Fuß oder mit primitiven Seilbahnen aufgesucht

werden können. Auf ihnen wohnen ungefähr 20 000 Menschen, also soviel wie in einer mittleren Kleinstadt. Sie leben wie in einer Kampfregion, im steten Ringen um das Überleben. Ihr karges Dasein an oder unterhalb der Grenze des Existenzminimums mitten in Europa ist eine Mahnung für unsere gedankenlose Konsumgesellschaft.

Auf unserer ersten Alpenüberquerung stiegen wir mit dem Gasser Bauern am Osthang des Pfunderertales hinauf nach Kammerschien. Der Hof liegt isoliert zwischen zwei Lawinengebieten etwa 500 Meter über der Talsohle und ist nur zu Fuß erreichbar. Wie manch anderer Hof ist auch er im Winter oft tagelang von der Außenwelt abgeschnitten. Zufällig arbeitete im selben Jahr eine Tochter des Hofes in einer Ausflugsgaststätte am Starnberger See. Bevor wir auf dem Höhenweg nach Terenten weiter wanderten, bot man uns erfrischende Getränke an. Eine unkomplizierte Gastfreundschaft schlug uns entgegen. Es war genau das Gegenteil zur kalten Profitgier, wie man sie oft in den Städten und in den Fremdenverkehrszentren antrifft. Von Kammerschien aus geht der Blick zurück an die Hänge des inneren Pfunderertales. In diesem Seitental des Pustertales gab es rund 145 Bergbauernhöfe. Im Jahre 1951 waren davon noch 94 übriggeblieben. Die Wiesen sind so steil, daß die Bewohner zur Arbeit – und auch im Winter zum Kirchgang – Steigeisen anlegen müssen. Ein Witzbold meinte, daß dort sogar die Hühner Steigeisen tragen.

In dem ausdrucksstarken Buch »Die Erben der Einsamkeit« (1973) von Aldo Gorfer, werden der Mitterhofer-Hof (1525 m hoch, seit dem Jahr 1309) und der Hauer-Hof vom Rieglberg oberhalb Pfunders ausführlich beschrieben, ebenso der Laseider-Hof (1500 m hoch) im hinteren Lüsener Tal. Wir erreichen diese Gegend am zweiten Tag nach der Übernachtung in Pfunders. Das Pfunderertal mit seinen entlegenen Höfen wurde des öfteren von schweren Naturkatastrophen heimgesucht. So tötete 1689 eine Lawine beim Kramerhof an der Eggen 27 Personen, im Jahre 1888 wurde der Weiler Dun – er ist die erste menschliche Dauersiedlung nach dem Gliederschartl – verschüttet, und am selben Tag vernichtete eine vom Schmansner Berg niedergehende Lahn elf Wohnhäuser, wobei es neun Tote gab. Der Eisbruggsee – auf dessen Zuweg wir nach den Duner Höfen stoßen – schwappte 1901 infolge plötzlicher Schneeschmelze über, und seine ausbrechenden Wasser richteten im ganzen Tal gewaltige Schäden an. Am Ende des zwölften Wandertages lädt eine Erinnerungskapelle am Weg oberhalb Pfunders zur besinnlichen Einkehr. Auch hier hat 1951 eine Lawinenkatastrophe Menschenleben gefordert.

Wenn wir zur warmen Spätsommerzeit an den malerisch gelegenen Bauernhöfen

33 Abstieg vom Cirjoch zum Grödnerjoch (2137 Meter), dem Ziel des 15. Wandertages. Über der Straße, die zum Sellajoch führt, erheben sich die schroffen Felswände der Murfreittürme (2 724 Meter).

34 Mit Seilen gesicherter Aufstieg durch das Val Setus zur Pisciaduhütte (2 583 Meter). 16. Wandertag. Hinter der Felswand Sas de la Luèsa, mit der sich der Sellastock am weitesten nach Norden vorschiebt, begrenzen die grauen Cirspitzen das Grödnerjoch.

vorbeiwandern, denkt kaum einer daran, daß wenige Monate später mancher Hof tagelang vom Tal abgeschnitten ist, daß der Schneesturm durch feine Ritzen die Eiskristalle oft bis in die Schlafkammern weht und bei Krankheit eine ärztliche Hilfe dort oben kaum möglich ist. Wir aber werden dann längst wieder von den Bequemlichkeiten der modernen Zivilisation verwöhnt und auch verweichlicht.

Vierzehnter Wandertag

Peitler-Tee

Die Einheimischen nennen jenen felsigen Doppelgipfel, der unter den Dolomitenbergen am weitesten nach Norden vorspringt, und daher ein bekannter Aussichtsgipfel ist, kurz und liebevoll: »Peitler«. Im schriftdeutsch gehört noch ein Kofel darangehängt.

Nach dem Gang durch das schattige Lasankental oberhalb Lüsen hatten wir bald darauf auch die weichen Matten der Gungganwiesen hinter uns gelassen. Der Weg wurde steiler und anstrengender. Da sahen wir weit oben, unterhalb der Peitlerscharte einige Menschen, die sich wohl bewegten, aber doch nicht vom Fleck kamen. Sollten sie auf dem steinigen Boden nach wertvollen Mineralien suchen? Beim Näherkommen erkannten wir bäuerlich gekleidete Frauen. Offensichtlich sammelten sie bestimmte Kräuter. Wie wir feststellten, waren es die Blätter der bodendeckenden Silberwurz (Dryas octopetala).

Der Gattungsname Dryas steht im Griechischen für Eiche. Er bezieht sich auf die eichenähnliche Form der Laubblätter. Sie sind an der Oberseite glänzend und unten silberweiß filzig. Dies schützt sie vor zu starker Strahlung auf den extremen Standorten. An den typischen Einkerbungen sind sie leicht zu erkennen. Diese unverwechselbaren Blätter finden sich als Versteinerungen in eiszeitlichen Ablagerungen, den sogenannten »Dryas-Tonen«. Eine erdgeschichtliche Zeituhr und zugleich ein Hinweis auf die jeweils herrschende Vegetation und damit auch auf das Klima stellen die abgelagerten Blütenstaubkörner in den Moorschichten dar. So findet sich unter der Torfmoorschicht, welche die Pollenkörner der Bäume enthält, eine weitere mit jenen der Silberwurz, der Weiden und Seggen. Ein Beweis dafür, daß die Flora Mitteleuropas vor dem Aufkommen der Wälder aus einer Pflanzengesellschaft bestand, wie sie heute noch in größerem Ausmaß im hohen Norden Skandinaviens, in Island und in Schottland vorkommt. In Grönland reicht das Verbreitungsgebiet der Silberwurz bis zum Breitengrad 83°, 24'. Dort bildet sie noch ausgedehnte und dichte Kolonien. Der ebenfalls aus dem Griechischen stammende Artname verweist auf die acht geäderten Kronblätter. Aus der Blüte entwickelt sich eine Sammelfrucht, die aus kleinen Nüssen besteht, auf denen noch die flaumigen Griffel zu erkennen sind. Hübsch sind diese Federbüschel der Samenstände wenn sie im Gegenlicht aufblitzen. Der Volksmund in Tirol nennt sie »Petersbart« oder »Wild-Mann«. Dieses Zwergsträuchlein gehört wie die Erdbeere und auch das Dolomitenfingerkraut zur großen Familie der Rosenblütler. Im Gegensatz zu diesen Pflanzen gibt es bei der Gattung Dryas nur eine einzige Art. Sie nimmt mit den ärmsten Böden vorlieb, hat aber dennoch leuchtende Blütensterne, die ganze Steinwüsten in ein Blütenmeer verwandeln, wenn sie den Frühling einläuten.

35 Am Aufstieg zum 3152 Meter hohen Piz Boè, rechts unten die Boè-Hütte (2 873 Meter), das Ziel des 16. Wandertages. Im Wolkenschleier rechts oben die Bergstation der Gondelbahn vom Pordoijoch (2 242 Meter) zur Pordoispitze (2 952 Meter).

36 Dolomitengipfel im morgendlichen Gegenlicht: Ausblick vom 3152 Meter hohen Piz Boè auf den Monte Pelmo (3168 Meter), den Antelao (3 263 Meter) und auf den Sorapis (3 205 Meter); davor in der Mitte der im Ersten Weltkrieg heiß umkämpfte Col di Lana (2 462 Meter).

Von den ersten Wandertagen her auf den kargen Schotterböden der Isar, besonders zwischen Bad Tölz und Lenggries, sind sie uns wohl vertraut. Dort besitzen sie einen hohen, aufbauenden Wert für den später folgenden erikareichen Föhrenwald. Hier wie dort ist die Silberwurz eine Pionierpflanze auf Kalkschutt und bewahrt mit ihren tiefreichenden Wurzeln das Geröll vor weiterer Verfrachtung und Erosion. An geeigneten Standorten kann sie über hundert Jahre alt werden. Von den Wildflußtälern steigt sie bis 3000 Meter hoch hinauf. Nach ihrer weiten Wanderung um die Arktis erreichte sie mit der Eiszeit die Alpen und ist uns seitdem treu geblieben.

Doch nun zurück zu den Kräutersammlerinnen: Unsere Neugierde und der Wissensdurst des mitwandernden Apothekers brachte bald ein Gespräch mit den Frauen zustande. Dabei erfuhren wir von der Heilkraft des Silberwurztees bei Lungenkrankheiten und Herzschwäche. Gegen sie ist eine Mischung mit Gemswurz (Doronikum) ebenfalls günstig. Auch sei der Tee, der von den Blättern und Blüten gewonnen wird und fünf Minuten zu kochen ist, leicht urintreibend. In Notzeiten dient er wegen ähnlicher Farbe und Geschmack als Ersatz für den schwarzen Chinatee. In dem lehrreichen Heftchen von Schwingshackel über »Die Heilkräuter Südtirols« wird er schließlich besonders bei Bergtouren empfohlen, da er, wie es heißt, wohltätig auf das Herz wirkt und leichten Atem macht. Was nimmt es da Wunder, wenn wir später bei anstrengenden Aufstiegen mit den schweren Rucksäcken, die den Atem kürzer werden ließen, oft von jener Begegnung am Peitler sprachen! Aus dem Silberwurztee wurde so für uns der Peitler-Tee.

Da dieses liebenswerte Pflänzchen vor allem auch in der Gegend des Heilig-Kreuzkofels massenhaft vorkommt, hat er in Südtirol den Namen Heilig-Kreuz-Tee. Im Salzburgischen dagegen sagt man dazu Kaisertee und in der Gegend von Bern Schwizertee.

Fünfzehnter und sechzehnter Wandertag

Im Reich der Sagen

Die Wanderung an der Isar, durch Tirol und Ladinien bis hinunter in die Stadt am Meer ist zugleich ein Gang durch ein geheimnisvolles Sagenreich.
Wenn der Spätsommer im Isartal seinen Einzug hält und damit die hohe Zeit des Wanderns beginnt, soll der einsame Wanderer - vermischt mit dem Glucksen des Wassers - die Lockrufe der Isarnixe hören. Hierzu paßt die Geschichte, die bald nach der glanzvollen Hochzeit des Bayernherzogs Albrecht IV. mit Kunigunde, einer Tochter Kaiser Friedrichs III., im Jahr 1487 geschehen sein soll. Danach spielte im Schloß Grünwald ein schon bei den Hochzeitsfeierlichkeiten bekannt gewordener blonder Geselle den Rittersleuten mit der Sackpfeife auf. Ein keckes und schönes Edelfräulein fragte ihn, ob er den Mut besäße, sein Leben zu wagen. »Es sei!« rief dieser und forderte eine Gelegenheit zur Tat. Da riß das übermütige Fräulein ihr Geschmeide vom Hals und warf es in die Isarfluten. Ohne Besinnen stürzte sich der junge Spielmann in das rauschende Wasser. Die Isar aber gab ihn nicht mehr zurück. Drei Tage danach war auch das Edelfräulein spurlos verschwunden. Seit jener Zeit soll der geisterhafte Ruf: »Tutli-i-i-i« durch die Auen tönen.
Am zweiten Wandertag passieren wir ein paar Stunden oberhalb des Roten Kreuzes an der waldreichen Weißleiten die Gegend, wo sich einst ein armer Floßknecht aus der Jachenau zum letztenmal verstohlen mit der schönen und reichen Müllerstochter Philomena traf. Nach dem glücklichen Beisammensein auf der Burg oben am steilen Isarufer wurde er von den Häschern auf der Flucht erdolcht.
Am Oberlauf der Isar nahe bei Bad Tölz, erzählt man sich, daß der Teufel einmal die Isar abgraben wollte. Durch die List eines Meßners, der die Gebetsglocke früher als üblich läutete, wurde der Teufel bei seinem Vorhaben gestört. So blieb der Graben unvollendet und heißt bis zum heutigen Tag Teufelsgraben.
Weit drinnen im Tirolerischen, wo wir über große Urgesteinsblöcke der Friesenbergscharte zusteigen, hausten in uralter Zeit in den steilen Flanken der Gefrornen Wand die »Wilden Fräulein«. Da erschien einst ein schrecklicher Riese von jenseits der Berge und wollte sich im Tuxer Tal niederlassen. Er aß den Bauern fast alles weg, was sie hatten. Zudem mußten sie ihm noch schwere Steine für seine Behausung - es sollte ein großes Schloß werden - zusammentragen. Als einige Bauernburschen zur Wand hinaufstiegen, um von den großen Blöcken einige für den Schloßbau herunter zu schleppen, begegneten sie den »Wilden Fräulein«. Diese versprachen den Bauern zu helfen. Und kaum war die Burg fertig, schickten sie Sturm, Blitz und Donner und es blieb nichts mehr von ihr übrig. Der Riese bemerkte die Urheber oben an der Gefrornen Wand. Mit seiner kräftigen Pranke

37 Rast nach der Einkehr im Rifugio Viel del Pan auf einer Wiesenkanzel neben dem bekannten Bindelweg; gegenüber die Marmolada (3 344 Meter), die Königin der Dolomiten. 17. Wandertag.

38 Auf dem Marmoladagletscher: Der Blick wird in der Mitte vom gewaltigen Sellastock mit dem zeltdachartig aufgesetzten Piz Boè beherrscht. Links und rechts dahinter erkennt man die Geislerspitzen und den Doppelgipfel des Peitler; am Horizont der Zillertaler Hauptkamm.

39 Ausblick vom Marmoladagletscher über die 800 Meter hohe Südwand in die Felsketten der südlichen Dolomiten beiderseits des Cordevole Tales; links oben die Schiara, rechts die Sonnenberge und jenseits des wolkenverhangenen Piavetales der Nevegal, letzter alpiner Bergrücken vor der venezianischen Tiefebene.

kratzte er voll Wut über die Felsen, doch die Fräulein waren schneller. Sie hatten sich bereits in den Berg zurückgezogen. Daraufhin stapfte er über das Joch wieder nach Süden und ward nie mehr gesehen.

Entlang des ganzen Weges über die Alpen treffen wir immer wieder auf Namen, verfallene Stollen und Sagen, die auf den Reichtum an wertvollen Mineralien hinweisen. Erinnert sei nur an Arz(Erz)bach an der Isar, den Karwendelhang »Silberner Hansl«, Hinterriß, das Halltal, den Finsingboden in den Tuxer Bergen und an Caprile im Cordèvole Tal.

Zwei Tage nach der Gefrornen Wand stoßen wir nach dem weglosen und mineralreichen Gliederschartl zum erstenmal wieder auf eine Wegmarkierung. Sie führt hinauf zur Weitenberger Alpe. Dort war einmal ein Goldbergwerk. Wegen eines gewaltigen Naturereignisses, bei dem viele Knappen ums Leben kamen, mußte es aufgelassen werden. Der Steig, den wir hinaus nach Dun und Pfunders gehen, ist demnach ein alter Knappensteig. Heute noch sind Mauerreste von Schmelzhütten sichtbar, und Pfunders soll von Knappen aus Dun besiedelt worden sein.

Auf den Almen von Puez, der Hochfläche von Gardenazza, sowie am Ufer des Crespeiner Sees und am Viel del Pan stehen wir dann mitten drin im Reich der nicht ausschöpfbaren Sagenwelt Südtirols. Mit den »Gläsernen Bergen« – gemeint ist der vergletscherte Hauptkamm – haben wir die Grenzen einer mythischen Außenwelt überschritten und sind eingedrungen in das Reich der »Bleichen Berge«. Die Sage von den »Gläsernen Bergen« war in den Südalpen weit verbreitet und sie galten als unheimlich und furchtbar (Karl Felix Wolff). Bei den Ladinern galten die vergletscherten Berge sogar als das Ende der Welt. Die mineralkundigen »Venedigermandln« holten einst Gold und Edelsteine aus dem Gebirge heim in ihre große und reiche Stadt am Meer.

Siebzehnter und achtzehnter Wandertag

»Fernab der Zeit ...«: Kämpfe in Fels und Eis

40 Serrai di Sottoguda: Durchbruchsschlucht des Pettorinabaches in Marmoladakalk, weit über 50 Meter tief, fast zwei Kilometer lang und zwischen fünf und 20 Meter breit. Das schmale Militärsträßchen, erbaut im Ersten Weltkrieg von den Italienern, wechselt dreizehnmal die Bachseite; darüber führt die neue Autostraße.

Der mächtige Bergstock der Marmolada scheidet das Agordo, wo einst die kriegerischen Trusaner wohnten und die Wege von Venezien heraufführen, von den bäuerlichen Siedlungen des Fassatales. Wie die Sage erzählt, hielten sich die Bauern zur Verteidigung die aus der Langobardenzeit zurückgebliebenen Kriegsmannen, die Arimannen. Vom Nachtlager am Fedàiasee und Kämpfen entlang des Saumpfades Viàl del Pàn, dem heutigen Bindelweg, kündet eine ladinische Sage. Am Südfuß des himmelstürmenden Marmoladafelsen umgürteten vergoldete Mauerzinnen die reiche Königsstadt von Contrin. Nach der Eroberung durch die Trusaner sang einst König Odòlghes auf ihren Trümmern das Totenlied der freien Contriner. Als Totenvers für 9424 Gefallene der Dolomitenfront in beiden Weltkriegen, die in der Nähe des Pordoijoches begraben liegen, ist dort in eine schwere Eisentüre des Ehrenmals eingraviert:

> »Fernab der Zeit, hoch über der Berge Firn,
> Nahe bei Stein und Gestirn, spüren wir Eure Ewigkeit«.

Während der Rast am Pordoijoch sehen wir jenseits der Kriegsgräberstätte den Col di Lana aufragen. Er wurde in den Kriegsjahren 1916/17 zum »Col di sangue«, zum Blutberg Ladiniens. Bei den ersten Angriffskämpfen im Oktober 1915 erkannten die Italiener: Auf herkömmliche Weise ist dieser beherrschende Gipfel über dem Cordèvole Tal nicht zu erstürmen. Daraufhin kam dem Ingenieur und Leutnant Caitani der Gedanke, den Gipfel des Berges mitsamt den Verteidigern in die Luft zu sprengen. Um sich nicht zu verraten, wurde anfangs beim Stollenbau keine Bohrmaschine eingesetzt, und auf die Sekunde zusammen mit den notwendigen Sprengungen feuerte die Artillerie auf den Gipfel und wurden Handgranaten geworfen. Anfang Januar 1916 erkannte jedoch ein österreichischer Beobachter vom Pordoijoch aus große Schuttablagerungen am Col di Lana. Doch erst Mitte März hatten die Verteidiger durch die näherkommenden Bohrgeräusche die Gewißheit, daß ihre Gipfelstellung unterminiert werden sollte. Daraufhin versuchten die Österreicher mittels eigener Bohrungen den italienischen Stollen zum Einsturz zu bringen. Vergeblich! Am 12. April beendeten die Italiener ihre fieberhaft betriebene Arbeit an den nun insgesamt 105 Meter langen Stollen. Mit 5000 Kilogramm Nitrogelatine wurden die beiden Minenkammern gefüllt. In der beklemmenden Stille war sich die Gipfelbesatzung bewußt: Jeden Augenblick können wir in die Luft gesprengt werden. Punkt 23 Uhr und 30 Minuten, am 17. April 1916, drückte auf italienischer Seite eine Hand auf den elektrischen Knopf und mit 10 000 Tonnen Felsblöcken wirbelten zerfetzte Menschenleiber

41 *Die Ortschaft Alleghe mit dem gleichnamigen See und der Civetta (3 218 Meter). Der Höhenunterschied vom Gipfel bis zum See beträgt 2 200 Meter. Auf dem fast ganz bewaldeten Höhenrücken des Col Rean liegt die neu erbaute Tissihütte, das 19. Tagesziel.*

durch die Luft. Seitdem ist der Berg ein Wahrzeichen höchsten Opfermutes »für Gott, Kaiser und Vaterland«.

Entlang des Bindelweges, jener herrlichen Panorama-Promenade, auf der wir nachmittags in Richtung Fedàiasee dahinschlendern, liegt die Marmolada wie auf einem Präsentierteller vor uns. Zu Beginn des Ersten Weltkrieges hielt man ein Kämpfen in diesen menschenfeindlichen Regionen nicht für möglich. Doch besetzten im Frühjahr 1916 Deutsche und Österreicher die wichtigsten Punkte oben am Gletscher. Der Gegner, der sich im Rücken der Col-di-Lana-Front bedroht fühlte, eroberte daraufhin die östlich gelegene Serauta-Stellung. Oben am Gipfelgrat der Marmolada in einer Höhe von 3300 Meter, wo wir die Wanderroute nach Norden und Süden weit überschauen, feuerte ein Geschütz hinunter zu den italienischen Stellungen. Wie Maulwürfe hatten sich die Kaiserjäger und das bayerische Alpenkorps – insgesamt 1500 Mann – in das Gletschereis eingegraben. Nach den Entwürfen des Innsbrucker Ingenieurs Leo Handel bauten sie acht Kilometer lange Stollen. In einer Tiefe von 30 bis 50 Meter errichteten sie eine »Eisstadt« mit Vorrats- und Munitionsräumen, mit Fernsprechzentrale, Bataillonsgefechtsstand sowie mit Sanitäts-, Mannschafts- und Offiziersunterkünften. Da kam der schneereiche Winter 1916/17. Nach heftigem, nassem Schneefall verschütteten die weißen Massen eine große Baracke mit 50 Soldaten. Es sollte erst der Auftakt zu noch größeren Katastrophen sein. Anfang Dezember schneite es tagelang. In der Nacht auf den 13., es war ein Freitag, setzte Tauwetter ein und rund eine Million Kubikmeter Schnee kam ins Gleiten. In Sekundenschnelle zerdrückte er ein ganzes Barackenlager. An die 300 Tote forderte diese gewaltige Lawine und noch im März barg man 40 Leichen unten im Kar. Die Italiener verloren durch eine Lawine im oberen Petorinatal 200 Menschen und der ganze Winter kostete über 10 000 Menschenleben durch Lawinen. Hingen aber bei lachender Sonne weiße Schönwetterwolken am südlich blauen Himmel und strich ein klares Berglüfterl um die Gipfel, so schien der Krieg damals wie ein böser Traum. Ist es nicht eigenartig, wenn man liest, wie mehrmals Talstellungen auf beiden Frontseiten durch herunterdonnernde Lawinen zu einem Hexenkessel wurden, die sich Bekämpfenden ihre Schützengräben verließen, in die Talmitte flüchteten, um dort wie verängstigte Tiere, in Haufen gedrängt, mit Entsetzen auf die tobenden Naturgewalten zu starren. Ohne den Mut, die Kameradschaft und die menschlichen Leistungen mindern zu wollen, sei an einen Ausspruch Leonardo da Vincis erinnert. Er sagte vor 500 Jahren: »Der Krieg ist die tierischste aller menschlichen Dummheiten«. Ein Verhaltensforscher oder Tierfreund wird sich das Wort »tierisch« in diesem Zusammenhang verbieten. Mag der Krieg so alt wie die Liebe und der Hunger sein (wie Gunther Langes in seinem Buch »Die Front in Fels und Eis« einleitend schreibt), die Möglichkeit, mit ABC-Waffen die gesamte Menschheit gleich mehrmals in Sekundenschnelle zu vernichten, gab es früher nicht. Heute steht am Ende jeden Kampfes auf Leben und Tod in jedem Fall der Tod.

Neunzehnter bis einundzwanzigster Wandertag

Durch oder über die Alpen?

Die Entscheidung, ob man durch die Alpentäler wandert oder über Jöcher, Scharten und auch mal über einen Gipfel steigt, stellt sich bei der Planung jeder größeren Alpenwanderung. In früheren Jahrhunderten, vor dem Aufkommen des Alpinismus, wurden solche Überlegungen nicht angestellt.
Die Rom-Pilger und Kunstreisenden in früherer Zeit benützten die leichtesten Übergänge. Sie waren vorgezeichnet durch die alten Handelswege. Das Gebirge abseits dieser Routen war für die meisten der damals Reisenden eine furchterregende Landschaft, wo Götter und Geister hausten. Aus Angst oder weil es zu weltlich war, mied der religiöse Mensch des Mittelalters die Bergwelt. So machte sich der italienische Dichter Petrarca (1304–1374) Vorwürfe wegen seiner weltlichen Begierden, als er im Jahre 1335 den 1908 Meter hohen Mont Ventoux bestiegen hatte und im Buch der Bekenntnisse des Hl. Augustinus las: »Da gehen die Menschen, die Höhe der Berge zu bewundern und die Fluten des Meeres, die Strömungen der Flüsse, des Ozeans Umkreis und der Gestirne Bahnen und verlieren sich dabei selber!« Erst mit dem Aufkommen des Alpinismus wandelte sich die Einstellung zur Bergwelt.
Heute sind die Berge zum großen Erholungsparadies geworden. Doch viel zu sehr gilt das Interesse dem Bezwingen und Ersteigen und viel zu wenig dem Erkennen und Schauen. Leistungsdenken aus dem Alltag, anstatt geistig-seelische Bereicherung, stehen meistens im Vordergrund. Wieviele Stunden sie bis zum Gipfelkreuz gebraucht haben, erzählen fast alle, die wenigsten aber davon, über welche Gesteinsarten sie aufgestiegen sind oder was am Wege alles blühte. Abgesehen vom Zeitgeist ist die Einstellung zur Bergwelt und auch die Entscheidung in der Frage: »Durch oder über die Berge« abhängig vom eigenen Leistungsvermögen und vom jeweiligen Naturell; aber auch davon, wie weit man zu einem verstehenden Alpenerlebnis durch Grundkenntnisse in Geologie und Botanik fähig ist.
Die großen Täler und die klassischen Übergänge sind das ganze Jahr hindurch erfüllt vom Autolärm und Benzingestank. Der Weitwanderer, der die Ruhe und das Naturerlebnis sucht, der eintauchen will ins Unberührte und ins Abenteuer der Elemente, ist gezwungen, in entlegene Täler und auf Scharten auszuweichen. Besonders für den Durchgangsverkehr erschlossene Täler und Jöcher meidet er. Unser »Traumpfad« über die Alpen führt deshalb über 33 Jöcher und Scharten. Auf das Grödner- und Pordoijoch, beide sind über 2100 Meter hoch, steigen wir von oben auf den Sattel der Paßstraße hinunter und verlassen diesen wieder bergwärts. Neben den Bergbahnen hat viel zur Übererschließung der Alpen der Ausbau von Militärstraßen und Wirtschaftswegen beigetragen. So erklimmt das Pfitscherjoch, wo unsere Route die orographische Linie des Alpenhauptkammes

42 Rückblick vom Aufstieg zum Moschesinjoch (1940 Meter) auf die gleichnamige und längst aufgelassene Alm. Auf dem bewaldeten Hang jenseits des Duranpasses liegt vor den Moiazza-Wänden die Carestiatohütte, das 20. Tagesziel. Links davon und noch weiter zurück die Civetta.

43 Ankunft im letzten Abendlicht auf dem Pra de la Vedova an der Prampe-rethütte (1857 Meter). 21. Tagesziel. Vor dem Castello di Moschesin (2499 Meter) und der Cima de la Gardesana führt das Val Pramper hinaus nach Forno di Zoldo.

überquert, bereits von Süden her eine alte Militärstraße. Sollte auch noch vom Stausee im Schlegeisgrund die Straße zum Joch weiter gebaut werden, müßte der naturliebende Weitwanderer in noch alpin extremere Bereiche ausweichen.
Für mich ist die 2000-Meter-Höhenlinie eine magische Grenze beim Wandern. In der Zone zwischen Wald- und Baumgrenze faszinieren die fotogensten Landschaftsbilder. Der Blick wird frei in eine abwechslungsreich gestaltete Ferne und findet im Vordergrund noch Halt an markanten Baumveteranen. Bereits im Karwendel erreichen wir diese ideale Wanderlandschaft, erneut dann wieder am Glunggezer oberhalb des Inntals. Und ab der Peitlerscharte endlich wandern wir tagelang oberhalb dieser Traumwandergrenze. Bei schlechtem Wetter, ungenügenden Markierungen und mangelhafter Bergerfahrung birgt dieser Höhenbereich jedoch auch verschiedene Gefahren.
Durch Druck vom Süden mit Widerlager im Norden, wurden die Alpen aufgefaltet. Es schoben sich die geologischen Formationen zusammen und übereinander. Bei der Wanderung von Norden nach Süden erkennen wir so hinsichtlich der Bergformen und des Bewuchses große Unterschiede und Gegensätze. Zum großen Teil beruhen sie auf den verschiedenen geologischen Verhältnissen. Bewegt man sich innerhalb der Ostalpen in ost-westlicher Richtung, verweilt man unter Umständen tagelang in einer Landschaft mit gleichen Bergformen, Talfurchen, gleicher Flora und unveränderten Wirtschaftsformen.
Beim Auf und Ab über die Berge erleben wir je nach der Höhenlage des öfteren die verschiedenen Jahreszeiten und damit den Blütenreigen vom Frühjahr bis zum Herbst. Beim Abstieg vom Nevegal umfängt uns dann endgültig der Süden.

Zweiundzwanzigster und dreiundzwanzigster Wandertag

Die Nacht von Furio Bianchet

44 In den südlichen Dolomiten: Aufstieg zum Varettajoch (1704 Meter), nach rechts fallen die Hänge steil ab in das obere Vescovátal. Im Hintergrund die Schiara (2565 Meter) mit der Felsnadel Gusela, dem Bergwahrzeichen von Belluno. 22. Wandertag.

Nach sieben verregneten Dolomitentagen funkeln endlich über der Pra della Vedova an der Rifugio Pramperet die Sterne vom blankgefegten Berghimmel. Doch wir - in unserem Falle sieben Alpenwanderer auf dem Weg von Bad Tölz nach Belluno - haben uns zu früh gefreut. Verhangene Berge und Dauerregen auch am nächsten Morgen!
Vergeblich warten wir auf Wetterbesserung. Gegen zehn Uhr brechen wir auf. Nach Überwindung der ersten hundert Höhenmeter werden die Regentropfen größer. Einzelne Schneeflocken mischen sich darunter. Wie in den Kindertagen stimmen sie zuerst etwas fröhlich. Man summt: Leise rieselt der Schnee. Als aber das Schneetreiben zunimmt und die Markierungen in dem fremden und einsamen Bergland langsam unter der Schneedecke verschwinden, wird die Stimmung ernster. Zum Glück haben Bergfreunde außer den Farbklecksen da und dort noch Steinmännchen errichtet. Mit dem Aufwärtssteigen klettert der Höhenmesser auf 2000, 2100, ja über 2300 Meter. Der Pfad wird noch steiler und das Schneetreiben heftiger. Sturm peitscht die Regenumhänge über die Köpfe, nimmt einem fast den Atem und die Brillenträger klagen über beschlagene Gläser.
Neben dem glitschigen Steig gähnen rechts und links im Nebel unbekannte Tiefen. Ein unachtsamer Schritt kann zum Verhängnis werden. Nur jetzt nicht nervös werden! Vor allem muß die Gruppe beisammen bleiben. Angestrengt versuche ich nach der Geländeform den Verlauf des Steiges auszumachen. Endlich verliert er an Höhe. Immer wieder suchen wir gemeinsam nach den Markierungen. Die Schneeflocken werden größer und gehen endlich wieder in Regen über. Froh, der kritischen Situation entronnen zu sein, doch triefend vor Nässe, die sowohl von außen wie unter den luftundurchlässigen Ponchos auch von innen kommt, gelangen wir zu einer verlassenen Alm. An der rußgeschwärzten Wand zwischen ein paar Steinen versucht Josef, unser »Feuermeister«, mit dem herumliegenden Holz Wärme in den Raum zu bekommen. Doch die Scheite sind zu feucht. Eingehüllt in Rauch und Qualm zieht es durch die Ritzen und die Kälte kriecht uns langsam den Körper herauf. Es ist viel zu ungemütlich für eine längere Brotzeit. So setzen wir den Weg über einen tief eingeschnittenen Bach und hinauf zum Varettajoch fort. Mina hat ihre Grippe noch nicht ganz überwunden und auch meine Fußverletzung von der Civetta beginnt wieder zu schmerzen. An ein Übersteigen der verschneiten Schiara ist unter diesen Verhältnissen nicht zu denken. Also Abstieg durch den Bergwald zur tief unten im Val Vescova gelegenen Hütte Furio Bianchet! Weit auseinandergezogen erreichen wir gegen 15.00 Uhr dieses Tagesziel.
Fenster und Türen stehen sperrangelweit offen. Vor der Hütte steht ein Jeep in

45 Blick in das obere Vescovàtal, an dessen Ende auf dem Pian dei Cat die neu erbaute Berghütte Furio Bianchet steht (1245 Meter). Beherrschend darüber der Monte Coro (1985 Meter), jenseits des Cordevoletales begrenzen die Sonnenberge das Bild.

dem sogar der Zündschlüssel steckt. Weit und breit aber ist keine Menschenseele zu finden. Das Haus scheint neu zu sein. Die Küche ist modern ausgestattet und bei den reichlich vorhandenen Speisen und der vollen Hausbar wächst unser Appetit noch mehr. Im Kamin schwelen Holzscheite, Josef entfacht sie zu lodernden Flammen. Abwechselnd von vorne und von hinten genießen wir die Wärme und hängen und stellen Kleider und Schuhe zum Trocknen auf. Die Stunden vergehen. Von einem Hüttenwirt ist noch immer nichts zu sehen. Uns wird eigenartig zumute. Schließlich schreiben wir mit großen Buchstaben auf ein Blatt: »Wir sind keine Räuber, sondern sieben Alpini, bitte nicht schießen!« Den Zettel heften wir vorsichtshalber an die Eingangstüre.

Mehr Nacht als Tag ist es schon, als dann zwei bärtige Männer die Hütte betreten. In der Art, wie sie zielstrebig auf die Verpflegung in der Küche zugehen, erkennen wir: sie gehören zur Hütte! Wie sich später herausstellt, ist der eine der Hüttenwirt und Bergführer und der andere sein Bruder, ein Forstarbeiter. Unsere Frauen helfen beim Zubereiten des Abendessens. Bei Rotwein und Grappa lockert sich vollends die Atmosphäre und beschwingte Melodien aus einem alten Grammophon fordern zum Tanz. Die Bilder verschwimmen und auch die Erinnerung. Es ist bereits spät in der Nacht, als die letzten von uns die breite Treppe ins Obergeschoß hinaufklettern.

Wie alle in die Betten kamen bleibt ebenso ungeklärt wie ein nächtlicher Spuk. Beim gemeinsamen Frühstück ist nämlich von einem Geist mit Lampe, von einem Krach und von verrutschten sowie verhangenen Betten die Rede. Ein Dritter erzählt, sein Schlafsack ist mit Löchern versehen. Die ulkigsten Sachen waren passiert. Mich beispielsweise brachte ein Bärtiger zum Lachen. Als ich mich bei Dunkelheit entlang der Wand zum Klo vortastete, wurde ich plötzlich umarmt. Doch als jener Geist merkte, daß ich ein Mann bin, war er weg, bevor das Licht anging.

Gezeichnet von der langen Regenwanderung, doch bestens erholt und randvoll mit Erlebnissen, endete für den größten Teil der Gruppe noch am selben Tag die dreiwöchige Alpenwanderung auf der belebten und sonnenüberfluteten Piazza dei Martiri in der reizvoll gelegenen südlichen Bergstadt Belluno.

Vierundzwanzigster Wandertag

Kunst am Wege

46 Bergkapelle unterhalb der Felsnadel Gusela neben der siebenten Alpinihütte, dem Ziel des 22. Wandertages. Von rechts oben nach links unten durchzieht die 600 Meter hohe Südwand der Schiara die Via ferrata Marmol. Sie ist der grandiose Abschluß der Dolomiten.

Wie eine gewaltige Architektur säumen unseren »Traumpfad« senkrechte Kalkwände, breite Bergkegel und schlanke Felstürme. In Form und Farbe wechseln diese von der Natur geschaffenen Werke vom hellen Karwendel über das dunkle Schiefergebirge bis zu den rötlichen Dolomitenzinnen. Geschmückt werden sie von den Silberadern der Bergbäche, vom glänzenden Firnschnee und von den in allen Farben leuchtenden Bergblumen. Künstler aller Zeiten empfingen Inspiration und Kraft direkt und indirekt aus der geheimnisvollen und formreichen Natur der Alpenwelt.
Aus dem oberbayerischen Alpenvorland kamen die Künstler des Wessobrunner Kreises und die Gebrüder Asam. In den Tälern der Ammer, des Grödnerbaches und Maèflusses sind seit Jahrhunderten die Holzschnitzer zu Hause. Albrecht Dürer fand in der Stadt am Meer Vorbilder und Anregung für sein Gemälde »Das Rosenkranzfest«. Am Anfang und am Ende unserer Route stehen zwei in der ganzen Welt bekannte Kunststädte: München und Venedig.
Gleich am ersten Wandertag erlebten wir in der Schäftlarner Klosterkirche alle Köstlichkeit des bayerischen Barocks. Zahllos sind die Werke der Volkskunst am Wege. Erinnert sei nur an die verwitterten oberbayerischen und Tiroler Bauernhöfe mit kunstvollem Bundwerk und Lüftlmalerei sowie an die bunten Tölzer Bauernschränke. An den Zillertaler Höfen fielen uns die beidseitigen Erker auf, in Südtirol die steinernen Treppen zu den runden Haustüren und im Agordino der Vorbau des Fogher. Immer wieder trafen wir auf liebevoll gepflegte Marterln, Wegkreuze, auf Haus- und Bergkapellen. Sie erinnern oberhalb Pfunders wie auch vor den Berghütten auf dem Halleranger, an der Civetta und Schiara an die Opfer der Berge. Moderne und geschmackvolle Kunst in der 1958 erbauten Wattener Himmelfahrtskirche regte uns am ersten Ruhetag zu besinnlichen Minuten an, nachdem wir vorher in Sankt Martin oben im Gnadenwald die Bilder aus dem Leben des Heiligen bewundert hatten. Der Innsbrucker Michael Ignaz Milldorfer hat mit diesen Fresken zwischen reichem Stuck die Kirche auf der Terrasse über dem Inntal 1743 geschmückt. Im selben Jahr vollendete Philippo Juvare am Dom in Belluno einen der schönsten Barocktürme Italiens. Der Ruhetag in Belluno reicht nicht aus, um die hier bereits voll in Erscheinung tretende venezianische Kunst an den Palästen und Kirchen zu bestaunen. Sie ließ aber ahnen, was an Schönem in Venedig auf den Wanderer wartet.
Wohl einmalig im ganzen Alpenraum ist das fast 2000 Jahre alte steinerne Zeugnis einer Liebe zu den Bergen vor der gotischen St. Stephanuskirche in dieser Stadt am Piave zwischen Schiara und Nevegal. Noch zu seinen Lebzeiten ließ der Römer Caio Flavio Ostilio für sich und seine Ehefrau Domitia einen Sarkophag bauen.

C.A.I.
505
VIA FERRATA
ALTA VIA
SENTIERO SPERTI
BIVACCO SPERTI
LA STANGA

47 Palazzo dei Retori in der südlichen Bergstadt Belluno – vierter Ruhetag nach dem 23. Wandertag. Der Renaissance-Palast, heute Präfektur, in dem fast vier Jahrhunderte lang die venezianischen Statthalter regierten, stammt aus dem 15. Jahrhundert. Die Brunnenfigur zeigt St. Joatà, den Patron der Stadt.

1480 wurde er wieder entdeckt. An den Seiten schmücken ihn Jagdszenen und die griechische Inschrift: »Ruhe, im Gedenken an Deine Berge!«

Aus dem 16. Jahrhundert stammt der Dom zu Maria Himmelfahrt. Erbaut hat ihn Tullio Lombardi, derselbe Künstler, der auch die Plastik des im Jahre 1501 bei Imola gefallenen Ritters Guidarelli – des Vielgeküßten – in Ravenna schuf. Im Innern birgt der Dom unter anderem Werke von Andrea Brustolon, Cesare Vecellio, Jacopo da Bassano und Andrea Schiavone. Auch in der Kirche St. Stephanus sind Werke des »Michelangelo der Holzbildhauerei«, wie Honorè de Balzac den Schnitzer Brustolon aus dem Zoldano einst bezeichnete. Vergessen sei nicht die Kirche San Pietro (1326), ebenfalls mit Werken von Brustolon und Malereien von Ricci und Schiavone.

Atmosphäre schaffen die alten Brunnen vor dem prachtvollen Renaissance-Palast dei Retori (1491) und jener auf der Piazetta del Mercato. Mit der Bischofsfigur stammt er aus dem Jahre 1410. Noch wesentlich älter sind der Stadtturm, ein Teil des alten Bischofspalastes aus dem Jahre 1190 und die Porta Rugo mit Resten antiker Mauern. Archäologische Funde, eine Münzensammlung und bedeutende Gemälde sind im Städtischen Museum zu besichtigen. Mittelpunkt des geschäftlichen und auch gesellschaftlichen Lebens aber ist die weitläufige Piazza dei Martiri mit den gepflegten Parkanlagen, der zierlichen Kirche San Rocco (1530) und dem klassizistischen Palazzo Cappellari della Colomba.

Weithin über die Stadt, das Piavetal und bis hinein ins Zoldano schaut das Felswahrzeichen, die schlanke Gusèla an der Schiara. Sie hat schon Tizian begrüßt, als er in seine Bergheimat, das Cadore, hinaufzog. Schöner als alle Wissenschaft erzählt die Legende: Der große Maler tauchte seinen Pinsel in den Regenbogen, bevor er seine unvergleichlichen Werke schuf.

Fünfundzwanzigster Wandertag

Weinstraßen im Veneto

48 Römischer Sarkophag vom Caio Flavio Ostilio und seiner Gemahlin Domitia aus dem 3. Jahrhundert mit Jagdszenen und der griechischen Inschrift »Ruhe im Gedenken an Deine Berge«. Dieses antike Zeugnis einer Liebe zu den Bergen steht in Belluno vor der gotischen St. Stephanus-Kirche.

Selbst wenn man nicht zu den Weinkennern und Feinschmeckern zählt, so sollte man es doch nicht versäumen, die Spezialitäten der venezianischen Bauerngerichte und die Weine aus Venetien zu kosten. Beim Übersteigen der Alpenkette wurden Muskeln, Herz und Lunge strapaziert. Nach dieser Leistung genießt man mit Recht und besonders intensiv die lukullischen Genüsse Venetiens. Um so mehr als wir während der letzten Wandertage vor Venedig die Weißweinstraße – sie ist die älteste Weinstraße Italiens – überqueren und ein Stück entlang der Rotweinstraße wandern.
Beide Weinstraßen haben ihren Ausgangspunkt in der alten Weinstadt Conegliano. Sie besitzt bereits seit 1877 eine bedeutende Fachschule für Weinanbau und Weinaufbereitung. Genau gesagt beginnen die Straßen der Weine – wie kann es auch anders sein – bei einer Schenke (»posto di ristoro«), im Turm mozza des alten Schlosses. Er liegt gegenüber des massiven Wachturms, in dem das Museum von Conegliano untergebracht ist. Die Türme gewähren eindrucksvolle Rundblicke sowohl zum Piave und der Ebene als auch gegen die Hügel. Es ist die Landschaft der Provinz Treviso, die auch die beiden Weinstraßen durchziehen.

Die Weißweinstraße

Sie führt in nordwestlicher und westlicher Richtung über eine Länge von 35 Kilometern durch das Hügelgelände bis hin zum Fuß der venezianischen Voralpen (Monte Cesen, 1569 m). Zuerst steigt die Weißweinstraße zwischen Weingärten und Bauernhöfen auf den Kamm der Hügel und berührt Rua die Feletto. Von einem Karmeliterkloster sind hier nur vier Zellen und das Haus des Abtes übrig geblieben. Heute findet es als Rathaus Verwendung. In San Pietro di Feletto lohnt sich ein Besuch der Kirche. Sie besitzt romanische Fresken und einen originalen Bogengang, der sich zu einem wunderschönen Ausblick zu den Hügeln öffnet. Nach San Pietro macht die Straße eine große Schleife und führt dann hinauf nach Refrontolo. Hier auf der Höhe, wo sich ein weiter Horizont dem Auge darbietet, kreuzt unser »Traumpfad« München-Venedig die Weinstraße. Diese geht weiter, zuerst hinunter nach Pieve di Soligo und steigt dann an zu den Sonnendörfern Solighetto und Soligo an, um anschließend in das Herz des Weißweinanbaues nach Farra und San Martino vorzustoßen. Alljährlich im Frühjahr findet hier eine Ausstellung der besten Hügelweine statt.
Die süßen Trauben in den Weingärten von Soligo reifen unter dem Schutz der

49 Nach dem letzten und verregneten Aufstieg: Besinnliche Minuten am Kamin der Berghütte des italienischen Alpenclubs (Rifugio Monumento 5. Regg. Art. Alpina) auf dem Col Visentin (1764 Meter), der höchsten Erhebung des Nevegals. 24. Wandertag.

Wallfahrtskirche von San Gallo, jene von Col San Martino im umliegenden Bereich der kleinen Kirche von San Vigilio. Das »Allerheiligste«, gemeint ist damit die in Norditalien allseits bekannte Anbauzone des »Cartizze«, der vom Typ her trocken und lieblich sein kann, beginnt bald nach dem Col San Martino, zwischen den Hügeln von Guia und San Stefano. In den charakteristischen Gaststätten an der Weinstraße kann man noch Brot »de casada« bekommen. Gemeint ist damit ein würziges Bauernbrot, das in den noch übriggebliebenen Holzöfen gebacken wird. Dazu schmeckt vorzüglich die vom Schwein gewonnene Salami Sorpressa und exquisite Käsesorten. Schließlich führt uns die Weißweinstraße durch San Pietro di Barbozza und angesichts des Piave an das Ziel nach Valdobbiàdene.

Um einen großen Platz versammelt und überragt von den weißen Säulen der Arcipretale-Kirche liegt es in einem voralpinen Kessel. Die Kirche von Valdobbiàdene weist bemerkenswerte Werke venezianischer Künstler auf. Wegen ihres angenehmen Klimas ist die Stadt ein vielbesuchter Ort von Sommerfrischlern und Weinkennern; von den letzteren besonders im September aufgesucht, wenn in der Villa dei Cedri, genannt nach den sie umgebenden Bäumen, die nationale Schaumweinausstellung eröffnet wird. Am schönsten beschließt man den Ausflug entlang der Weinstraße mit einer Sesselliftfahrt auf den 1465 Meter hohen Monte Barbaria. Wie von einem großartigen Balkon aus ist der Blick geöffnet auf die weite Ebene hinunter zum Piave und hinüber zum Grappa und Montello sowie auf die sanft gewellte Hügelkette, die die Weißweinstraße abseits des hektischen Verkehrs durchquert.

Zurück zum Ausgangspunkt, der venezianischen Festung Conegliano! Die Stadt der beiden Weinstraßen bewahrt neben dem Schloß weitere bemerkenswerte Zeugnisse vergangenen Glanzes. So stehen im alten Zentrum entlang der schönen Via Venti Settembre Gebäude aus dem 15. und 16. Jahrhundert und im Dom wird aus dem 14. Jahrhundert eine prächtige Altartafel von Ciambattista Cima (etwa 1459–1518) aufbewahrt.

Die Rotweinstraße

Im Gegensatz zur Weißweinstraße durchquert sie auf einer Länge von etwa 70 Kilometern nur ebenes Gelände. Sie führt ebenfalls zu zahlreichen historischen und künstlerisch wertvollen Sehenswürdigkeiten. Nach Passieren der Orte San Vendeminao, Mareno (mit venezianischer Villa) und Tezze muß man auf jeden Fall in San Polo di Piave verweilen. An leuchtend klarem Wasser, das von den Quellen des Lia gespeist wird, lädt ein stimmungsvoller Park mit grünen Lauben an einem Weinlokal zur Rast. Als bodenständige Stärkung werden frisch gefangene Aale und rote Krebse angeboten. Die Tradition dieser Speisen zeigt anschaulich ein Abendmahl-Fresko aus dem 16. Jahrhundert im nahe gelegenen Kirchlein San Giorgio. Auf dem Tisch, um den Jesus und die Apostel versammelt sind, liegen neben Brot und Wein Platten mit Fischen und feuerroten Krebsen.

Wenige Kilometer nördlich träumt von längst vergangenen Jahrhunderten die Turmruine Rai. Sie ist der Rest einer antiken Befestigung aus den Zeiten der Patrizier von Aquileia und der Geschlechter von Ezzelini und derer von Collalto. Ormelle glänzt mit einem romanischen Kirchenportal. Bei Ponte di Piave geht die Fahrt, nach einem Abstecher auf das rechte Flußufer, über Campo di Pietra nach Cessalto. Damit sind wir zu den am weitesten im Süden gelegenen Orten der Weinstraße vorgedrungen, wo in Donegal di Cessalto die Villa Zeno von Andrea Palladio steht. In einem weiten Bogen nach Osten über Chiarone und Malintrade gelangen wir über eine Allee zur orientalisch anmutenden Basilika Santa Maria von den Wundern. Hinter einer eleganten weißen Fassade mit einem Säulengang verbergen sich zwei Kreuzgänge mit Bildern aus den Leben des hl. Franziskus und Antonius. Hier hat das Hochwasser von 1966 viel zerstört. Über Gorgo al Monticano sind es dann nur noch gut acht Kilometer an das Ziel, die antike Stadt Oderzo, die in ihrer langen Geschichte wiederholt zerstört worden ist. Das kleine Museum in Oderzo mit Zeugnissen romanischer Ausgrabungen und verschiedenen Mosaiken dokumentiert die lange Geschichte der Stadt. Um den Domplatz stehen antik bemalte Häuser.

Wollte ich alle Zeugen der großen kulturellen Vergangenheit, die an oder in der Nähe der Weinstraßen stehen, beschreiben, so würde der Platz zwischen diesen beiden Buchdeckeln nicht ausreichen. Außerdem war ja zu Beginn dieses Artikels noch die Rede von den verdienten leiblichen Genüssen.

Den Weißwein »Cartizze« habe ich schon erwähnt. Mit einer besonderen Qualität kann der »Superiore di Cartizze« aufwarten, der allerdings nur in einer sehr begrenzten Gegend angebaut wird. Da er sich besonders für leichte Vorspeisen eignet, könnte man dazu Brühwürste in Weißwein essen. Eine weitere passende Vorspeise könnte auch aus Seemuscheln, Venusmuscheln, Scampi, Tintenfischen und Krabben bestehen. Das ganze wird mit Öl, Zitrone, Salz, Pfeffer, Petersilie und Knoblauch zubereitet. Auch der Weißwein »Tocai del Piave« mit seiner typischen, nicht sehr intensiven Blume, oder der trockene und würzige »Verduzzo del Piave« würde hierzu harmonieren. Und wie wäre es anschließend mit dieser

50 Ausblick von der Wanderroute beim Abstieg vom Nevegal – dem letzten alpinen Bergrücken im Süden – auf den malerischen Kreuzweg mit Kirche oberhalb des Ortes Revine; im Hintergrund die Autobahnbrücke bei Vittorio Veneto. 24. Wandertag.

51 Hügeliges Land an der Weißweinstraße zwischen Conegliano und Valdobbiàdene: Von links aus dem Tal kommend schlängelt sich unsere Wanderroute hinauf zum Mondragon (436 Meter), davor das Dorf Arfanta. 25. Wandertag.

Hauptspeise: Schweinebauch, grobe Wurstwaren mit Polenta oder auch Kartoffeln auf venezianische Art? Dazu bestellen wir den rubinroten »Merlot del Piave«, der beim Altern in Granatrot übergeht und dabei ätherischer und noch angenehmer wird. Als Nachtisch seien empfohlen: gebackene Küchlein (Fritole) oder gebratene Creme, beides alla Veneziana. Und nachdem eine geglückte Alpenüberquerung zu Fuß ein festlicher Anlaß ist, lassen wir dazu einen Prosecco »Spumante« di Conegliano e Valdobbiàdene auffahren. In diesem Sinne: Prost – oder besser Salute!

Sechsundzwanzigster Wandertag

Menschliche Begegnungen

Am unteren Piave standen wir nun dort, wo im Juni und im Oktober 1918 die Italiener und die Deutsch-Österreicher sich noch einmal heftig bekämpften. Von der Wanderroute auf dem Damm sahen wir hinein in die Weingärten bei Fossalta di Piave in denen gerade ein Weinbauer mit Kind und Kegel mit der Weinlese beschäftigt war. Uns lief das Wasser im Mund zusammen und so fragten wir, ob wir Trauben kaufen könnten. Darauf erwiderte der Bauer: »Kaufen nicht, aber essen!« Dieser gut gemeinten Aufforderung kamen wir gerne nach und dabei entstand das Bild auf Seite 113.
Die menschlichen Begegnungen auf der Wanderschaft in den Süden waren meist freundlicher Art. In der Nähe von Nervesa della Bataglia kam uns ein alter Mann mit vorgestreckten Händen und den Worten: »sempre pace, sempre amici« entgegen. Und als wir oben in der Hotelkolonie Nevegal in einem Café zahlen wollten, antwortete der Wirt, es wäre schon erledigt. Unser Besuch sei für ihn ein »Spettacolo«, ein Ereignis, gewesen. Anscheinend hatte er aus der Zeitung erfahren, daß einige Deutsche mal nicht mit dem Auto, sondern per pedes nach Italien kommen.
Südlich der Alpen wird allerdings ein Rucksackträger oft nicht mehr mit bewußter sportlicher Betätigung oder einer gesunden Wanderung in Verbindung gebracht, sondern es besteht die Gefahr, daß man für einen Landstreicher gehalten wird. Dies natürlich umso mehr, je mitgenommener man von langen Strapazen und Schlechtwetterperioden aussieht. So waren wir nach der ersten Alpenüberquerung 1973 nach tagelangem Regenwetter in den Verkehrskessel von Vittorio Veneto abgestiegen. Wegen einer leichten Fußverletzung, die ich mir beim Springen an der Civetta zugezogen hatte, ging ich am Stock und der Bart war erst zu dreiviertel ausgereift. Meine Frau hatte die dritte Haut an den Fersen und wurde von Blasen geplagt. Während der Herbergssuche in der Abenddämmerung regnete es erneut in Strömen. Uns erging es wie Josef und Maria: Wo wir auch anklopften und nach Quartier fragten, immer hieß es: »tutto occupato!« Vielleicht wäre unser Eindruck besser gewesen, hätten wir unser Gepäck nicht selbst auf dem Rücken getragen, sondern dafür wenigstens einen Esel mitgeführt. Zum Schluß waren wir froh, in einer viertklassigen Wirtschaft an einer äußerst verkehrsreichen Straßengabel eine Bleibe für die Nacht gefunden zu haben.
Zwei Jahre später: Noch in der Dunkelheit suchten wir den mit Brombeeren zugewachsenen Weg durch den Bergwald talwärts. Die Hütte auf dem Gipfel, in der wir übernachten wollten, hatte wegen Renovierungsarbeiten geschlossen. Im Bergwald hatte Wochen vorher ein Waldbrand gewütet und die Stämme waren angekohlt. Endlich tauchten die Lichter eines Dorfes auf. Auf unsere Fragen hin

52 »Kaufen nicht, aber essen!«: So lautete die Einladung des Weinbauern vom Piave (in der Bildmitte mit Gummistiefeln und Baskenmütze) zu dieser Stärkungspause, als wir ihn fragten, ob wir Trauben kaufen könnten.

53 Ein Bauer vom unteren Piave. Der älteren Generation sind die harten Kriegstage am Piave von 1918 noch gegenwärtig. So kam uns ein älterer Mann mit vorgestreckter Hand und den Worten entgegen: »Sempre pace, sempre amici!« (»Immer Friede, immer Freunde!«)

verwies man uns – wir waren drei Frauen und zwei Männer – an die einzige Gast- und Übernachtungsstätte. Die Wirtin und ihre Mutter – sie waren allein in der abgelegenen Wirtschaft – wollten uns weder bewirten noch für die Nacht aufnehmen. Große Lire-Scheine, ein Spiel auf der Mundharmonika und die Ankunft des Wirtes wendeten die Stimmung. Zu guter Letzt wurde bei den Melodien der Musikbox getanzt, gemeinsame Gruppenbilder geknipst und am nächsten Morgen begleitete uns der Wirt ein Stück des Weges. Aus manchen dieser Begegnungen wurden Dauerbekanntschaften, noch nach Jahren schreibt man sich. Sehr herzlich war die Begrüßung nach dem Abstieg von der Schiara durch Vertreter des Alpenclubs von Belluno. Bis an das Ende des Bergsträßchens oberhalb von Bolzano Bellunese waren sie uns entgegengefahren. Nach einer Einladung zu Cappuccino und Grappa transportierten sie unsere schweren Rucksäcke voraus in das Hotel nach Belluno und bei einem gemeinsamen Abend bemühten sich beide Seiten nach besten Kräften und erfolgreich die Sprachschwierigkeiten zu überwinden.
Eine vollkommene Überraschung gelang den Pressefotografen von Lido di Jesolo mit den Vertretern des dortigen Fremdenverkehrsamtes. Wir überlegten an jenem Abend, ob wir nicht bereits in Jesolo übernachten sollten. Auch waren wir an einer Straßengabel unschlüssig, was für einen Weg wir weiter wählen sollten. Bei völliger Dunkelheit wanderten wir am Straßenrand auf Lido di Jesolo zu. Da flammten die Blitzlichter der Fotografen auf und man lud uns für den nächsten Tag auf einen Drink zur Fremdenverkehrsverwaltung ein. Die Geschenke in Form von hübschen Bildbänden und einer schriftlichen Sammlung venezianischer Gerichte und Weine erinnern die Teilnehmer der Wanderung noch heute an jene Gastfreundschaft in Belluno und Lido di Jesolo.
Wie all diese Begegnungen zeigen, hilft selbst ein nord-süd-verbindender Wanderpfad, Vorurteile abzubauen. Wir haben dabei menschliche Begegnungen erfahren, die dem Autofahrer auf der Straße weitgehend verschlossen bleiben.

Siebenundzwanzigster Wandertag

Wo Land und Wasser ineinander übergehen

Die Lagune

54 Blick auf die Getreidelandschaft am Rande der Flußauen zwischen Ponte di Priula und Bocca Callalta. Nach dem wochenlangen Bergsteigen in der gewaltigen Alpenwelt empfindet man die Weite der großen und fruchtbaren Tiefebene mit den reifenden Kornfeldern und Weingärten besonders stark. 26. Wandertag.

Jeder Venedigbesucher kommt mit der Lagune in Berührung. Nähere Bekanntschaft mit ihr macht jedoch nur derjenige, der den historischen Eingang von der See her benützt und nicht den finsteren Hintereingang über den Festlanddamm. Die Lagune und Venedig bilden eine untrennbare Einheit. Beide haben sich in beständiger Wechselbeziehung in ihrer Eigenheit gegenseitig am Leben erhalten. Die Lagune ist ein salzarmes, fischreiches Wattenmeer, etwa von der Größe des Bodensees. Der nördliche Teil, mit brackigem, stehendem Wasser, daher die »laguna morta«, die »tote Lagune« genannt, unterscheidet sich vom südlichen Teil, der »laguna viva«, der »lebenden Lagune«. Dieser Teil ist durch drei Kanäle, die sogenannten »porti«, mit dem offenen Meer verbunden. Dadurch werden Ebbe und Flut wirksam. Der Wasserspiegel ändert sich dabei um rund 85 Zentimeter. Die Landschaft, mit flachen Inseln und Sandbänken, wirkt wie eine Urlandschaft: ohne Wald und Baum, ohne Feld und Acker, eine grenzenlose Öde soweit das Auge reicht. In vorgeschichtlicher Zeit soll sich hier der Höhenzug einer Gletschermoräne erstreckt haben, dessen Reste – nach der Senkung der Po-Ebene – die Inseln und Kuppen der Lagune sind. Die einstigen Flüsse sind heute die Schiffahrtslinien. Der Canal Grande in Venedig ist das Ende eines Brenta-Armes. Er hat noch immer fließendes Wasser.

Ohne Lagune wäre Venedig vermutlich nicht entstanden. Die ersten Siedler suchten Schutz, waren auf der Flucht vor Attila, dem Hunnenkönig. Die Lagune gewährte den Schutz, denn die Eroberer hatten keine Schiffe. Die Beschützten dankten es ihr, denn sie erhielten nun ihrerseits die Lagune am Leben, lenkten den Lauf der Flüsse von ihr ab und verhinderten damit die Verlandung. Außerdem hielten sie die Gewalt des Meeres durch Dämme in Schach und ließen durch die offen gehaltenen Pforten der Lidi Ebbe und Flut wirken.

Ravenna und Adria, ehedem ebenfalls Seestädte, waren nicht so weitschauend und wurden deshalb zu unbedeutenden Landstädten. Ohne Lagune würde Venedig heute nicht die liebenswerte Stadt sein, denn ohne sie wäre Venedig eine gewöhnliche Stadt, wohl mit einigen schönen Bauten, aber ohne all den Zauber, der eigentlich die Stadt zu dem macht, was sie ist.

Dem »Stadtmörder« Verkehr wäre sicherlich schon früher ein wesentlicher Teil dessen, der sich alle Zeit und heute mit dem Begriff Venezia verbindet, zum Opfer gefallen. So aber haben die Venezier sich selbst, die Stadt, die Lagune und uns, die wir das Ganze lieben, vor dieser Trostlosigkeit bewahrt.

Vieles in Venedig ist heruntergekommen, schaut nach Verfall aus. Der Verputz

55 Einen starken Gegensatz zu dem bisherigen Wandererlebnis bildet ebenfalls der Gang entlang der Lagune von Caposile nach Jesolo. Im Bild eine Flugaufnahme von einem Alpenfluß, der sein Wasser und damit auch mitgeführten Sand und Schlick in der Lagune verströmt. 27. Wandertag.

bröckelt ab, Feuchtigkeit vernichtet Mauern und Kunstwerke und Fensterläden hängen schief. Aber wir nehmen es eigentlich gar nicht so recht wahr. In jeder anderen Stadt würde uns dies befremden – nicht so in Venedig. Auch dies ist die Wirkung der Lagune; denn Wasser stimmt weich, Wasser glättet harte Konturen, Wasser überzieht alles mit einem zarten Schleier der Täuschung, der Illusion. Kanäle und Brücken ohne Zahl bewirken dieses Wunder und so fühlt man sich vom Verfall eher angezogen denn abgestoßen.
Nach diesem Lobgesang auf die Lagune müßte man eigentlich sagen: »Venedig, Tochter der Lagune und Königin der Meere«. Und – um das Wortspiel auf die Spitze zu treiben – wäre der Vater dann wohl Attila.

Die Inseln der Lagune

Im 15. Jahrhundert waren es noch ca. 500 Inseln, die sich über die ganze Lagune verteilten, heute sind es vielleicht noch 40. Der riesige Rest ist verschwunden, vom Wasser überspült, mit anderen Inseln zusammengewachsen oder zu Festland geworden. Die klangvollsten, die geschichtsträchtigsten sind geblieben. Venedig selbst ist eine Ansammlung von 100 bis 200 kleinen Inseln. Aus dem historischen Namen »Rivus altus« (hohes Ufer), wurde später der Name Rialto gebildet. Der heutige Stadtteil Guidecca, aus acht Einzelinseln bestehend, war früher Wohnsitz der Juden, dann des Adels und heute der Arbeiterschaft. Ausgesprochenen Inselcharakter haben die im Weichbild der Stadt liegenden Inseln Giorgio Maggiore, San Servolo, San Clemente und San Lazzaro.
Giorgio Maggiore prägt das Bild von Venedig entscheidend mit. Die Kirche dort birgt Gemälde von Tintoretto und Jacopo Bassano. San Servolo und San Clemente waren früher Klosterinseln und werden heute als Krankenanstalten benützt. Bedeutend ist die Insel San Lazzaro degli Armeni. Ursprünglich Asyl der Aussätzigen wurde es 1717 Domizil der vor den Türken fliehenden armenischen Mönche. Sie drucken noch heute Bücher in 36 Sprachen. Der romantische Dichter Lord Byron lebte dort und König Ludwig I. von Bayern, der Insel und Kloster sehr liebte, bezeichnete die (seinerzeitige) Abgeschiedenheit als »wahres Asyl für den Gelehrten«. Nicht weit ist der Lido von Venedig, weltbekannt als Seebad und Kunststätte. Am südlichen Ende des Lido liegt das Städtchen Malamocco, das bis zum 9. Jahrhundert Sitz der Dogen von Venedig war. Ein weiterer Lido (eigentlich eine Nehrung) folgt nach der »Porto di Malamocco« mit dem Örtchen Pellestrina. Als Abschluß der Kette liegt am südlichen Ende der Lagune das reizvolle Chioggia, mit Venedig durch eine Schiffslinie verbunden. Heute ist es der größte

Fischereihafen der nördlichen Adria und es ist noch so romantisch verträumt wie Venedig früher war.
Aber wenden wir uns nun den Inseln der nördlichen Lagune zu. Hier tauchen die berühmten Namen auf, an die man ja zunächst denkt, wenn von den Laguneninseln die Rede ist. Murano, Burano und Torcello sind die Namen, die den Ruf Venedigs mitbegründen halfen. Doch zuerst gibt es da noch die Insel San Michele, zwischen Venedig und Murano liegend. Sie ist die Friedhofsinsel, Ruhestätte bedeutender Künstler aus aller Welt. Was San Michele für die Toten, ist San Francesco für die Eheleute, denn dort wird traditionsgemäß geheiratet. Und zwischendurch wird, falls notwendig oder gewünscht, ein Aufenthalt auf San Clemente eingeplant, denn dort sind die Irren. Von der Insel Vignole kommen Obst und Gemüse. So erfüllt eben jedes Eiland seinen Zweck.
Murano ist die Insel der Glaskunst. Sie ist im Sommer während der Saison laut und geschäftstüchtig. Dabei wird viel Kitsch verkauft. Im Spätherbst kehrt die große Ruhe ein. Diese Ruhe schätzten auch die Adeligen, die im 15. Jahrhundert hier ihre Villen und Gärten hatten. In Weiterführung dieser Gärten entstand auf Murano der erste botanische Garten Italiens. Heute ist Murano wegen seiner Glaskunst bekannt. Ursprünglich standen die Glasöfen in Venedig selbst, wegen der Brandgefahr wurden sie nach Murano verlegt. Bemerkenswert ist der Dom der Heiligen Maria und des Heiligen Donato im venezianisch-byzantinischen Stil.
Wesentlich ruhiger geht es auch im Sommer auf der Fischer- und Spitzeninsel Burano zu. Berühmt ist Burano durch seine Klöppelspitzen, die einst in Europa große Mode waren und angeblich besitzt es den allerschiefsten Campanile Italiens.
Torcello, die entfernteste der Inseln, ist der vielleicht einsamste und stillste Ort im belebten, weiten Rund der oberen Adria. Man schlendert zwischen Kanälen und Weingärten und kann Kirchen und Häuser an zwei Händen abzählen. Die Harmonie zwischen Erde, Himmel und Wasser ist vollkommen. Hemingway liebte diese Insel sehr. Hier umweht einen der große Hauch früher Geschichte. Torcello war vor Venedig Hauptstadt der Veneter, erste Siedlungsstätte der vor Attila Flüchtenden. Neben dem 639 begonnenen Dom steht die breite mächtige Kirche Santa Fosca. Eine Inschrift im Dom ist das älteste Zeugnis der venezianischen Geschichte. Es wird dort der (angebliche) steinerne Thron Attilas gezeigt. Torcello war schon nicht mehr reich und mächtig, von Venedig längst überflügelt, als im 15. Jahrhundert die Katastrophe kam. Die Malaria soll Torcello entvölkert haben, aber wie immer es auch gewesen sein mag, die Stadt starb, diente Venedig nur mehr als Steinbruch für seine Bauten. Der Campanile steht zwischen Grün und Wasser und erinnert an die längst verdämmerte Geschichte.

56 Zum Schluß der Wanderung erreicht die Gruppe bei Cavallino das offene Meer. Neben der Bergwelt ist es der faszinierendste Naturbereich. Dort, wo das Meerwasser den Strand noch anfeuchtet, darf dieser laut italienischem Gesetz von jedermann betreten werden.

Achtundzwanzigster und letzter Wandertag

Der schönste Salon der Welt

57 Krönender Abschluß der intensiven und langanhaltenden Erholung dieses einmaligen Wanderurlaubes ist das Baden im Meer. Um diese Spuren festzuhalten, mußte ich mich mit der Kamera übrigens sehr beeilen, denn wenige Sekunden später hatte die jeweils heranwogende Welle meine Fußstapfen wieder verwischt.

Von Münchens Guter Stube spannt sich der Bogen zur Piazza San Marco, dem »schönsten Salon Europas«. Napoleon nannte ihn so, nachdem er 1797 Venedig widerstandslos erobert und damit die alte Seerepublik, »die Königin der Meere« ausgelöscht hatte. Der »schönste Salon Europas«, dem als Decke zu dienen nur der Himmel würdig sei, meinte Napoleon und legte selbst Hand an, den Platz so zu gestalten, wie er sich heute noch dem Besucher zeigt. Er ließ auf der dem Markusdom gegenüberliegenden Seite die Kirche San Geminiano abreißen und ersetzte sie 1810 durch den sogenannten »Napoleonischen Flügel«. Daß der Zauber des Platzes durch die Jahrhunderte wirkte, beweist der Ausspruch des Dichters Petrarca (1304–1374), der schon lange Zeit vorher diesen Platz als einzigartig pries. Und Petrarca war in seinem Europa wahrlich weit herumgekommen!

Noch heute, oder erst recht heute, wird jeder, der das Glück hat, den Markusplatz und seine angrenzende Umgebung zu sehen, diesen Eindruck sein Leben lang nie mehr vergessen können. Diesen Platz würdig zu beschreiben ist ein schwieriges Unterfangen. Der Glanz der Markuskirche im tiefstehenden nachmittäglichen Sonnenschein, das Leuchten und Glitzern der Mosaiken und Fenster, die Bronzepferde im fast goldenen Glanz, die Säulen, Türmchen und Kuppeln darüber, der nach rechts zum anschließenden Dogenpalast, nach links in Richtung Uhrturm abschweifende Blick, erweckt eine lebenslange Sehnsucht. Dreht man sich dann vollends nach links, bestaunt man den überaus abwechslungsreichen Uhrturm. Die Uhr, groß und bunt, zeigt all die geheimnisvollen astrologischen und astronomischen Dinge an, die heute kaum mehr jemand versteht. Über der Uhr thront die Madonna mit Kind und darüber noch – wie bezeichnend – der geflügelte Löwe, das Sinnbild der Macht und Größe der Republik Venedig. Besteigt man den Turm, hat man einen herrlichen Blick auf das Vorderprofil des Domes und des Dogenpalastes, die Alte Bücherei (Libreria vecchia), die beiden Säulen an der Mole, auf die Insel San Giorgio und ganz im Hintergrund im Süden auf die Weite der Lagune. Eines der Traumbilder von Venedig. Näher sind uns die »Mohren«, nachgedunkelte, überlebensgroße Bronzefiguren, welche notdürftig bekleidet, auf dem Turmdach die Stunden an die große Glocke schlagen. Unter dem Turm beginnt die »Merceria«, eine Marktgasse, die eng und über viele Brücken zur Rialta-Brücke führt. Am Markusplatz folgt dann die »Alte Prokuratie«, der Hundertbogen-Bau, und im Hintergrund der »Napoleonische Flügel«, gekrönt mit klassischen Statuen. Weiter nach links, das Karree fortführend, folgt die »Neue Prokuratie«, unter anderem mit dem Museum Correr. Und schließlich der einzig nach oben strebende Bau des Platzes, der Campanile. Mit seinen rund 70 Jahren das weitaus jüngste

Bauwerk des Platzes. Nach einem Einsturz war er 1902 wieder genau nach dem alten Plan aufgebaut worden. An seine Ostwand schmiegt sich elegant und zierlich die Logetta mit Veranda, reich mit Skulpturen verziert. Sie diente einst als Aufenthaltsraum der Ratsmitglieder. So zeigt sich uns der Markusplatz, wenn man ihn mit einer Drehung überblickt.

Der Platz selbst ist eigentlich gar kein Platz, denn sichtbar münden oder entspringen keine Gassen und Straßen, wie es ja Sinn und Zweck eines Platzes ist. Daß dennoch einige Gassen abzweigen, versteckt, ändert nichts am Raum-, am Saloncharakter des Platzes. Blickt man auf den Boden, mit seinen Steinplatten und Marmor-Ornamenten, oder auf die Arkaden der umgrenzenden Bauten, glaubt man sich in einem alten Ballsaal zu befinden. Hinzu kommt, daß auch kein Denkmal – wie meist üblich – diesen Eindruck zerstört. Oben, vom Campanile aus betrachtet, wird dieser Eindruck weiter verstärkt. Nicht nur, daß die Zeichnung der Marmormuster erst in ihrer ganzen Komposition wirkt, und der Parkett-Eindruck offenkundig wird, nein, durch die sich bewegenden, winzigen Menschen und Menschengruppen entsteht nun tatsächlich der Eindruck einer sich im gemessenen Tanze bewegenden Menge, obwohl dort oben von der gleichsam zum Tanze aufspielenden Café-Kapelle nicht mehr viel zu hören ist. Früher war der Markusplatz ja wirklich der Ballsaal Venedigs für seine unzähligen Feste und Karnevalsfeiern. Sicher wurde er auch aus dem Wunsche heraus geschaffen, sich frei und ungehindert bewegen zu können – denn eines hatten die Venezianer nie: Platz! So ist er noch heute der Mittelpunkt Venedigs. Und bis zum heutigen Tage kann man sich frei bewegen, denn alle, Einheimische und Touristen, müssen ihre Autos weit, weit draußen lassen. Und auch diese ungewohnte Autolosigkeit macht einen großen Teil des unwiderstehlichen Reizes von ganz Venedig aus.

Die Geschichte des Markusplatzes wollen wir hier nur kurz streifen. Einstmals war er ein kanalreicher Klostergarten der Nonnen von San Zaccaria mit Gemüse- und Weinbau. Um 930 wurde die St. Markuskapelle als Grabstätte für die Gebeine des Heiligen erbaut, wenig später datiert der Baubeginn für den Campanile. Mitte des 11. Jahrhunderts wurde die Kirche in der heutigen Form eines griechischen Kreuzes mit fünf Kuppeln errichtet, im Jahre 1094 wurde sie unter dem Dogen Vitale Falier eingeweiht. Anfang des 13. Jahrhunderts erlebte der Platz eine erhebliche Vergrößerung, aber der Klostergarten blieb noch bestehen. Unter der Regierung des Dogen Ziani wird der Kanal Batario – an der Stelle des jetzigen »Napoleonischen Flügels« – zugeschüttet. Ende des 15. Jahrhunderts bekam die Markuskirche ihr heutiges Aussehen, ebenso der Platz, der nun Staats- und Prunkplatz der Republik wurde. Fronleichnamsprozessionen wurden von nun an

58 Mit dem Schiff nähern wir uns durch den Haupteingang der ehemaligen See- und Weltmacht Venedig dem Markusplatz. In Verlängerung der Fahnenstange das Zollhaus mit der Chiesa Maria della Salute und links die Insel San Giorgio Maggiore.

59 Auf dem Markusplatz, dem »schönsten Salon der Welt«, wie ihn Napoleon bezeichnete, ist das letzte Wanderziel erreicht. Der Streß des Alltags liegt weit, weit hinter uns und alle Sinne sind geöffnet, um die einmalige Atmosphäre dieser Stadt in uns aufzunehmen.

in prunkvoller Weise abgehalten (siehe das Gemälde von Gentile Bellini in der Akademie), phantasievolle Kostümfeste prägten das Leben der Stadt, Budenstädte wurden zum Verkauf von gekauften, getauschten und gestohlenen Wunderdingen des Orients errichtet, Feste wurden zu jeglichem Anlaß abgehalten. Gründe zum Feiern gab es genug: Siege, Empfänge fremder Gesandter, Turniere, usw. Venedig wurde zur Stadt der Feste. Die alten Prokuratien wurden 1514 durch Bartolomo Bon vollendet. Sie dienten als Amtswohnungen für die Prokuratoren, die das Vermögen des Heiligen Markus verwalteten und nach dem Dogen die höchsten Staatsbeamten waren. Die neuen Prokuratien wurden 1583 von Scamozzi begonnen und 1640 von Longhena vollendet. 1722 wurden die heutigen Steinplatten verlegt.

Heute wimmelt der Platz von »stranieri«, von Fremden, und er ist voller Tauben. Geschäftstüchtig sind sie, die Futterverkäufer, die Andenkenverkäufer, überhaupt alle Venezianer, denn die Stadt lebt heute fast ausschließlich vom Fremdenverkehr. Berühmt sind die Andenken: Muranoglas in allen erdenklichen Gestalten und Formen, die Spitzen von Burano und Schmuck zu horrenden Preisen, verkauft unter den Arkaden der Prokuratien.

Müde vom Stehen, Umhergehen und Schauen lassen wir uns auf einem schattigen Caféplatz nieder. Wir trinken einen Espresso oder Capuccino und genießen die wuchtigen Töne der traditionellen Sechs-Mann-Kapelle. Der Blick kreist in Muße über den Platz, die schweren, leinenen Vorhänge der Arkadenbögen stechen uns ins Auge. Jeder von ihnen ist anders drapiert, mal nach außen als Vordach abgestützt, mal in der Mitte hochgezogen, wie der Vorhang des teatro la Fenice. Und manches, was vor und hinter den Vorhängen zu sehen ist, scheint theaterreif: Touristen aus aller Welt, Rubensfiguren in hautengen Shorts, bei deren Anblick die Torwächter des Doms – gäbe es sie noch – in Panik geraten würden. US-Kostüme von erlesenem Geschmack, welche an ein Aufleben des alten venezianischen Karnevals denken lassen, und dazu Bergfexe mit Bundhosen, müden Schrittes in schweren Bergstiefeln, mit Bärten und Rucksäcken wie Uhrenschmuggler.

Um 21 Uhr ist ein Konzert der »Banda municipale«, der Städtischen Kapelle. Der Dirigent muß einen wahren Feldherrnhügel von Pult ersteigen, nein, erklettern. Das Orchester besteht nur aus Bläsern mit drei Streichbässen. Die Oboen und Klarinetten ersetzen die hohen und mittleren Streicher. Den Anfang macht eine ebenso langweilige wie endlose Opernphantasie nach Catalani. Unter den Oboenbläsern ist ein angegrauter Musikus, der nur schwer den Blick von einer blonden Touristin wenden kann. Auch während seiner Einsätze siegt im ungleichen

Kampfe zwischen Notenblatt und Zuhörerin stets die »bionda«. Dies scheint für den neutralen Betrachter eine körperlich-sportliche Leistung zu sein, denn Notenblatt und »bionda tedesca« befinden sich fast in entgegengesetzter Richtung – ein Umstand, welcher dem städtischen Musikus ständig Drehungen und Windungen abfordert; aber offensichtliche Übung machts möglich.
Nach einer Pause kommt Wind auf. Eine Peer-Gynt-Suite steht auf dem Programm. Die Zeit verrinnt. Spät in der Nacht gehen wir zu unserem Hotel über die Piazetta zum Riva degli Schiavoni. Die Banda spielt das Stück »Stürmischer Abend an der Küste«. Verwundert spitzen Kirche und Paläste die Ohren. Das sind ungewohnte Töne in der sommerlich braven Lagune. Zuletzt hören wir noch eine Oboe. Sie ist gleichsam der Ausklang eines wunderbaren Tages, den uns die »Königin der Meere«, Venedig, zum Abschluß unserer langen Wanderschaft geschenkt hat.

Ratschläge und Hinweise für die Durchführung der Wanderung München-Venedig

In einem Stück oder in Etappen?

Die Länge der Wanderstrecke und die vielseitigen Verpflichtungen, in die heutzutage die meisten Menschen eingespannt sind, lassen leicht den Gedanken aufkommen, diese Fernwanderung in Etappen zu machen. Bei einer Wanderung in Abschnitten bringt man sich jedoch um die Spannung die eine Weitwanderstrecke erzeugt und um die Befriedigung, wenn man sie durchwandert hat. Außerdem ist das Abschalten und die Erholung erst vollkommen, wenn man mehrere Wochen unterwegs ist.
Sind Unterbrechungen nicht zu umgehen, so empfiehlt sich als erstes eine Wochenendwanderung zum »Einlaufen« von München bis an den Alpenrand nach Bad Tölz. Am schönsten ist sie Ende Mai/Anfang Juni. Daran anschließen könnte sich eine fünftägige Wanderung zu den Isarquellen. Der günstigste Zeitpunkt richtet sich nach der Schneeschmelze, meistens wird er nicht vor Ende Juni liegen. Wiederum einige Wochen später, also Ende Juli/Anfang August, wäre eine dreitägige Tour vom Inntal bis zum Schlegeisgrund denkbar. Spätestens aber hier, an der Nordseite des Alpenhauptkammes, sollte man dann endgültig durchgehend nach Venedig aufbrechen. Ist die zur Verfügung stehende Zeit dann immer noch knapp, so steigt man am besten vom Nevegal nach Vittorio Veneto ab und fährt über Treviso mit Bus oder Bahn nach Venedig.

Nachfolgend ein Unterteilungsvorschlag der Wanderung München–Venedig in 8 Etappen:

1) 2 Tage: München – Bad Tölz am Alpenrand
2) 5 Tage: Bad Tölz – Inntal
3) 3 Tage: Inntal – Schlegeisgrund
4) 2 Tage: Schlegeis – Pustertal
5) 4 Tage: Lüsen (oder Brixen-Plose) – Pordoijoch (Dolomitenhöhenweg Nr. 2)
6) 2 Tage: Pordoijoch – Alleghesee
7) 5 Tage: Alleghesee – Belluno (Dolomitenhöhenweg Nr. 1)
8) 5 Tage: Belluno – Venedig

Beste Zeit für die Fernwanderung

Da die Route auf längeren Strecken in Höhen über 2000 Meter verläuft und zweimal fast auf 3000 Meter ansteigt, ist die beste Jahreszeit der Spätsommer (letztes Augustdrittel). Normalerweise liegt um diese Zeit der wenigste Schnee und das Wetter ist am beständigsten. Allerdings kann es in der Ferienzeit – besonders an den Wochenenden – Schwierigkeiten mit der Unterkunft geben. Das Gebiet um die Lizumer Hütte ist Truppenübungsplatz. Wenn auch der Zugang meist frei ist – die Hütte ist ganzjährig bewirtschaftet –, so versichert man sich besser vorher durch einen Telefonanruf bei der Platzkommandantur. Ab Mitte September schließen bereits einige Berghütten und ab Oktober wird der direkte Linienflug Venedig-München eingestellt. Einen Flug kann man schon im Verkehrsbüro in Belluno buchen. Es befindet sich im Gebäude des Hotel Astor auf der Piazza dei Martiri.

Ausrüstung

Auf die einschlägigen Karten und Führer wird bei den Beschreibungen der Tagesetappen hingewiesen. Aufgrund der Höhenlage der Wanderstrecke zwischen dem Isartal und dem Nevegal ist hier unbedingt die übliche Bergwander-Ausrüstung notwendig (also feste Bergschuhe und Wetterschutz). Die genaue Kenntnis hierüber wird vorausgesetzt; auch das alpine Notsignal sollte bekannt sein. Die Wanderung selbst – mit Ausnahme der Gipfelbesteigungen wie z.B. auf den Olperer oder die Civetta – übersteigt nicht den Schwierigkeitsgrad I. Trittsicherheit, Schwindelfreiheit und Bergerfahrung sind an mehreren Stellen erforderlich. Für die Via ferrata in der Schiara zum Abschluß des Dolomitenhöhenweges Nr. 1 empfiehlt sich, eine Rebschnur oder ein Brustgeschirr mitzunehmen. Der kleine Gletscher an der Friesenbergscharte kann normalerweise ohne Steigeisen und Pickel mühelos begangen werden. Anders wäre es bei einem Gletscheraufstieg zur Marmolada. Praktisch ist ein Minirucksack, den man mit Wetterschutz und Tagesproviant füllt, wenn sich eine Gelegenheit bietet, den schweren Rucksack voraus zu schicken (Freunde mit Auto, Taxi für Fußkranke, Materialseilbahn). Sofern man nicht im Freien oder auf Almen nächtigt, braucht durchwegs nicht mehr als ein Tagesproviant mitgetragen werden. Täglich trifft man auf gut bewirtschaftete Berghütten oder Dorfgasthäuser.

Einrichtung eines Depots

Da man für vier Wochen alles Nötige ungern mitträgt, beliefert man zweckmäßigerweise an einem Wochenende vorher per Auto ein Depot mit Ersatzwäsche, Karten, Filmen usw. Bei einer durchgehenden Wanderung bietet sich der Rastort Lüsen an. Bricht man endgültig erst im Schlegeisgrund auf, so ist Masarè am Alleghesee der geeignete Ort. Auch Freunde, die später mit dem Auto dazustoßen wollen, können in dieser Hinsicht behilflich sein.

Naturschutz

Auf den begangeneren Wanderrouten nimmt leider auch in den Bergen der Unrat immer mehr zu. Es sollte selbstverständlich sein, nichts wegzuwerfen und auch jede Blume an ihrem Standort blühen und sich vermehren zu lassen. Wie in anderen Ländern, so existieren auch in der autonomen Provinz Bozen Naturschutzgesetze. Erläuternde Broschüren hierüber erschienen im Athesiadruck Bozen.

Unser »Traumpfad« München–Venedig in Stichworten

Länge: etwa 520 Kilometer;
zu überwindende Höhenmeter: rund 20000, dabei über 33 Jöcher, Scharten, Pässe, durch drei Volkstumskreise, Sprachgebiete und Staaten;
Übernachtung auf 13 Berghütten, ansonsten in Gasthäusern; erforderliche Zeit bei beschaulichem Wandern: 28 Wandertage und fünf Ruhetage;
Rückflug mit Linienmaschine (direkt nach München nur bis Ende September) in 45 Minuten.

Lohnende Gipfel am Weg:

		Piz Boè	3152 m
Birkkarspitze	2749 m	Marmolada	3340 m
Speckkarspitze	2621 m	Civetta	3220 m
Bettelwurf	2725 m	Monte Talvena	2542 m
Geierspitze	2854 m	Schiara	2565 m
Olperer	3476 m	und Col Visentin	1763 m

Für die Gipfelbesteigungen ist entsprechend mehr Zeit vorzusehen. Bergerfahrung ist in jedem Fall notwendig; im Zweifelsfall nehme man einen Bergführer.
Weitere Hinweise siehe unter den Tagesbeschreibungen.

1. Wandertag: München–Wolfratshausen

Auf den klassischen Wanderwegen der Münchner

Schaut man von Weihenstephan oder vom Domberg in Freising gen Süden, so schweift der Blick ungehindert über eine weite Ebene. Dort wo die Flußauen in der Ferne verschwinden, taucht die Silhouette Münchens auf. Wie ein Krebsgeschwür wuchern die neuen Stadtteile und Vororte mit ihren Hochhäusern nach allen Seiten. Ebenes und bebautes Gelände lockt nicht zum Wandern. Ganz anders ist es mit der wasser- und waldreichen Hügellandschaft im Süden der Großstadt. So zog es im vergangenen Jahrhundert die Künstler immer wieder ins viel besungene Isartal. Ihre Bilder zeigen die malerische Isarlandschaft und berichten von Künstlerfesten in Großhesselohe.
Der Wanderführer des Isartalvereins (ITV) weist von München bis Wolfratshausen sieben Wanderwege rechts der Isar und siebzehn auf dem linken Ufer aus. Ein Schulausflug nach Grünwald, Kloster Schäftlarn oder in die Pupplinger Au, zählt fast zu den Pflichtaufgaben der Schulen von München bis Wolfratshausen. Diese allseits bekannten und beliebten Wanderwege benützen wir an unserem ersten Wandertag.
Ausgehend vom Marienplatz durchschreiten wir nach wenigen Minuten das Isartor und erreichen mit der Ludwigsbrücke die Stelle, wo Heinrich der Löwe 1158 seinen historischen Brückenschlag vollzog. Wir bleiben vorerst auf der Westseite der Isar. Eine mehrzeilige Baum-Allee begleitet uns vorbei am Deutschen Museum, der Corneliusbrücke (1903 bei Hochwasser eingestürzt), der Reichenbachbrücke und der Wittelsbacherbrücke. Letztere ist mit einer vier Meter hohen Reiterfigur geschmückt, die Otto von Wittelsbach, den Begründer der Bayerischen Herrscherdynastie darstellt. Nach Unterquerung der Braunauer Eisenbahnbrücke und des Mittleren Rings, schlendern wir auf dem hölzernen Flauchersteg über die rauschenden Wasser der grünen Isar zum östlich gelegenen Tierpark Hellabrunn. Weitere Stationen sind: Die Marienklause mit Brücke, der Hinterbrühler See und die Großhesseloher Brücke. Kurz vorher haben wir den Burgfrieden der Stadt verlassen. Von hier aus führt uns die Markierung des Hochuferweges nach Pullach und Höllriegelskreut. Vor Buchenhain verlassen wir diesen im ITV-Führer mit Nr. 9 herausgestellten Wanderweg und steigen hinab zum Georgenstein. Etwa 7 km lang halten wir uns an das westliche Flußufer, zuerst entlang eines Naturpfades, dann auf dem Uferweg. Das Zwölfuhrläuten der Klosterkirche Schäftlarn ist längst verklungen, wenn wir uns im schattigen Wirtsgarten zur Mittagsrast niederlassen.
Auch nachmittags stehen wieder mehrere Wegvarianten zur Auswahl. Kurzweiliger als die Schotter- und Teerwege ist der westseitige Damm-Pfad entlang des Isarwerkkanals, besonders wenn am Ende der mit Wasservögeln belebte Stausee zum Baden einlädt. Das überdachte Ickinger Wehr ermöglicht den Flußübergang zur Westseite und damit den Weiterweg zur Loisachmündung. Den grandiosen Tagesabschluß schließlich bildet der berühmte Ausblick vom Riemerschmidpark auf die Wildflußlandschaft und gelbe Markierungen leiten uns das letzte Stück Weg über Weidach hinunter an das Ziel nach Wolfratshausen.

Touristische Angaben: 1. Tag, Länge ca. 32 km, Talwanderung, nur teilweise markiert mit gelben Rauten oder gelben Dreiecken, zahlreiche Einkehren am Weg.

Karten und Führer: Topographische Karten 1:50000, Blätter L7934 München und L 8134 Wolfratshausen v. Bayer. Landesvermessungsamt München; Wanderführer durch das Isartal von München bis Wolfratshausen mit Wegekarte 1 : 25 000 des ITV Uhlandstraße 5, 8 München 2.

Literatur: Jahresberichte des ITV; Biller/Rasp, Kunst- und Kulturlexikon München, Süddeutscher Verlag München; Ernst Wittner, 800 Jahre Zeuge Bayerischer Geschichte, Carl Hurth, München.

Hinweise zur Wanderskizze des 1. Tages:

1 München: 520 m, 1,33 Mill. Einwohner, Hauptstadt des Freistaates Bayern, Regierungssitz, größte Hochschul- und drittgrößte Industriestadt der BRD, Zentrum der Kunst und Kultur. 1158 Stadtrecht mit Markt- und Münzrecht von Kaiser Friedrich Barbarossa. Marienplatz: Ehem. Korn- und Salzmarkt (Schrannenplatz) mit Neuem und Altem Rathaus sowie Mariensäule und Fischbrunnen.

2 Isartor: 14. Jahrh., erbaut durch Kaiser Ludwig IV., 1833 von F. Gärtner restauriert, 1835 Fresko v. Neher (Siegeseinzug Kaiser Ludwig IV. Anno 1322). Einziges weitgehend im ursprünglichen Aussehen erhaltenes Tor.

3 Deutsches Museum: Von Oskar von Miller 1903 gegründet, Planung Gebrüder Seidl, 1925 eröffnet, bedeutenstes, technisch-naturwissenschaftliches Museum der Welt.

4 Tierpark Hellabrunn: 1910/11 von Emanuel von Seidl angelegt, nach geographischen Gesichtspunkten aufgegliedert mit den hauptsächlichsten Tierarten; 3860 Tiere in 564 Arten.

5 Hinterbrühler See und Flößer Denkmal: Ausflugsgegend mit Einkehrmöglichkeit und Floßkanal.

6 Großhesselohe: Eisenbahnbrücke erbaut 1851–57, bahnbrechendes technisches Bauwerk; beliebte Ausflugsgaststätte (Waldwirtsch.); Dreifaltigkeitskapelle von 1755 mit Rokokostuck und Ansicht der Stadt.

7 Pullach: 7700 Einwohner, Pfarrkirche zum Hl. Geist, frühes 16. Jahrh. Turm noch älter, Kreuzig.-Gruppe an der Außenmauer um 1500.

8 Denkmal für Professor Gabriel von Seidl: Begründer des Isartalvereins (1902) bekannter Münchner Architekt; im Wald dahinter prähistorische Grabhügel.

9 Georgenstein: Nagelfluhfelsen, der einst vom östl. Steilufer in das Flußbett stürzte, Gefahrenstelle für die Floße.

10 Kloster Schäftlarn: Gegründet 760 als Benediktiner Kloster, jetzige Bauten von 1707, Planung G.A. Viscardi, Gymnasium mit Internat. Klosterkirche 18. Jahrh., Spitzenleistung des bayerischen Barocks.

11 Ickinger Wehr: Einlauf für das Kraftwerk Mühltal mit Stausee und Betriebsgebäuden der Isar-Amper-Werke AG.

12 Riemerschmidpark: Dem Isartalverein (ITV) gestift. von Professor Dr. Richard Riemerschmid, Gedenkstein für seine im Krieg gefallenen Söhne.

13 Pupplinger Au: Teilstück des Naturschutzgebietes an der Isar, ca. 700 ha groß, Bedeutung als Standort seltener Pflanzen, Wildflußcharakter und Brutplatz selten gewordener Vögel, gefährdet durch Erholungsverkehr und Flußeintiefung.

14 Weidach: 575 m, ca. 2300 Einwohner, zusammengewachsen mit Wolfratshausen, Abfahrtsstelle der Vergnügungsfloße nach München.

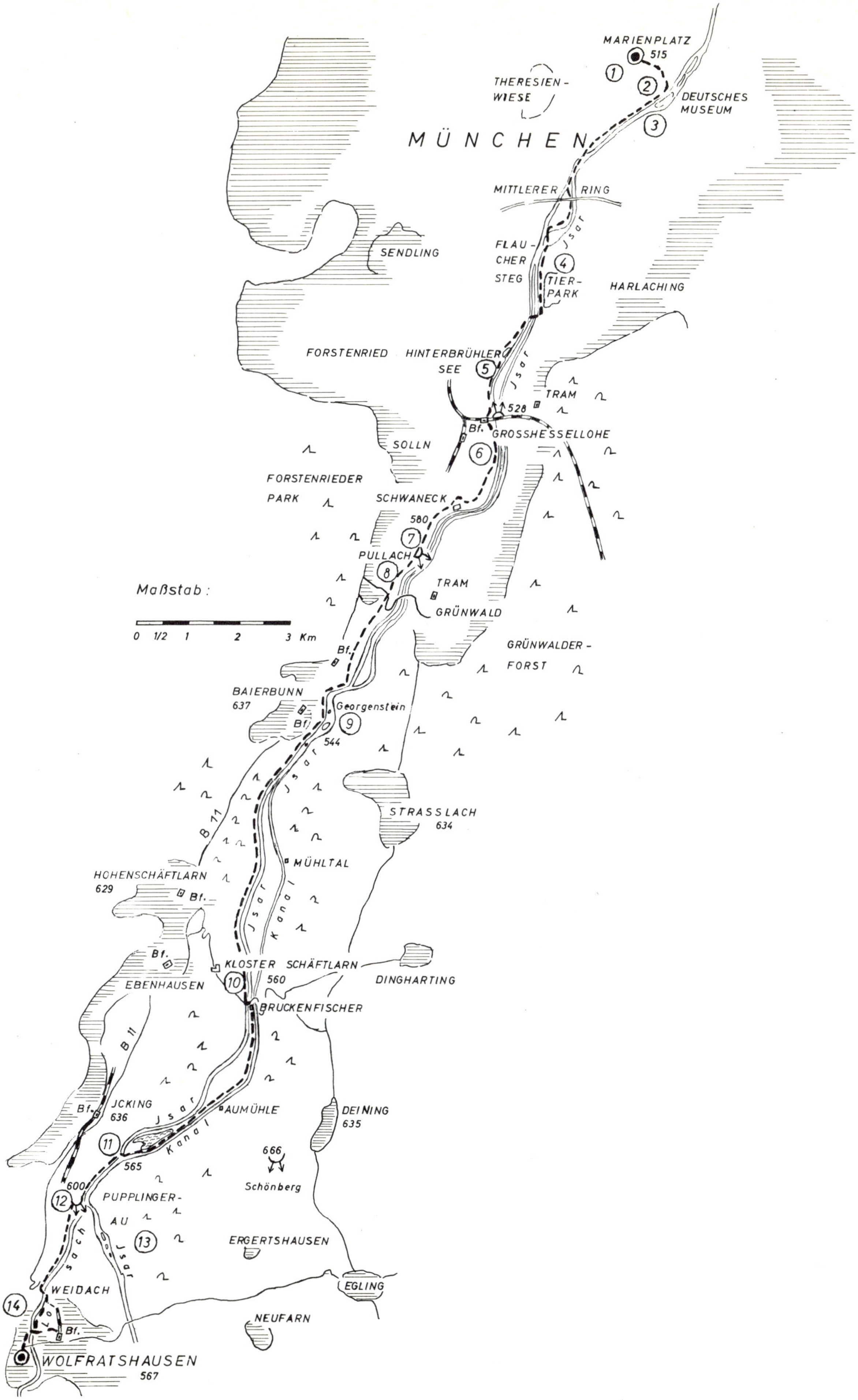
MARIENPLATZ
515
THERESIEN-
WIESE
DEUTSCHES
MUSEUM
MÜNCHEN
MITTLERER RING
SENDLING
FLAU-
CHER
STEG
TIER-
PARK
HARLACHING
Jsar
FORSTENRIED
HINTERBRÜHLER
SEE
TRAM
528
Bf.
GROSSHESSELLOHE
SOLLN
FORSTENRIEDER
PARK
SCHWANECK
580
PULLACH
TRAM
GRÜNWALD
Maßstab :
0 1/2 1 2 3 Km
GRÜNWALDER-
FORST
BAIERBUNN
637
Georgenstein
544
STRASSLACH
634
B 11
MÜHLTAL
HOHENSCHÄFTLARN
629
Bf.
Jsar
Kanal
KLOSTER SCHÄFTLARN
560
DINGHARTING
EBENHAUSEN
BRUCKENFISCHER
B 11
JCKING
636
AUMÜHLE
DEINING
635
565
666
Schönberg
600
PUPPLINGER-
AU
ERGERTSHAUSEN
WEIDACH
EGLING
NEUFARN
WOLFRATSHAUSEN
567

2. Wandertag: Wolfratshausen–Bad Tölz

Den Bergen entgegen!

Ein Erlebnis besonderer Art ist das Hinwandern zum Alpenrand. Vor allem wenn der Föhn die Bergkonturen scharf hervortreten läßt, und im südlich blauen Himmel weiße Wolkenfahnen hängen. Haben die Berge magnetische Kräfte? Oder entwickelt die gewaltige Masse eine besondere »Schwerkraft« auf verstädterte Menschen?

Zwei Motive beherrschen den 2. Wandertag: Am Vormittag die munter daherrauschende Isar, und nachmittags freie, mit Dörfern und Einödhöfen durchsetzte Weidelandschaft. Die ersten paar Kilometer des Tages führen allerdings an Häuserzeilen und Zäunen entlang. Dieser Ortsbereich von Wolfratshausen hat seit der Ausweisung der Wanderroute viel an Natur eingebüßt. Zu beklagen sind kümmernde Bäume durch Wurzelbeschädigungen, Rodung vieler malerischer Schirmföhren, und das Verschwinden der Enziane, Orchideen, Eriken und Graslilien, durch Baumaßnahmen verschiedenster Art.

Nach Waldram erreichen wir endlich die freie Landschaft. Entlang des sogenannten Rot-Kreuz-Weges ergeben sich weite Ausblicke isarabwärts nach Icking und Irschenhausen. Wir durchwandern den Bereich des ehemaligen Wolfratshauser Sees. Am Ende der Eiszeit füllte er das große Wolfratshauser-Deininger Becken bis er bei Schäftlarn und durch das Gleißental abfloß. Da und dort, wo sich die Isar stark eintieft, erscheinen die toniggrauen Seeablagerungen. Darüber schütteten in späterer Zeit die Gletscherwasser weite Schotterfelder. In unserem Betonzeitalter wurden sie zu einem begehrten Baumaterial. Gerade auf diesem ärmlichen Boden, der nur wenige Zentimeter Humus trägt, ist der Pflanzenwuchs sehr artenreich. Die Bäume wachsen allerdings langsam und so sind bizarrgeformte Schirmföhren bereits über 200 Jahre alt. Vor dem Bau der zwei Munitionsfabriken im Jahre 1938 erstreckte sich hier der weite Wolfratshauser Forst.

Bei einer Wanderung erzählte eine ältere Wolfratshauserin eine »schaurige Begebenheit«, die sich am Rotkreuz abspielte: Ihr Vater, ein passionierter Jäger, ließ sich ermüdet von den Anstrengungen der Jagd im weiten Forst zu einer Ruhepause nieder. Beim Erwachen nach einem erquickenden Schlaf sah er, wie ein Totenkopf und ein Fuchs um das Kreuz tanzten. Erst viel später verriet uns die Mitwanderin: Fuchs und Totenkopf waren Schmetterlinge gleichen Namens.

Auf der Höhe von Gartenberg erinnern mit Gras und Bäumen eingewachsene Bunkerruinen an das »Tausendjährige Reich«. Dem ITV ist es zu verdanken, daß wir am Tennisplatz bei Gartenberg den Weg entlang des Hochufers fortsetzen können. Für 15000 DM hat er hier das Ufer gesichert, den Zaun zurückversetzt und den Weg mit einem Ruheplatz angelegt. Die ca. 3½ km bis zur Tattenkofener Brücke verläuft die Wanderroute durch das Naturschutzgebiet; zuerst durch Wacholder- und Weidenbestand, dann durch Föhrenwald und schließlich wieder über Kiesflächen. Die Brücke wurde 1964 mit 2,2 Mill. DM wieder erbaut, nachdem die alte Holzbrücke am 30. April 1945 gesprengt worden war. Der Flußgott aus Nagelfluhstein stammt vom Münchner Bildhauer Erich Hoffmann.

Über einen Forstweg und westlich vorbei am Einödhof gelangen wir zum Malerwinkel. Die schönen Ausblicke zum Fluß und auf die nahe Bergkette, lockten vor dem zweiten Weltkrieg Maler an. So hat dieser entlegene Winkel von den Einheimischen den an den Königsee erinnernden Namen erhalten. Die im Kataster eingetragene Bezeichnung Weißleiten ist bodenständiger; umso mehr, als weiter oben am Fluß Unterleiten liegt. Die anschließende Pfadstrecke ist von hohem Erlebniswert. Braunes, dahinmurmelndes Moorwasser mit flinken Fischen, verträumte Altwasser der Isar, und übermannshohe Wacholderwälder leiten über zu Lichtungen im Weidewald unterhalb von Huppenberg. Eingesäumt von hohen Bäumen, erstreckt sich an seinem Ende die Mittagswiese. Mehrere Bänke, eine Sitzgruppe und auch die weichen Wiesenmatten, sind ein idealer Rastplatz. Nach einem Blick zur Isarschleife unterhalb unseres Rastplatzes brechen wir wieder auf, überqueren die »Alte Tölzer Straße«, lassen den Einödhof Lochen mit seinem Obstanger links liegen und sehen dann hinab zu den Rothenrainer Mooren. Hier wächst eine ganz andere Flora als auf den Kiesbänken der Isar. So bayerisch die Namen Rimslrain und Leitzing klingen, so unverfälscht ist auch die bäuerliche Landschaft auf dem Moränenrücken. Über Moore, Wiesen und Wälder streift der Blick zur Zugspitze, den Oberammergauer Bergen, den Lechtaler- und Allgäuer Alpen. Hinunter über Abberg führt der Weg schließlich an den Tölzer Stausee. Geruhsam kann der Wanderer den Fußweg zum neuen Badeteil benützen. Schöner jedoch ist der Tagesabschluß, wenn man nach dem Überqueren der Isar am Kraftwerk der ersten Einkehr zusteuert, um dann gestärkt zum berühmten Ausblick auf den Tölzer Kalvarienberg hinauf zu steigen. Auch für einen Besuch der schönen und interessanten Doppelkirche und der daneben stehenden Leonhardikapelle bleibt noch Zeit.

Touristische Angaben: 2. Tag, Länge von Wolfratshausen nach Tölz ca. 26 km, Talwanderung, markiert mit gelben Rauten oder Dreiecken, Einkehrmöglichkeiten erst am Tagesziel.

Karten und Führer: Topographische Karte 1:50000, L 8334 Bad Tölz; Karte »Erholungslandschaft Isar-Loisach« Vegetationsgliederung nach landschaftsökologischen Gesichtspunkten, M 1:50000 Bayer. Landesvermessungsamt München, 1971. Wanderführer durch das Isartal von Wolfratshausen bis zum Sylvenstein mit zwei Wegekarten 1:25000. Herausgeber: ITV, siehe erster Tag.

Literatur: Paul Seibert, Die Pflanzengesellschaften im Naturschutzgebiet Pupplinger Au, Bayr. Landesstelle für Gewässerkunde, Praterinsel 2, 8 München 22; H. Aigner, Der Landkreis Wolfratshausen, Heimatbuchverlag München, 1965.

Hinweise zur Wanderskizze des 2. Tages:

1 Wolfratshausen: 577 m, ca. 13000 Einwohner, 1003 erstmals genannt, um das Jahr 1100 Errichtung der Burg der Grafen von Dießen und Andechs, 1734 Zerstörung derselben; für die Entwicklung des Ortes war die Lage an Isar und Loisach (Flößerei) entscheidend. 1961 Stadt; Lage mit hohem Freizeitwert.

2 Waldram: Südöstlicher Ortsteil von Wolfratshausen mit eigener Pfarrei und Spätberufenen-Seminar; Friedhof mit gut gestalteten Grabfeldern.

3 Rotkreuz: Wegkreuz, nach einer Sage errichtet von der schönen Weidacher Müllerstocher Philomena zum Gedenken an ihren Geliebten, einen armen Floßknecht aus der Jachenau.

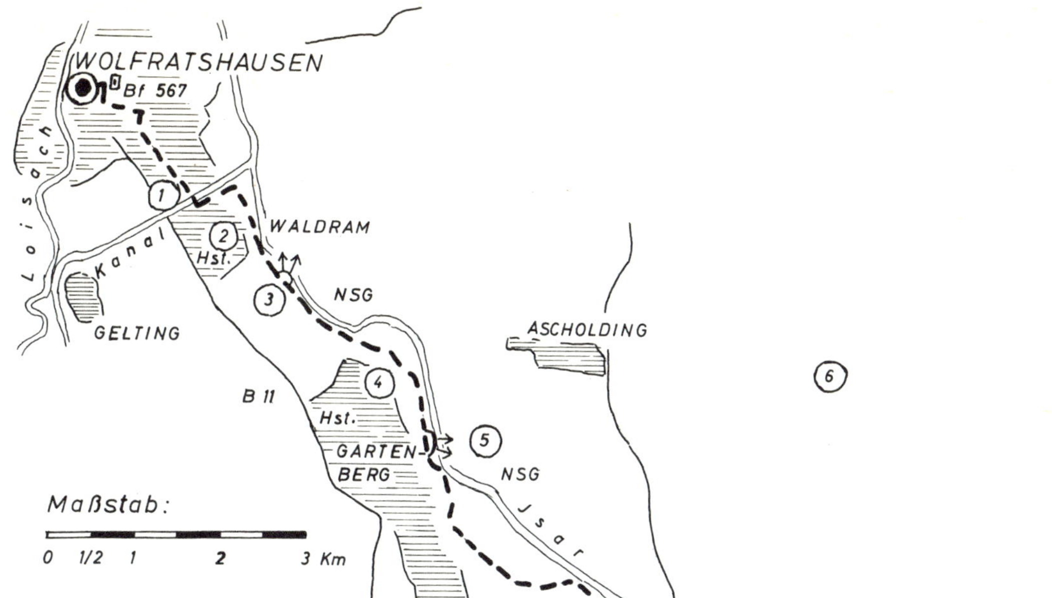
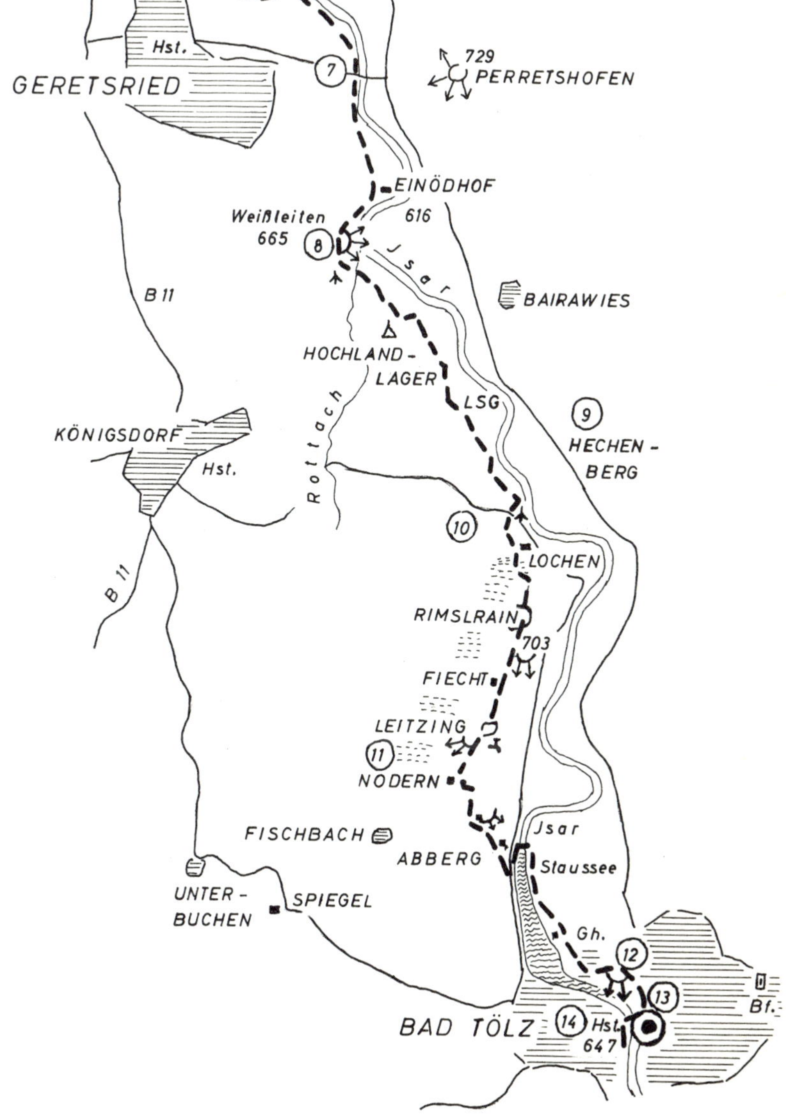

4 Geretsried: 600 m, 17500 Einwohner, bereits 1087 als Geroldsried erstmals genannt; bis 1938 wenige Bauernhöfe mit Kapelle (1722). 1938 Bau von zwei Rüstungswerken, rund 6000 Beschäftigte, durch die Amerikaner zerstört, 1946 Ansiedlung der ersten Heimatvertriebenen; zahlreiche Gewerbe- und Industriebetriebe; 1970 Stadt.

5 Wanderweg des ITV: 1965–67 Planung und teilweise Ausbau der Wanderroute von Wolfratshausen nach Bad Tölz durch verschiedene Jugendgruppen.

6 Schloß Harmating: 702 m, zur Gemeinde Egling gehörend, Heimat des Erschließers der nördlichen Kalkalpen Hermann Freiherr von Barth (1845–76).

7 Tattenkofener Brücke: PKW-Parkplatz, Abzweigung der Wanderroute zur Peretshofer Höhe (734 m) und zur Bushaltestelle nach Geretsried.

8 Weißleiten: 5 ha großer und ca. 60 m hoher Steilhang an der Isar bei der Einmündung der Rottach; seit 1965 im Besitz des ITV.

9 Hechenberg: 711 m, bereits 776 erstmals genannt, Ausflugsgaststätte.

10 Huppenberg: Älteste Freisinger Besitzung im Isarwinkel (793).

11 Fischbach: Großflächige, ländliche Gemeinde im welligen, mit Mooren durchsetzten Alpenvorland; besiedelt von zahlreichen Einzelhöfen und Weilern, lohnendes Wandergebiet, das noch nicht durch Baumaßnahmen verunstaltet wurde.

12 Kalvarienberg: Oberhalb von Bad Tölz, von hohem landschaftlichen Reiz durch die Lage am Alpenrand mit Blick über die Stadt und in den Isarwinkel; Rokoko-Doppelkirche (1726) mit Nachbildung der Hl. Stiege. Daneben Leonhardskapelle (1718–22), alljährliche Leonhardifahrt am 6. November.

13 Bad Tölz: 670 m, 12500 Einwohner, Kreisstadt mit typischem oberbayerischen Städtebild; Winzerer-Denkmal; bedeutender Kurort, 1906 Stadterhebung.

14 Badeteil: westlich der Isar gelegener Ortsteil; ursprünglicher Name »Krankenheil« hat sich nicht eingeführt. Die Entwicklung zum bedeutenden Kurort geht auf das Jahr 1846 zurück, damals wurden die Jodquellen westlich der Stadt am Sauersberg gefunden.

3. Wandertag: Bad Tölz–Leger an der Jachen

Im Isarwinkel

Als mich 1962 mein Beruf nach Bad Tölz führte, riet mir ein alter Bekannter zum Abschied: »Wenn Du auf den Tölzer Kalvarienberg steigst, darfst Du Dich erst umdrehen, wenn Du ganz oben bist!« Der sich oben dann schlagartig darbietende Ausblick in den vielgerühmten Isarwinkel rechtfertigt seinen Rat. Ein reich gegliedertes Landschaftsbild breitet sich vor dem Besucher aus: Stadt und Fluß als Vordergrund, dahinter eine weite Wiesen- und Waldlandschaft, begrenzt von himmelstürmenden Graten und Gipfeln. Wie aus dem Schoß der Berge kommend, durchzieht der Fluß die Bildmitte. Begleitet wird er von graugrünem Buschwerk. Dies ist die Landschaft unseres dritten Wandertages.
Ein knapper, halber Tag reicht für die heutige Wegstrecke. Folglich bleibt genug Zeit, um gegen Mittag mit der Bergbahn auf das Brauneck zu fahren, und sich am Morgen in Ruhe Bad Tölz anzusehen. Ein Gang in das Tölzer Heimatmuseum am Schloßplatz und ein zweiter durch die belebte Marktstraße bringt uns Isarwinkler Wesensart näher.
An der Westseite der Isarbrücke setzen wir flußaufwärts unseren Weg fort. Nach dem städtischen Hallenbad rückt das Hochufer nahe an den Fluß. Gerade noch verbleibt etwas Platz für ein Altwasser und den Dammweg. Er geleitet uns in die dschungelartige Wildnis der Flußaue. Mit etwas Fantasie glaubt man im Buschland Australiens zu sein. Der gut angelegte Weg führt im weiteren Verlauf im steten Wechsel auf den Prallufern des Flusses und über Geröllfelder. Zwei überdachte Bänke am Weg bieten Schutz bei Regenwetter. Abwechselnd erleben wir die artenreiche Flora, dann wieder das Spiel des Flusses, der uns mächtig entgegen rauscht. Der Steinbach wird auf schmalem Steg überschritten. Jenseits einer Flußschleife spitzt der weiße Kirchturm von Arzbach himmelwärts. Zusammen mit dem Latschenkopf und der Probstenwand ist es ein bezauberndes Bild. Bald ist Arzbach erreicht, wo preiswerte Gasthäuser zur Einkehr laden. Nach überqueren des gleichnamigen Baches in der Nähe der Isarfähre, betreten wir Lenggrieser Flur. Schattiger Auenwald empfängt uns. Später führt der Weg an Wiesenrändern entlang. In den Gärten jenseits der Straße und oben auf der Hochterrasse liegen breit hingelagert die in Blockbauweise errichteten Bauernhöfe. Der Flur in der Mitte des Hauses erschließt alle Räume. Unter dem typischen Flachdach ist das Wohnhaus, die Stallung und der Stadl vereinigt. Reicher Blumenschmuck grüßt von Fenstern und Balkonen herüber. Seit Jahrhunderten ist er im Isarwinkel Tradition. Nach 2½ bis 3 Stunden Gehzeit taucht zwischen den Weiden der Zwiebelturm von Lenggries auf.
Bevor wir uns in einem der zahlreichen Gasthöfe stärken, sollten wir dem am Wanderweg kurz vor der Isarbrücke im Buschwerk dahinträumenden, baufälligen Kalkofen einen Besuch abstatten. Die Chronik berichtet: Zum Bau der Frauenkirche in München hat Lenggries neben 1300 Flößen Bauholz, 200 Floßladungen gebrannten Kalk geliefert. Im Jahre 1860 wurden gar 16000 Ztr. Kalk von Bad Tölz isarabwärts geflößt. Als Rohmaterial zum Brennen dienen handgelesene Kieselsteine aus Wettersteinkalk. Bei einer Temperatur von 1100 Grad, die durch Holzfeuer erzielt wird, werden sie gebrannt. Das Ergebnis ist ein blendend weißer Kalk, der von Freskenmalern aus ganz Europa begehrt ist.
Im weiteren Verlauf der Wanderung nach Wegscheid können wir erneut den westlichen Uferweg benützen. Erlebnisreicher aber ist eine luftige Fahrt mit einer der Gondeln auf das Brauneck. Wie ein großer Garten liegt von dieser hohen Warte aus das Isartal mit seiner Heckenlandschaft unter uns. Von den runden, bewaldeten Flyschbergen bei Tölz bis in das hinterste Karwendel und hinüber zur Zugspitze reicht der Blick. Deutlich ist die vom Isargletscher vor etwa 20000 Jahren ausgehobelte U-Form des Tales zu erkennen. Abgelagertes Moränenmaterial an den Hängen beweist: Das Eis auf der Höhe von Lenggries war etwa 450 Meter stark und am Alpenausgang bei Bad Tölz hatte es immer noch eine Mächtigkeit von der Höhe des Eifelturms. Dort, wo das kalkalpine Gestein oberhalb von Lenggries dem Eisstrom mehr Widerstand entgegen setzte, ist das Tal schmäler als im weicheren Flysch.
Wo im Winter Schifahrer zu Tal schwingen steigen wir nach Wegscheid hinunter und stehen dann hinter Langeneck an der Jachen. Durch den Wasserentzug in den Walchensee ist der Fluß geschwächt. So ist es im Spätsommer meist möglich, durch das Wasser zu waten, um dann erfrischt auf ruhigem, abseits der Autostraße gelegenem Pfad, den einladenden Häusern des Tageszieles Leger zuzustreben.

Touristische Angaben: 3. Tag, Länge ca. 14 km, Talwanderung (ohne Brauneckfahrt), wenig Markierungen, mehrere Einkehrmöglichkeiten.
Von Leger nach Jachenau: weitere 14 km Talwanderung.

Karten und Führer: Topographische Karte und ITV-Führer wie an den Vortagen.

Literatur: W. Voigtländer, Erdgeschichtliche Wanderungen im Isarwinkel; G. Westermayer, Chronik von Tölz, beide Verlag G. Aehlig, Tölz; Vereinigung Tölzer Schriftsteller »Die Barke«, »Lebendige Heimat«, Verlag J. Dewitz, Bad Tölz.

Hinweise zur Wanderskizze des 3. Tages:

1 Blomberg: 1237 m aus Flysch (tonig-sandige Ablagerg. aus der Zeit der Alpenauffaltg.), Tölzer Hausberg mit Lift u. Rodelbahn.

2 Wackersberg: 745 m, 1260 Einwohner, auf der Anhöhe südwestlich von Bad Tölz, alljährliche farbenprächtige Fronleichnamspozession, unten im Tal an der W'Route liegt die zu Wackersberg gehörende Ortschaft Arzbach, deren Kirchturm sich gut der Berglandschaft anpaßt.

3 Wanderweg durch die Isarauen: Vom Städt. Hallenbad Bad Tölz bis zum Feuerwehrhaus in Lenggries-Schlegldorf (ca. 8 km) wurde er 1968/69 auf Initiative des Verfassers (wie 1965–67 die Route Wolfratshausen–Tölz) ausgebaut. Finanzielle Unterstützung: die Behörden und der ITV; Stege: Wasserwirtschafts-Amt Weilheim (insgesamt etwa 80000 DM).

4 Gaißach: 740 m, 2020 Einwohner, Gemeinde mit 26 Ortschaften; Kinderheilstätte der LVA. Alljährlich zur Faschingszeit originelles Schnablerrennen.

5 Rieschenhöfe und Draxlbauer in Wegscheid: Isarwinkler Bauernhäuser mit üppigem Balkonblumenschmuck; bei Wettbewerben »Das schönere Haus« mehrmals erste Preisträger.

6 Kalkofen: Reste eines alten Kalkofens am Kalkofenweg in Lenggries. Früher war die Herstellung von hochwertigen Kalkfarben durch Brennen von Kalksteinen weit verbreitet. In Bad Tölz ist ein letzter Kalkofen noch in Betrieb. (s. auch Wandertag Lüsen–Schlüterhütte).

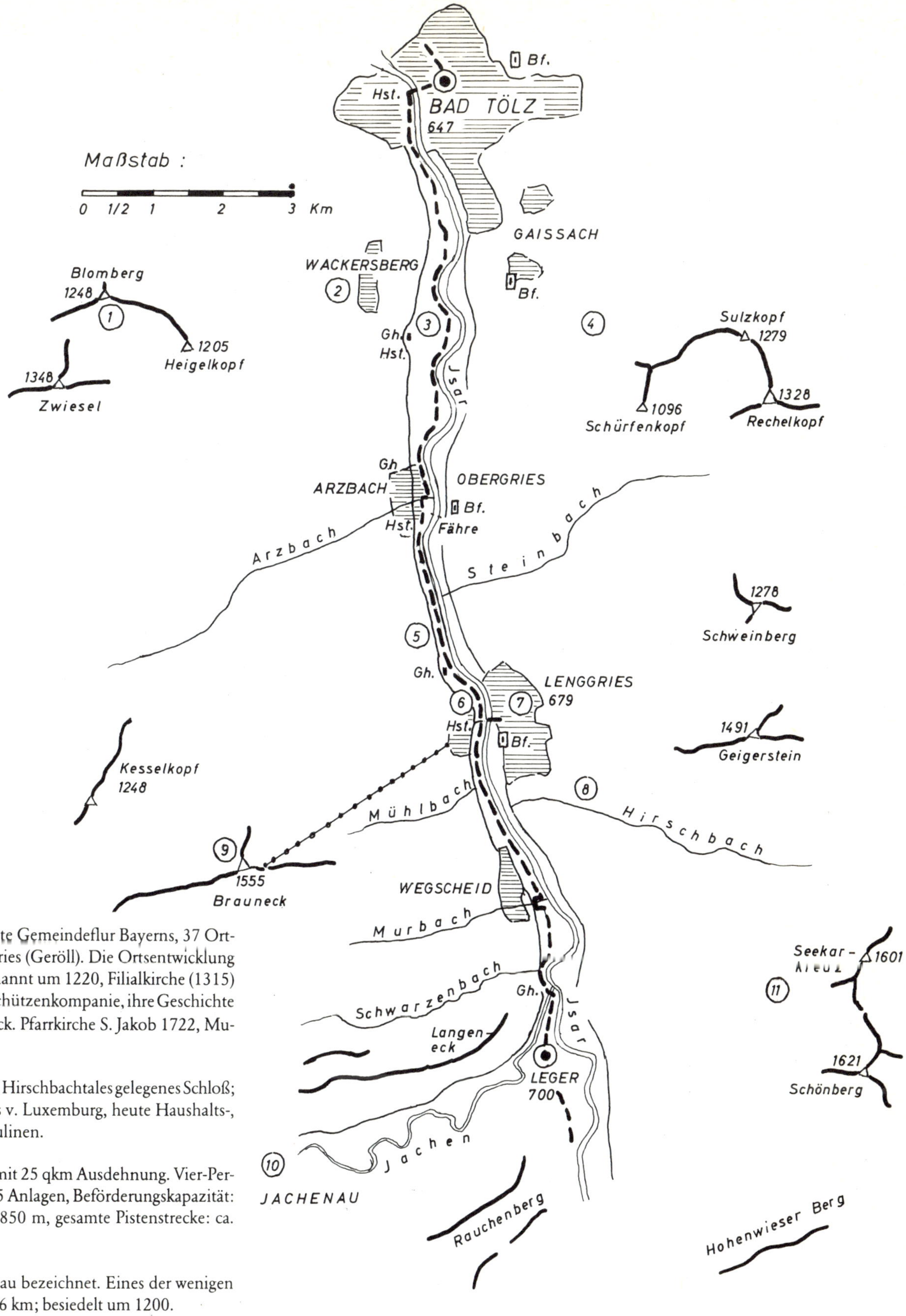

7 Lenggries: 679 m, 7850 Einwohner, größte Gemeindeflur Bayerns, 37 Ortschaften. Name leitet sich ab vom langen Gries (Geröll). Die Ortsentwicklung geht auf die Isarflößerei zurück; erstmals genannt um 1220, Filialkirche (1315) der Pfarrei Königsdorf; Historische Gebirgsschützenkompanie, ihre Geschichte reicht bis in den Dreißigjährigen Krieg zurück. Pfarrkirche S. Jakob 1722, Museum der heimatlichen Tierwelt.

8 Hohenburg: Östlich der Isar am Beginn des Hirschbachtales gelegenes Schloß; (12. Jahrh.) früherer Besitz des Großherzogs v. Luxemburg, heute Haushalts-, Mittel- und Oberschule des Ordens der Ursulinen.

9 Brauneck: Münchner »Haus-Schigebiet« mit 25 qkm Ausdehnung. Vier-Personen-Gondelbahn; seit 1969 Ausbau mit 15 Anlagen, Beförderungskapazität: ca. 1200 Pers. pro Std., Höhenunterschied 850 m, gesamte Pistenstrecke: ca. 20 km.

10 Jachenau: Auch als schöne, stille Jachenau bezeichnet. Eines der wenigen West-Osttäler der nördl. Kalkalpen; Länge 16 km; besiedelt um 1200.

11 Berge östl. von Lenggries: Im Gegensatz zu dem mit Bergbahnen erschlossenem Brauneck sind die Berge im Osten von Lenggries ein stilles Wander- und Tourengebiet. Stützpunkt ist die Lenggrieser Hütte.

4. Wandertag: Leger–Vorderriß

Auf Jägersteigen in die Heimat Ludwig Thomas.

Diese Tagesetappe weist mehrere Höhepunkte landschaftlicher Schönheiten auf und stellt zugleich den Schlüssel für eine Fußwanderung abseits von Autostraßen von München in das Karwendel dar. Der Routenverlauf ist schwer auffindbar. Trittsicherheit, Schwindelfreiheit und auch Bergerfahrung sind erforderlich. Aus diesen Gründen nachfolgend eine genaue Routenbeschreibung: Das Zufahrtssträßchen Leger – Gut Rauchenberg bringt uns nach knapp 1½ km an die Isar und bald darauf zur Rodungsinsel mit den Gebäulichkeiten des Forstgutes. Sie bleiben im Westen liegen. Flußaufwärts ist unsere Wegrichtung zuerst Süden, dann Süd-Südwest, etwa 1200 m nach dem Forstgut Rauchenberg gehen wir bei der Weggabelung rechts in den Wald hinauf. (Der linke Weg verliert sich am Fluß). Nach einigen 100 Metern öffnet sich eine Lichtung, an deren Anfang ein Stadel steht. Der Forstweg endet hier. In Wanderrichtung, in der hinteren rechten Ecke der Lichtung – wird oft getarnt mit Ästen – beginnt ein Steig, der leicht ansteigend aber immer quer zum Hang, nach gut zwei Kilometern zu einer Jagdhütte führt. Nach der ersten Serpentine muß man sich pfadlos wieder schräg zum Hang taleinwärts halten. Die Markierung an einem Baum wurde abgekratzt. Ausblicke in das Flußbett etwa 150 m unter uns und zum Sylvensteinsee verlocken zum Schauen. In Wanderrichtung deutet der Baumwipfelverlauf in etwa ½ km Entfernung ein Plateau an, das wir erreichen müssen. Vorher aber überqueren wir zwei von rechts herabstürzende, meist trokkene Bachbette (hoch angehen!) und plagen uns dann steil den Hang hinauf. Hier ist es nicht leicht, die Pfadspur zu halten. Auf dem kleinen Plateau in 990 Meter Höhe mit Waldwiese und Hochsitz haben wir das erste schwierige Wegstück geschafft. Am Südende der Lichtung beginnt die Trasse eines ehemaligen ca. ¾ km langen Ziehweges, der teilweise bereits eingewachsen ist. Seine paar Stege sind längst eingestürzt und das Holz vermodert in den Senken. Am Ende dieser Trasse steigen wir fast 200 Höhenmeter (Hm) ab, in das für Autos gesperrte Schronbachtal. Vor der Alm führt unsere Route auf Balken über den Bach. In kurzer Folge überqueren wir ihn noch zweimal, um dann vor einem Felsabsturz linksseitig hinauf zu steigen. Unten, im Bachbett gluckst das Wasser in einladenden Gumpen. Durch Waldweide, über Seitenbächlein, entlang von Lichtungen und Ziehwegen, schließlich hinauf durch einen schütteren Bergwald, gilt es den eigentlichen steilen Zugangsweg zur Niedersalm zu finden. (Achtung! Gelbe Markierungen sind braun überstrichen!). Nach der Niedersalm halten wir uns in Richtung Südosten, zur Einsattelung am Schindelberg. Westlich des Wasserrinnsales (auf der rechten Seite) setzt oben an der Hangschulter ein fast zugewachsener Steig an, der in Serpentinen den sehr steilen Brunstlahner hinunter zum See führt. An den steilsten und offenen Stellen nimmt es einem fast den Atem. Vorsicht ist vor allem bei Nässe geboten. Auf der Terasse – etwa 5–10 m über dem See – biegen wir entlang des Berghanges talaufwärts, also rechts ab, durchstreifen pfadlos das Stangenholz, durchqueren nahe am Hang eine Senke und finden schließlich eine Lichtung, die sich zu einem Weg mausert. Bei einer Gabelung wählen wir dann den mehr hangwärts dahinziehenden Pfad (der linke führt zum See). Zuerst wird er noch verstärkt durch einen erneut von links einmündenden Weg, verliert sich aber später in den Streuwiesen. Sie werden begrenzt von reizvollen Felspartien und einem Wasserfall, mit einem großen, zum Baden einladenden Gumpen (idealer Rastplatz!).

Vor dem Gumpen steigen wir links in einen meist wasserfreien Graben hinauf, bleiben zuerst am rechten Hang und überqueren oberhalb des Felsabsturzes die Senke nach links. Im obersten Teil der ansteigenden Mulde umgehen wir eine Bergschulter wieder nach rechts und erreichen einen feuchten, schütter bewaldeten Geländeeinschnitt. Ein Hangrücken trennt uns vorerst vom Isartal, aber beim Erreichen der linksseitig gelegenen Forst-Diensthütte öffnet sich der Blick talwärts. Nach Durchquerung eines kleinen Bachbettes ist die Waldwiese der ehemaligen Friedlalm nicht mehr fern. Wir verlassen sie bei einem verfallenen Holzbrunnen. Der Bergwald nimmt uns wieder auf. Ein Steig hält sich auf einer Länge von ca. 750 m ziemlich genau an die Höhenlinie 960 m. Schließlich zwingt ein Felstobel das Steiglein zum Abstieg. Vorsicht beim Überschreiten des morschen Steges! Wir verbleiben aber immer noch ca. 50 m oberhalb der untersten Felsabstürze über der Talsohle. An der Einmündung des Sturzbaches in die Isar liegt unter uns das sogenannte Prinzregentenbad. Der Pfad schlängelt sich mit wenigen Kehren wieder bergwärts. Unter uns bleiben die gefährlichen Felsabstürze. Leicht fallend erreicht unsere Route den Talboden von Vorderriß.

Wer sich auf eine so schwer auffindbare, teilweise weglose Route nicht einlassen will, dem sei empfohlen, durch das Tal der schönen und stillen Jachenau auszuweichen. Am günstigsten ist es, den 3. Wandertag, der im Isarwinkel um Bad Tölz oder Lenggries beginnt, über Leger hinaus möglichst weit in die Jachenau hinein auszudehnen. Die stattlichen Bauernhöfe haben fast alle einladende Fremdenzimmer.

Am Beginn des 4. Tages geht es auf einer neuen Forststraße hinauf in den Wilfetsgraben und vorbei an der Lainer- und Luitpolder Alm zum Rißsattel (1223 m). Von da führt ein Steig hinunter nach Vorderriß. An den ersten Wochentagen, wenn dort das einzige Gasthaus geschlossen hat, oder für den Fall, daß die wenigen Quartiere belegt sind, sollte man noch wenigstens 3 Stunden zusätzlich einberechnen, um die nächsten Übernachtungsmöglichkeiten in Hinterriß ansteuern zu können.

Touristische Angaben: 4. Tag, 19 km, 630 Hm Aufstieg, 530 Hm Abstieg, anstrengende Bergwanderung, keine Einkehrmöglichkeit, Ziel: Vorderriß, Gasthof Post, vier Zweibett-Zimmer, Telefon.

Route II Jachenau–Hinterriß: Ca. 20 km, 570 Hm Aufstieg, 420 Hm Abstieg; Unterkünfte in Hinterriß (Österreich): Gasthof Post und Café Klösterle, sowie weitere 1,5 km taleinwärts das Hotel Alpenhof; alle Telefon.

Karten und Führer: Topographische Karten des Landesvermessungsamtes M 1:50000 Blätter Bad Tölz 8334 und Fall 8534; M 1: 25000 und zwar die Blätter Lenggries 8335, Fall 8435 und Vorderriß 8434; Führer des ITV.

Literatur: »Die Welt, in der wir leben«, Droemer-Knaur, München/Zürich; R. Taylor, Das Selbstmordprogramm, Fischer Verlag, Frankfurt/M.

Hinweise zur Wanderskizze des 4. Tages:

1 Gut Rauchenberg: Privates Forst- und Jagdgut an der Isar oberhalb der Jachenmündung. Zu dem Gut gehört der gleichnamige, in südwestlicher Richtung verlaufende Höhenrücken.

2 Sylvensteindamm: Staumauer mit Kraftwerk, erbaut 1953–1955, aufgrund eines Landtagsbeschlusses. 42 m hoher Erdwall zwischen dem natürlichen Felsentor Hennenköpfl und Sylvenstein. Stromgewinnung durch das Kraftwerk im Mittel: 15 Mill. Kw.-Stunden.

3 Sylvensteinsee: 5–6 qkm großer Speichersee als Hochwasserschutz und bedingt auch zur Niedrigwasser-Aufbesserung. Fassungsvermögen: 104 Mill. cbm, Niedrigwasser-Reserve: 45 Mill. cbm. Größter Abfluß ohne Gefährdung des Unterlaufes: 220 cbm in der Sekunde. Infolge Ableitung der Isar und weiterer Nebenbäche ist die Niedrigwasser-Aufbesserung ungenügend.

4 Forstsiedlung Fall: Mit dem Bau des Speichersees neu errichtete Siedlung mit Kirche, Gasthof und Forsthäusern. Das alte Fall – Ort der Handlung des Romans »Der Jäger von Fall« von Ludwig Ganghofer (1855–1920) – versank unmittelbar nördlich der Brücke im Stausee.

5 Niedersalm und Brunstlahner: Die Alm ist im Besitz des Zachbauern aus der Jachenau, unbewirtschaftet, gepachtet von einem Privatmann aus Penzberg. Wasser, Unterstehmöglichkeit und Aborthäuschen vorhanden. Der Name Brunstlahner leitet sich ab von Feuersbrunst und steilem Wiesenhang.

6 Geschiebesperre: begehbarer Damm, mit Wasserdurchlässen oberhalb der Stauwurzel des Speichersees, zur Zurückhaltung des Gerölls. Durchschnittlich fallen hier bei einem Hochwasser ca. 150000 cbm Kies an. Abgefahren werden dagegen im Durchschnitt der letzten Jahre nur ca. 15000 cbm. Die Kiesverwertung an den Stauseen der Bergflüsse und die zahlreichen Landschaftswunden, die durch Kiesausbeute im Flachland entstehen, stellen ein ungelöstes Problem dar.

7 Vorderriß: Forstsiedlung mit Gasthof. Im Forsthaus auf der Anhöhe verbrachte Ludwig Thoma (1867–1921) seine ersten Kinderjahre. Daneben steht seit etwa 1500 das königliche Jagdhaus. Der Erbauer war der Wittelsbacher Herzog Albrecht IV. Vorderriß war früher ein beliebter Jagdaufenthalt des bayerischen Königshauses.

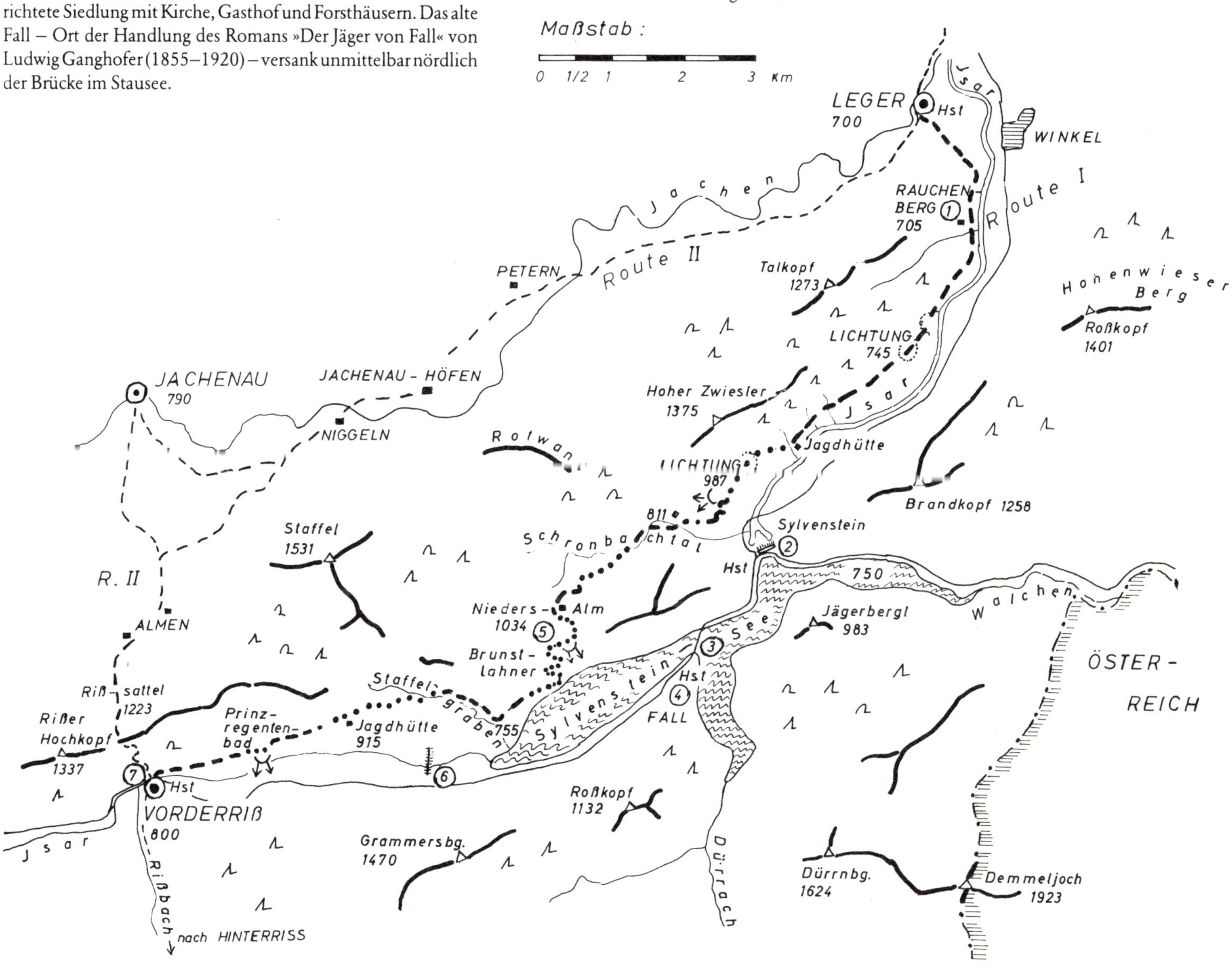

5. Wandertag: Vorderriß–Karwendelhaus

Einsames Karwendel

Der Übernachtungsort Vorderriß ist der nördliche Zugang in das Herz des Karwendelgebirges. Auf einer Fläche von 900 qkm ist außer dem Jäger- und Holzfällerort Hinterriß, keine ganzjährig bewohnte Siedlung zu finden, und – Gott sei's gedankt – auch keine Durchgangsstraße. Dieses oft als menschenfeindlich bezeichnete Reich der steilen Felswände und stillen Hochkare, der tiefen Jagdgründe und uralten Zirbelwälder, ist in Wahrheit ein echtes Erholungsparadies für Lärm- und Streßgeschädigte.
Seine großen, in Ost- und Westrichtung verlaufenden vier Bergkämme liegen wie unübersteigbare Barrieren am fünften Tag unserer Nord-Südwanderung vor uns. Bei näherem Studium der Wanderkarten und der komplizierten Topographie, kristallisieren sich drei Wegvarianten heraus. Ziel des übernächsten Tages ist in jedem Fall das Halleranger Haus unterhalb des Lafatscherjoches. Dieses gewährt im weiteren Wanderverlauf einen leichten Übergang in die Inntalfurche. Da die Isartalstrecke völlig problemlos ist, und es für die anderen zwei Möglichkeiten schriftliche Führer und genaue Wanderkarten gibt, erübrigen sich hier ausführliche Wegbeschreibungen. Ich beschränke mich deshalb auf einige wichtige und interessante Hinweise.

I. Isartalstrecke: Vor dem Gasthaus Post in Vorderriß überqueren wir die Isar, passieren kostenfrei die Mautstelle und müssen leider für den ersten Kilometer die Teerstraße nach Wallgau in Kauf nehmen. Bevor wir nach links erneut das Wasser überschreiten, taucht rechts oben am Wiesenhang der Bauernhof »Ochsensitz« auf. Bereits zwischen 1619 und 1637 wurde von dem Jachenauer Bauern Pichler hier der Wald gerodet und die Hofstelle errichtet. Sie gehört somit zu den ältesten Siedlungen im Isarwinkel und wurde von Ludwig Thoma beschrieben. Auf Kiesstraßen, Forst- und Wanderwegen immer am Westfuß des Karwendelstockes entlang, verläuft diese leichte, jedoch lange Tagesetappe. Auf dem Steilufer des einmündenden Markgrabens bietet sich ein schöner Rastplatz an und bei der Auhütte und in Mittenwald verschiedene Einkehren.
Zwischen Vorderriß und Wallgau steigt jenseits des Tales der bewaldete Höhenrücken zum Altlacher Hochkopf. Für König Ludwig II. war ein Maiaufenthalt dort oben zum Geburtstag Richard Wagners Tradition gewesen. Am 21. Juni 1867 schreibt Ludwig der II. an Wagner: »Gestern begab ich mich nach dem geräuschvoll unruhigen Treiben (Fronleichnam) hierher zu dem abgeschiedenen, trauten Hochkopf, wo ich auflebe in wonniger Einsamkeit, fern der Welt, die stets mich verkennt und mit der auch ich mich nie und nimmer befreunden kann und will!«
Nach Mittenwald erkennen wir am Osthang der Arnspitze kahle Flächen. 1947 fielen hier große Latschenbestände einem Waldbrand zum Opfer. Zwischen der deutschen und der österreichischen Grenzkontrolle müssen wir notgedrungen neben den Autos auf der Straße in den Übernachtungs- und Grenzort Scharnitz marschieren.

II. Johannistal–Schlauchkar–Route: Die ersten elf Kilometer hinein in das Rißtal benützen wir die Fahrstraße. Um dem motorisierten Ausflugsverkehr zu entgehen, ist es ratsam, möglichst zeitig aufzubrechen. König Max II. hatte anläßlich seiner Fußreise von Lindau nach Berchtesgaden (20. 6.–27. 7. 1858) nach zwei verregneten Tagen in Vorderriß diese Strecke bis Hinterriß in einer Kutsche zurückgelegt, um dann zu den Hagelhütten weiter zu reiten. Oben, auf dem Blumserjoch, gab es in einem Kuhstall – in dem geschickte Hände mit viel Fantasie eine königliche Tafel aufbauten – ein mit meisterlicher Kunst zubereitetes Menü.
300 Meter südlich der Landesgrenze zwischen Vorder- und Hinterriß, wurde 1948 das Rißbachwehr gebaut. Von dort nimmt das Wasser den Weg durch den Grasberg- u. Hochkopfstollen zum Niedernachkraftwerk am Walchensee. Unterwegs werden der Fischbach und der Alpenbach eingeleitet sowie die Isar und die Straße Vorderriß–Wallgau mit einem Dücker unterfahren. Die maximale Wasserzuführung beträgt 12 cbm/Sek., das Gefälle 20 Meter.
Hinterriß, eine bereits in Österreich an der Einmündung des Tor- und Rontales in das Rißtal gelegene Siedlung, umfaßt ein ehemaliges Jagdschlößl des Herzogs von Coburg, einige Forsthäuser, zwei Wirtshäuser und das Zollhaus. Die kleine Kirche wurde zur Fuggerzeit von den Knappen erbaut, als hier für die verschiedenen Erzbergwerke in den Tälern eine Schmelze bestand. Ab Hinterriß benützen wir den Weg, der von der Jagdverwaltung des Herzogs von Coburg als Reitweg angelegt wurde. In bequemer Steigung hoch über dem Gebirgsbach durch das Johnnistal, wandern wir zum reizvoll gelegenen kleinen Ahornboden. Auf das würdige, einfache Denkmal Hermann von Barths schauen die stolzen Berghäupter, die er bezwungen: Die Zinnen der Nördlichen Sonnenspitze, der Moser-Karspitze und Kaltwasserkarspitze, zur Rechten der grün und graugesprenkelte Kuhkopf, die Lackenkarspitze und die Grabenkarspitze. Hermann von Barth wurde 1845 auf Schloß Eurasburg im unteren Loisachtal geboren und starb 1876 in Afrika. Er bestieg 1870/71 88 Karwendelgipfel, davon 12 als Erstersteiger. 1874 erschien sein Buch »Aus den Nördlichen Kalkalpen«, das seit Jahrzehnten vergriffen ist.
Vorbei am Pürschhaus, längs eines trockenen Grabens, dann steiler durch steinige Mulden und Wald, führt der Weg in freie und latschenbewachsene Hänge und schließlich über den Hochalmsattel zur Alpenvereinshütte Karwendelhaus 1765 m. Der Männerturnverein München erbaute es 1908 auf der Hochalm, einem Querriegel zwischen der Nördlichen Karwendelkette und der Hinterautalkette. Sie ist Stützpunkt für die Besteigung von Birkkarspitze, Ödkarspitzen und Östliche Karwendelspitze.

III. Bärenalpl–Schlauchkar–Route (Fermersbachtal–Fereinalm). Sie ist die eindruckvollste, aber auch die schwierigste und mühevollste Variante. Die Strecke ist nicht markiert und wird aus all diesen Gründen nur versierten und ausdauernden Bergsteigern empfohlen. Kommt man zu spät am Nachmittag zur Fereinalm empfiehlt es sich, dort zu nächtigen. Die Alpenvereinshütte ist vom Juni bis Oktober beaufsichtigt und hat 25 Matratzenlager. Der Name Fereinalm kommt vermutlich aus dem Lateinischen (veraginem = Erdrutsch, Bruch). Für den Übergang über die Bärenalpscharte ist genaues Führer- und Kartenstudium notwendig. Das Bärenalpl stellt die kürzeste Verbindung von Vorderriß zum Karwendelhaus dar. Hermann von Barth stand oben, hat aber den Durchstieg nicht gefunden. Tagesziel ist wie bei Variante II das Karwendelhaus. Bei den nachfolgenden touristischen Angaben wird der Weg von der Bärenalpscharte über die Angeralm im Karwendeltal zugrunde gelegt. Der höhengleiche Pfad von der Scharte zum Hochalmsattel über die behindernden Latschen hinweg ist mühevoller als ein erneuter Ab- und Aufstieg.

Touristische Hinweise: 5. Tag: I. Variante: ca. 30 km, 264 Hm auf, 100 Hm ab, leichte Talwanderung mit Einkehrmöglichkeiten. II. Variante: ca. 24 km, 1000 Hm auf 30 Hm ab, Einkehrmöglichkeit, leichte Bergwanderung. III. Variante: ca. 28 km, (16 km), 1507 Hm auf, (607 Hm auf), 461 Hm ab, (0), keine Einkehrmöglichkeit, anstrengende und schwierige Bergtour. Die Angaben in Klammern betreffen jeweils die verkürzte Strecke bis zur Fereinalm.

Führer und Karten: Klier/März AV-Führer »Karwendel«; E. Burmester »Kleiner Karwendelführer«, beide Verlag R. Rother, München; Top. Karte 1:50000 L 8534 Fall; Kompaßkarte 1:50000 Nr. 26 »Karwendelgebirge«, Geogr. Verlag H. Fleischmann Innsbruck; AV-Karten Karwendelgebirge 1:25000 mittleres und westliches Blatt.

Literatur: Fischer/Peterka, Bergheimat Karwendel + Wetterstein, Verlag Stähle & Friedl Stuttgart; R. Löbl, Lenggries, Süddeutscher Verlag München; K. H. Heindl, Heimliche Residenzen Ludwigs, Selbstverlag.

Hinweise zur Wanderskizze des 5. Tages:

1 Altlacher Hochkopf mit Jagdhütte. Lieblingsberg Ludwig II., 1382 m, oberhalb des Ortes Altlach-Walchensee. Auf Einladung Ludwig II. verbrachte dort Richard Wagner die Tage vom 9.–21. August 1865.

2 Ölschiefer mit Fischabdrücken. Daraus wurde früher auf offenem Herd – später auch industriell – das stinkende, aber heilsame Steinöl gewonnen, (»Dürschenöl« in Tirol). Später Weiterverarbeitung zu Ichtyol.

3 Wallgau und Krün: Der Ursprung der Namen der zwei westlich an der Isar gelegenen Ortschaften, liegt in vorgeschichtlicher Zeit. Die Orte gehörten zur Grafschaft Werdenfels und später zum erzbischöflichen Freising.

4 Isar-Stausee bei Krün: Der Isar werden hier durchschnittlich ca. 12 cbm/Sek. Wasser für Stromgewinnung am Walchensee entnommen (maximal 25 cbm). Dadurch ist ihr Flußbett bis zum Sylvensteinsee fast wasserleer.

5 Mittenwald 920 m, ca. 10000 Einwohner, Geigenbau mit von Ludwig I. gegründeter Fachschule und Museum, Standort der Gebirgstruppe, urkundlich erwähnt 1080. Entwicklung aufgrund der günstigen Lage an der Rottstraße von Bozen nach Augsburg und München, Isarflößerei; im Jahr 1363 zum Markt erhoben. Glanzzeit mit venezianischem Markt von 1487 bis 1697.

6 Bergbahnen von Mittenwald: Seilbahn zur Karwendelmulde an der Westlichen Karwendelspitze (2385 m), gesicherter Höhenweg. Zugang zum Dammkar durch einen ca. 1 km langen Stollen; Lift und Bahn auf den Kranzberg, in der Nähe Denkmal für die gefallenen Gebirgsjäger.

7 Talenge bei Scharnitz: Ursprünglich röm. Befestigungen; Erzherzogin Claudia von Medici (Witwe Leopolds V.) ließ 1633 neue Abwehrstellungen erbauen; daher der Name Porta Claudia.

8 Hermann von Barth-Denkmal, errichtet im Jahre 1882 von der Sektion Augsburg auf dem Kleinen Ahornboden, zum Gedenken an den Erschließer großer Teile der Nördlichen Kalkalpen.

9 Fereinalm: 1407 m, zeitlich begrenzt bewohnte Siedlung, mit mehreren Alm- und Jagdhütten, einem Stützpunkt der Zöllner und der unbewirtschafteten Krinner-Kofler-Hütte, der Sektion Mittenwald.

10 Bärenalpscharte: 1793 m, markantester Einschnitt in der Nördl. Karwendelkette. Landschaftlich schöner, jedoch wenig begangener Übergang von der Fereinalm zum Karwendelhaus.

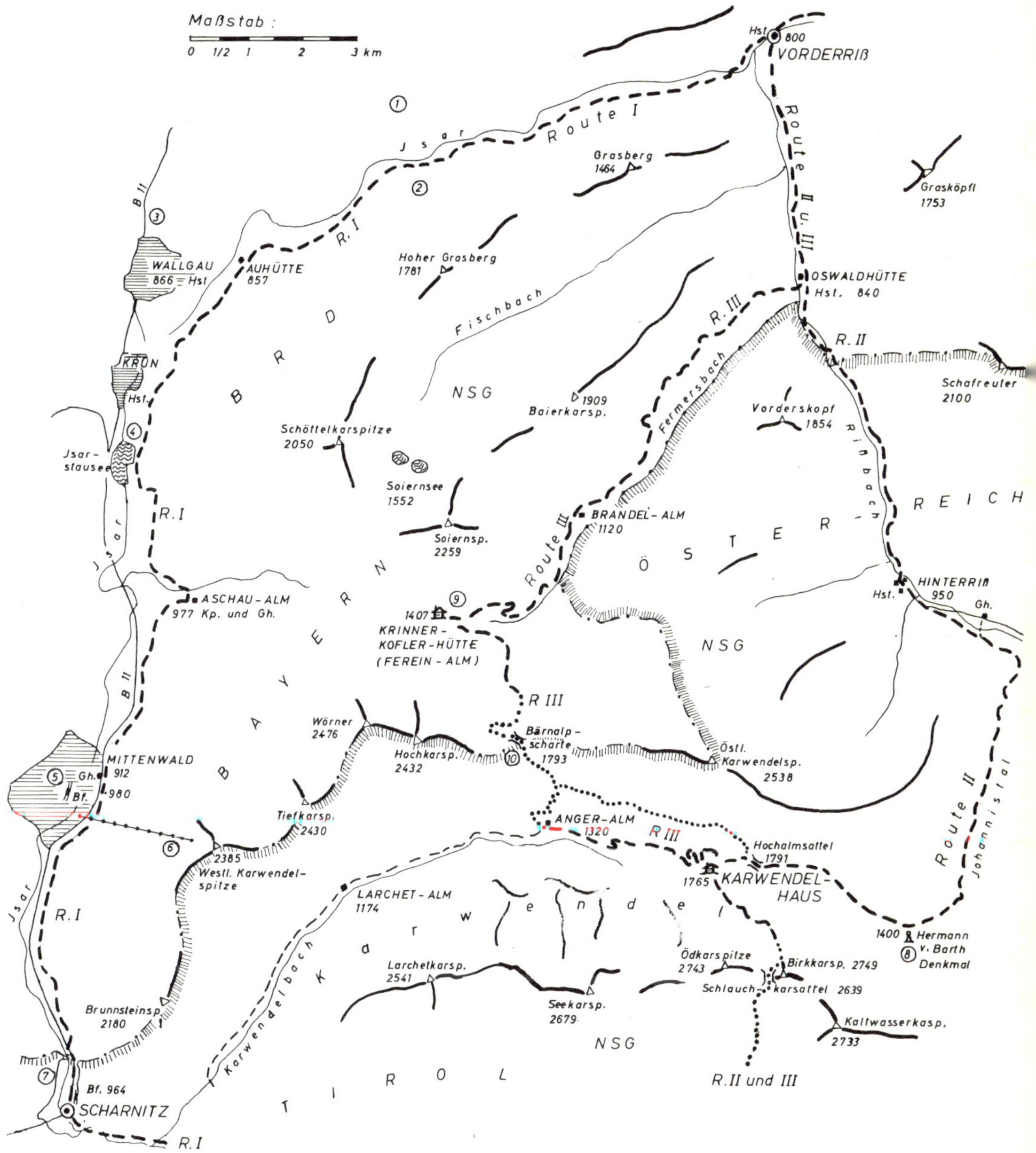

6. Wandertag: Karwendelhaus–Hallerangerhaus

Zu den Isarquellen

Zum letztenmal auf dieser Wanderung hören wir das Rauschen der Isar. Am Abend soll ein Spaziergang zu ihrer Quelle die mehrtägige Isarwanderung abschließen. Je nach der gestrigen Entscheidung in Vorderriß, ist der Grenzort Scharnitz im Isartal (I) oder die Alpenvereinshütte Karwendelhaus (II u. III), der Ausgangsort für die 6. Tagesetappe. Im letzteren Fall beginnt die Bergtour mit einem mühevollem Aufstieg durch das Schlauchkar. Der Name kommt nicht etwa davon, weil uns dieses Kar besonders »schlaucht«, sondern von dem Mittenwalder Namen Schlaucher. Herrscht schlechtes Wetter, so bietet sich östlich des Sattels in der Scharte das Birkkar-Hütterl als Zufluchtsstätte an. Bei klarer Sicht lohnt sich ein kurzer Abstecher über die gut gesicherte Steiganlage auf die Birkkarspitze (2749 m), den höchsten Gipfel im ganzen Karwendelgebirge. Der Blick reicht von den Hohen Tauern bis zur Silvretta und nach Norden weit hinaus ins Alpenvorland. Erstiegen wurde der Gipfel erstmals, und zwar ebenfalls durch das Schlauchkar, im Jahre 1870 von Hermann von Barth. Die erste Winterbesteigung schafften Kraus und Fütterer 1895. Nach der Gipfelrast wartet ein langer und serpentinenreicher Abstieg durch das Birkkar hinunter zur 1½tausend Meter tiefer gelegenen Kastenalm. Der Name des Kares wird nicht von Birken, sondern vom Birkwild abgeleitet.

Spätestens auf den weichen Matten am Bach ist eine stärkende Rast angebracht, denn der folgende Hüttenanstieg verlangt doch noch einige Kraftreserven. Die Hüttenwirte haben hier ihren Abstellplatz. Hat man Glück und der Ehrgeiz läßt es zu, so kann man den Rucksack oder auch sich selbst per Jeep zur Hütte befördern lassen. Über die Landschaft unseres Rastplatzes schrieb vor 100 Jahren Hermann von Barth: »An drei Stunden von Scharnitz entfernt, schließt das Hinterautal als solches mit einem weidereichen Kesselboden ab, nördlich streckt ein langer, von der Kaltwasserkarspitze ausgehender Seitenkamm seinen mit eisengrauen Felsplatten gepanzerten Fuß in's Tal hinein, südwärts hebt sich ein jähes Geschröf, wohl an tausend Fuß höher, zum Lafatschertale hin, aus düsterer Klamm bricht die stärkste Wasserader des Isarquellgebietes, der Lafatscherbach, hervor.« Dort hinauf führt uns der weitere Weg. Bevor für uns aber das Tosen der jungen Isar oben im Zirbelwald verklingt, rauscht es nochmal gewaltig auf. Aus Felsspalten und Schluchten sprudeln die klaren Quellbäche von der Backofenspitze und vom Lafatscher herunter. An die 800 Höhenmeter und etwa 18 Kilometer hat dieses ungestüme Tirolerkind bereits hinter sich, wenn es das Hinterautal bei Scharnitz verläßt.

Diese Strecke erwartet uns, wenn wir am Vortag die Isarvariante über Krün und Mittenwald wählten. Da Scharnitz Bahnstation der Linie München–Innsbruck ist, können Wanderfreunde auch von hier aus die Weitwanderung beginnen. Die Karwendel-Bahnlinie wurde 1912 als erste elektrische Vollbahn der Ostalpen eröffnet. Eine Fahrt mit ihr durch die Martinswand hoch über dem Inntal ist auch heute noch ein Erlebnis. Auf unserer Wanderung durch das Hinterautal mündet bald nach Verlassen des Ortsbereiches von Scharnitz von Norden das Karwendeltal und von Süden das Gleierschtal. Der geringe Höhenunterschied bis zur Kastenalm wird auf dem bequemen Fahrweg in der herrlichen Landschaft kaum bemerkt. Besonders an Wochenenden tummeln sich zwischen den Felsen im dahinschießenden Isarwasser die Kajakfahrer in ihren bunten Booten. Die Unterkunftshäuser liegen beiderseits der Isarquelle: die Privathütte Halleranger-Alm neben der Kapelle in den Almwiesen, die Alpenvereinshütte Hallerangerhaus, reizvoll im uralten Zirbelwald. Früher stand die Hütte am Südhang des Suntiger, also weiter im Norden. Dort zerstörte sie 1914 eine Lawine. Zehn Jahre später hat sie die Sektion Schwaben an der jetzigen Stelle wieder aufgebaut und 1964 erweitert.

Touristische Hinweise: 6. Tag: I. Variante: ca. 18 km, 897 Hm auf, 93 Hm ab, leichte Bergwanderung. II. Variante: ca. 14 km, 1510 Hm auf, 1507 Hm ab, anstrengende Bergtour, bei beiden Varianten keine Einkehrmöglichkeiten.

Führer und Karten: wie unter 5. Tag.

Literatur: E. Groth-Schmachtenberger und E. Schwarz, Die Isar vom Karwendel bis zur Donau, Pannonia Verlag, Freilassing; Kalckreuth-Lackner, Die Isar, Prestel Verlag, München.

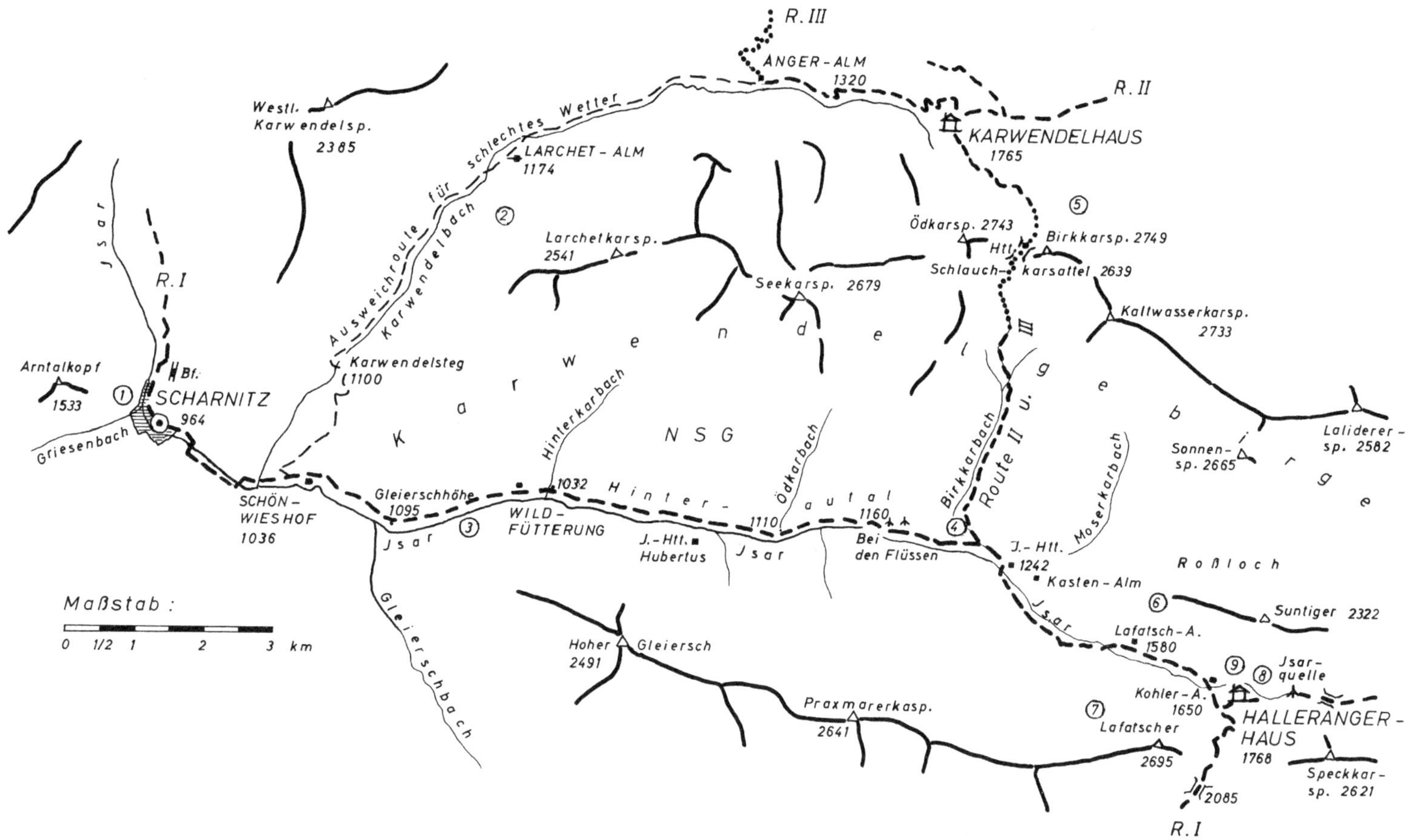

Hinweise zur Wanderskizze des 6. Tages:

1 Scharnitz: 963 m, ca. 1300 Einwohner, Grenzort (röm. scarbia, 763 als scarantia erwähnt, karnonto = Ödland), 764 Gründung eines Klosters unter dem Bayernherzog Tassilo III.

2 Karwendel: Name ursprünglich nur für das Karwendeltal, erst Ende des 19. Jahrh. wurde durch Hermann von Barth der Name auf die ganze Gebirgsgruppe zwischen Isartal und Achensee angewandt.

3 Isardurchbruch: Schlucht aus Hauptdolomit, der hier auf die Nordseite des Flusses übergreift; der Weg verläuft fast 100 m über dem Wildwasser.

4 »Bei den Flüssen«: In einer Höhe von 1160 m am Fuß der höchsten Karwendelberge, entspringen starke Quellen. Die Gegend wird »Bei den Flüssen« genannt. Die Wasserzunahme ermöglicht ab hier das Fahren mit Kajaks. Zusammen mit Frühjahrs-Skifahren oder Klettern im Karwendel ist dies eine beliebte Sportart für viele Münchner.

5 Birkkarpsitze: 2749 m, höchster Berg im gesamten Karwendel, in der Hinterautal-Vomper-Kette. Südlich davon folgen die Gleiersch-Halltal-Kette und die Inntal-Kette; gegen die Soierngruppe und das Karwendelvorgebirge, die nördliche Karwendelkette.

6 Bergbau: Viele Jahre schürften Bergleute im Karwendel nach metallhaltigen Mineralien. In den Südhängen des 2160 m hohen Reps zwischen der Kasten- und der Lafatsch-Alm, Spuren dieses Bergbaus erkennbar; der Name »Beim Silbernen Hansl« geht auf diesen Erwerbszweig zurück. Von 1276 bis 1490 und sogar im Zweiten Weltkrieg grub man hier nach Zink und Blei.

7 Lafatscher: Name für 2 Gipfel in der Gleiersch-Halltal-Kette, wird auch für die junge Isar, für 2 Almen und für den Übergang in das Inntal verwendet; leitet sich ab von lapathum. Er verweist auf häufig vorkommende, breitblättrige Weideunkräuter, besonders auf den Sauerampfer.

8 Isarquelle: Im Samboden am westlichen Abhang des Überschalljoches sammeln sich verschiedene Gerinnsel zur jungen Isar. Nach ca. 100 m wird der kleine Bach bereits gestaut und liefert den Strom für die nahe gelegenen Unterkunftshäuser.

9 Unterkunftshäuser: Alpenvereinshütte Halleranger-Haus, 1768 m, Sektion Schwaben 7 Stuttgart 1, Senefelderstr. 1, Telefon, Hüttenwirt: Bergführer Karl Ruech, A-610 Scharnitz (im Winter: Barwies); geöffnet etwa von Pfingsten bis Anfang Oktober, Übernachtungsmöglichkeiten für ca. 80 Personen.

10 Hallerangeralm: 1770 m, privat, 33 Übernachtungsmöglichkeiten, wenige Minuten von der AV-Hütte entfernt.

7. Wandertag: Hallerangerhaus–Wattens (oder Hall)

Übers Lafatscher Joch ins Inntal

Am Ende der ersten Wanderwoche verlassen wir die nördlichen Kalkalpen und steigen hinunter in die tief eingeschnittene Inntalfurche. Bereits wenige Minuten nach dem Aufbruch schlängelt sich unser Pfad durch eine steile Schuttreißen aufwärts, vorbei an den hohen gespaltenen Kalktafeln der Schnitlwände. Hier im Durchschlag und später gegenüber des schottererfüllten Stempelkars erhalten wir einprägsamen Anschauungsunterricht über die gewaltige und stete Kraft der Verwitterung. In den steindurchsetzten Matten und Hängen unterhalb des Lafatscherjoches äsen meist zahlreiche Gemsen. Bei zeitigem Aufbruch kann man ohne nennenswerte Schwierigkeiten mit einem etwa 2½ stündigem Abstecher die Speckkarspitze ersteigen.
Oben auf dem Lafatscherjoch stellt sich die Frage: Soll man gleich durch das liebliche Isstal gemächlich absteigen, oder zuerst auf dem aussichtsreichen Höhenweg zur Bettelwurfhütte hinüber schlendern, um dann den steilen Serpentinenpfad ins Halltal zu benützen. In diesem Fall liegt die AV-Hütte als Einkehr am Weg, im anderen das Gasthaus St. Magdalena. Das Salzbergwerk bei den Herrenhäusern ist seit einigen Jahren stillgelegt. An der Bergkapelle oberhalb des Maximiliansbrünnl bieten sich erneut zwei Wandermöglichkeiten an. Die eine führt über Hall (Übernachtung), Sessellifte zum Glungezer- und über das Navisjöchl zur Lizumer Hütte; die andere über St. Martin im Gnadenwald, Wattens (Übernachtung) und weiter durch das Tal des Wattenbaches ebenfalls hinauf zur Lizum. Beide Routen bieten Sehenswürdigkeiten und landschaftliche Schönheiten. Die Kirche von St. Martin zeigt reichen Stuck mit Fresken, welche Begebenheiten aus dem Leben des Heiligen darstellen. Unten in Wattens lädt die 1958 von den Architekten Ch. und K. Pfeiffer aus Innsbruck erbaute Pfarrkirche Maria Himmelfahrt zum Verweilen ein. Sie ist von der Anlage her, und auch was die künstlerischen Details betrifft, sehenswert. Das liebenswerte und traditionsreiche Städtchen Hall wird mit Recht das kleine tirolerische Nürnberg genannt. Sowohl Wattens wie auch Hall können mit modernen Schwimmbädern aufwarten. Auf der Routenskizze ist schließlich noch eine Strecke über die Lamsenjochhütte und Schwaz eingezeichnet. Für Pfadfinder nur soviel in Stichworten: Abzweigung von der Hauptroute bereits am 4. Wandertag im Schronbachtal nach Fall am Sylvensteinsee, weiter durch das Bächental zum großen Ahornboden; von Schwaz aus weiter übers Kellerjoch–Rastkogelhütte–Lanersbach zum Spanaglhaus. Nach 7 Wandertagen kann man im Inntal günstig einen Ruhetag einlegen. Der Ausgangsort München ist von hier aus mit direkten Zügen oder mit einer Omnibuslinie leicht erreichbar.

Touristische Angaben: 7. Wandertag, Variante nach Hall: ca. 14 km, 317 Hm auf, 1511 Hm ab, Variante Wattens: ca 18 km, 408 Hm auf, 1609 Hm ab; leichte Bergwanderung, Einkehrmöglichkeiten.

Führer und Karten: wie unter 5. Tag.

Literatur: K. Paulin, Tiroler Köpfe, Wagner'sche Universitäts Buchhandlung Innsbruck; Mira Lobe, Der Speckbacher Bub; Wagner, Hall in Tirol, beide Tyrolia Verlag Innsbruck.

Hinweise zur Wanderskizze des 7. Tages:

1 Bettelwurf: Die höchste Erhebung in der Gleiersch-Halltal-Kette. »Bettel« bedeutet hier: »Schlechtes Heu«! In der Mundart aber auch Teufel; er soll einer Sage nach diesen Felsen einem Bergknappen nachgeworfen haben.

2 Bettelwurfhütte: 2250 m, Sektion Innsbruch, Hüttenwirt Josef Pescoller, Sollbad Hall, Sieberer Weg Nr. 6 (bzw. Alte Zollstraße), von dort Sprechfunk zur Hütte. Geöffnet ca. vom 15. 6.–30. 9. 52 Übernachtungsgelegenheiten, Materialseilbahn in das Halltal oberhalb des Bettelwurfbrünnls. Aufstieg von Hall: 4 Std.

3 Halltal-Salzvorkommen: 1500 m, ca. 10 km von Hall entfernt, bei den Herrenhäusern. Sie wurden verstärkt seit dem 13. Jahrh. abgebaut. 1272 wurde der Salzberg auf Veranlassung des Landesfürsten Meinhard II. von Görz und Tirol aufgeschlossen.

4 Gnadenwald: ca. 900 m hochgelegene Gemeinde auf der Inntalhochterrasse, 350 Ew. Sankt Martins Kapelle, bereits im 11. Jahrh. Jagdhaus, 1500–1522 Augustiner Frauenkloster.

5 Speckbacher Hof: Ausfluggaststätte mit schattigem Wirtsgarten. Name zur Erinnerung an den Tiroler Freiheitshelden Josef Speckbacher (1767–1820).

6 Fritzens/Wattens: 592 und 567 m, ca. 6200 Ew. und 400 Fremdenbetten. Modernes Freischwimmbad mit gestaffeltem Becken. Werke zur Herstellung von künstlichen Schmuck- und Edelsteinen aus Quarzsand. Der Raum von Wattens ist seit der späten Bronzezeit besiedelt. Erstmals erwähnt um 930 als Vattanes.

7 Absam: 632 m, seit dem 10. Jahrh. urkundlich bekannt, größter Wallfahrtsort Nordtirols ab 1797, in der ursprünglich gotischen Kirche befindet sich ein Bild vom Salzberg, Inneres in Rokoko umgeformt.

8 Hall in Tirol: 562 m, ca. 15000 Einwohner, sehenswert: Pfarrkirche, Stiftskirche, Rathaus, Burg Hasegg 13. Jahrh., mit Münzerturm und Münzertor, Bergbaumuseum. Mittelalterliches Stadtbild teilweise gut erhalten.

9 Lamsenjoch-Hütte: 1958 m, erbaut 1908, Sekt. Oberland 8 München 2, Hirtenstr. 26/IV. Telefon; geöffnet Mitte Juni bis Anfang Okt., ca. 100 Übernachtungsmöglichkeiten und 40 Notlager.

10 Schwaz: 539 m, ca. 10500 Einwohner, Bezirks-Hauptstadt, Besiedelung reicht in vorgeschichtliche Zeit zurück, 930 erstm. erwähnt; alte Bergwerkstadt, hohe Blüte im 15./16. Jahrh. mit Kupfer-, Silber- und Quecksilber-Gewinnung, um 1560 arbeiteten hier bis zu 30000 Knappen, Ehrentitel »Aller Bergwerke Mutter«.

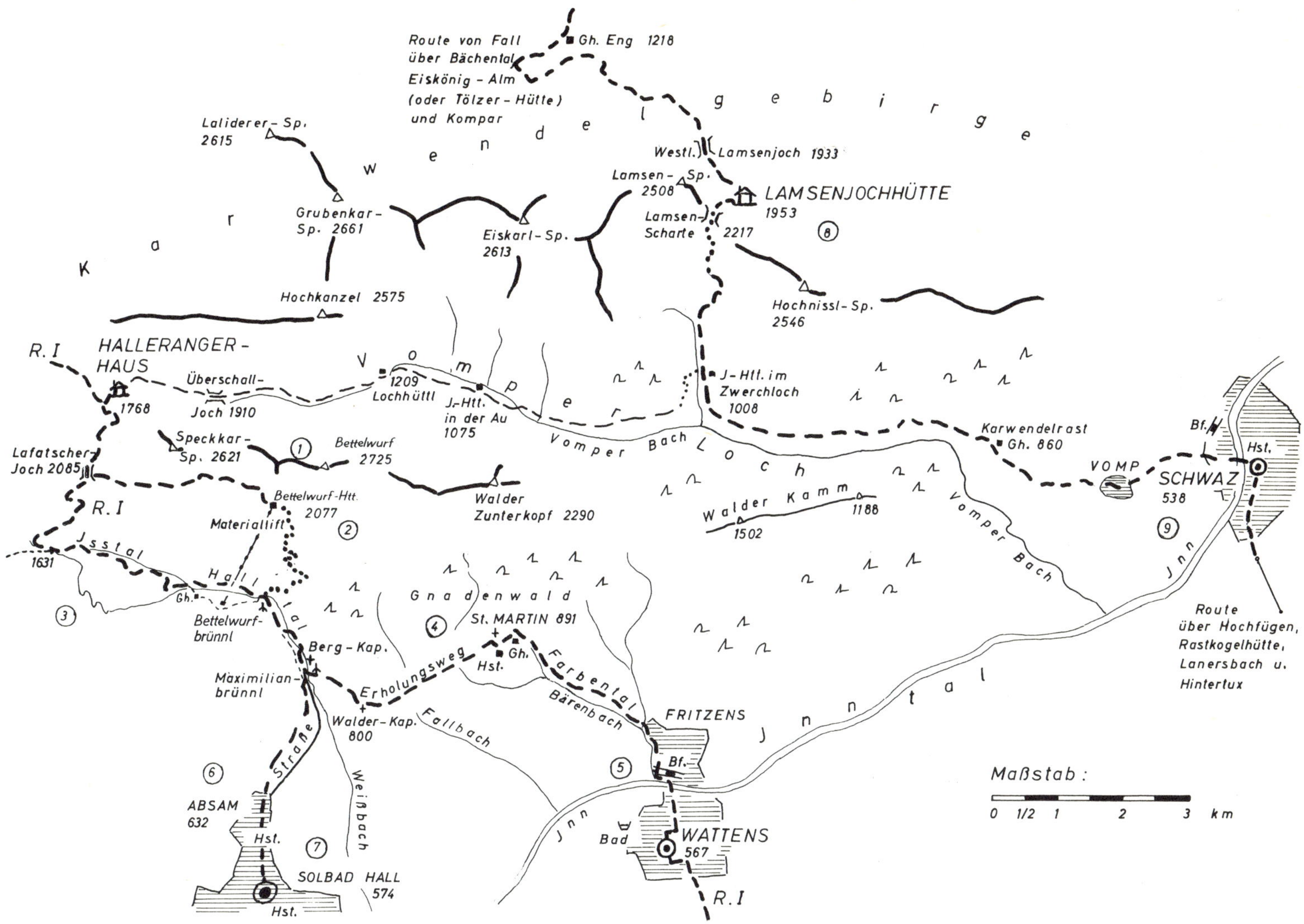

Route von Fall über Bächental Eiskönig - Alm (oder Tölzer - Hütte) und Kompar
Gh. Eng 1218
Karwendelgebirge
Laliderer - Sp. 2615
Grubenkar - Sp. 2661
Eiskarl - Sp. 2613
Hochkanzel 2575
Westl. Lamsenjoch 1933
Lamsen - Sp. 2508
LAMSENJOCHHÜTTE 1953
Lamsen - Scharte 2217
Hochnissl - Sp. 2546
R. I
HALLERANGER - HAUS 1768
Überschall - Joch 1910
1209 Lochhüttl
J.-Htt. in der Au 1075
J.-Htt. im Zwerchloch 1008
Vomper Loch
Vomper Bach
Karwendelrast Gh. 860
Speckkar - Sp. 2621
Bettelwurf 2725
Lafatscher - Joch 2085
Bettelwurf-Htt. 2077
Walder Zunterkopf 2290
Walder Kamm
1502
1188
VOMP
SCHWAZ 538
Bf.
Hst.
Materiallift
Jsstal
1631
Halltal
Gh.
Bettelwurf - brünnl
Gnadenwald
St. MARTIN 891
Berg - Kap.
Hst.
Gh.
Farbental
Maximilian - brünnl
Erholungsweg
Walder - Kap. 800
Fallbach
Bärenbach
FRITZENS
Jnntal
Jnn
Route über Hochfügen, Rastkogelhütte, Lanersbach u. Hintertux
Straße
Weißbach
ABSAM 632
Hst.
SOLBAD HALL 574
Hst.
Bf.
Bad
WATTENS 567
R. I
Maßstab :
0 1/2 1 2 3 km
1
2
3
4
5
6
7
8
9

8. Wandertag: Wattens (oder Hall)–Lizum

Vom Zirbelnweg in die Lizum

Wer Lizum hört, denkt unwillkürlich an die Innsbrucker Winterolympiade und damit an die Axamer Lizum. In unserem Falle aber handelt es sich um die Wattener Lizum. Die »Olympische« liegt südwestlich, die »militärische« (Tuppenübungsplatz) südöstlich von Innsbruck. Beide sind herrliche Schigebiete. Beim Besuch der Wattener Lizum beachte man die Hinweis- und Warntafeln und bleibe auf den markierten Routen.

Am 8. Wandertag wechseln wir vom tiefen Inntal, das unter 600 Hm liegt, in die hochgelegene Kampfregion der Bäume und überschreiten erstmals für längere Zeit die Höhenlinie 2000, die Traumgrenze des Wanderns. Bei beiden Varianten kann man sich den Aufstieg erleichtern. Von Wattens aus mit dem Hüttenjeep oder einem Taxi (empfehlenswert bis Walchen 1410 m) und von Hall aus mit dem Postauto nach Tulfes 922 m, mit Anschluß an die zwei Sektionen der Sessellifte in Richtung Glungezer. In luftigen Höhen schweben wir bis 2100 m hinauf. Nach der Jausenstation Tulfein-Alm (2035 m) verlassen wir den vielbegangenen Zirbelnweg und streben dem 2308 m hohen Tulfeinjöchl zu. Der Gipfel des Glungezers bleibt westlich liegen. Ein luftiges Steiglein hoch überm Voldertal leitet uns vorbei an der entlegenen und wasserumtosten Gwannschaf-Alm zu den Steinkaser Almen im Talschluß. Die leichte Route über das Naviserjöchl 2479 m und das Klammjoch 2351 m in die Lizum, wird wenig begangen. Ist man zeitig dran und gut zu Fuß, läßt sich die fast am Weg liegende Naviser Sonnenspitze (2620 m) ohne Schwierigkeiten besteigen. Bemerkenswert ist, daß der Haller Stiftsartz Guarinoni bei seiner Bergpartie im Jahre 1609 wahrscheinlich die Sonnenspitze bereits bestieg. Im Mölser See stellte er das Vorkommen von Saiblingen fest. Der Rückweg nach Hall führte ihn durch das Wattental und über den Vögelsberg.

Bei der Wanderung durch das Wattental fallen die gut instandgehaltenen Wegmarterln und die alten Tiroler Bauernhöfe auf. Ab Walchen sollte man das Fahrsträßchen unbedingt verlassen. Der neuerdings ausgewiesene Lizumer Zirbelnweg vorbei an den Melang-Almen ist ein landschaftliches Schmankerl. Dieser Weg war ursprünglich der einzige Zugang durch das Wattental in die Lizum und ist mit der Errichtung der Fahrstraße auf der gegenüberliegenden Talseite völlig in Vergessenheit geraten. Er überwindet 500 Hm und führt durch alte Zirbelbestände in etwa zwei Stunden zum Tagesziel, an die gastliche Lizumer Hütte.

Touristische Angaben: 8. Tag, Variante Hall: ca. 17 km (ohne Bus- u. Bergbahnstrecke) ca. 920 Hm auf, ca. 870 Hm ab, keine Einkehren. Variante Wattens: ca. 16,0 km (einschl. Fahrstraße), ca. 1486 Hm auf, 0 Hm ab. Mehrere Einkehren, problemlose Wanderung.

Führer und Karten: Kompaß-Wanderkarte 1:50000 Blatt 36 Innsbruck-Brenner; W. Klier Führer »Tuxer Voralpen« mit W.Karte 1:50000, Bergverlag R. Rother, München.

Literatur: W. Tranquillini, Vom Existenzkampf des Baumes im Hochgebirge, Jahrbuch des Vereins z. Schutz der Alpenpflanzen und Tiere, Jahrg. 1956; Die Welt der Alpen, Pinguin Verlag, Innsbruck.

Hinweise zur Wanderskizze des 8. Tages:

1 Hall in Tirol: Geschichtliches: Schon im 8. Jahrh. Salzbergbau, Name ab 1260 üblich, 1303 Stadtrechte, 1406 Schenkung des »Königshauses« (Andechsische Burg) von Erzherzog Leopold IV. als Rathaus an die Stadt, unter dem Erzherzog »dem Münzreichen« Verlegung der Münzstätte von Meran nach Hall, Flößerei und Innschiffahrt bis ins 19. Jahrh., 1967 Schließung des Salzbergwerkes.

2 Zirbelnweg: Leicht zu begehender Hochgebirgslehrpfad durch einen der größten Zirbelnbestände der Ostalpen. Er führt von der Gipfelstation der Glungezer Bahn westwärts zum Patscherkofelhaus in einer Höhe von etwa 2000 m. Dort Seilbahn nach Igls, mit Lokalbahnanschluß nach Innsbruck.

3 Glungezer: 2677 m, Schiberg oberhalb Hall, 18 km lange Abfahrt mit einer Höhendifferenz von ca. 2100 m; Glungezerhütte, 2640 m, knapp unterhalb des Gipfels AVS-Hall, geöffnet 15. 6. bis Ende Oktober und 25. 12. bis Mitte April, vier Betten, 30 Lager, Telefon.

4 Volders: 557 m, ca. 1450 Einwohner, oberhalb des Ortes Schloß Friedberg, früher Burg der Grafen von Andechs, schöne Burgkapelle mit interessanten Fresken; an der Volderer Brücke Servittenkirche, erbaut 1620 von Dr. Guarinoni, originelle Kirchenanlage.

5 Josef Speckbacher: Beheimatet auf dem Schmiderer Hof bei Rinn; seine Verstecke als vogelfreier Flüchtling von November 1809 bis März 1810: Voldertal, Tulfer Berg und Alpe Sennach am Vögelsberg.

6 Dr. Hippolyt Guarinoni: Stiftsarzt und Botaniker aus Hall, übernachtete im Jahr 1609 auf der Stiftsalpe oberhalb von Vorderwildbach und unternahm von da aus eine große Bergtour.

7 Tarntaler Berge: Höchste Erhebungen in den Tuxer Voralpen (Lizumer Reckner, 2884 m) im Gegensatz zur Schiefer- und Grauwackenzone der übrigen Tuxer Voralpen bestehen sie aus hellen Kalken und dunklen Serpentinen. Komplizierter, geologischer Aufbau, reich an Mineralien.

8 Lizum: Truppenübungsplatz seit 1934, Telefon, mit wenigen zeitlichen Ausnahmen auf den markierten Routen frei begehbar; Lizumer Hütte: 2050 m, AVS-Hall, Telefon, ganzjährig geöffnet, 15 Betten, 80 Lager.

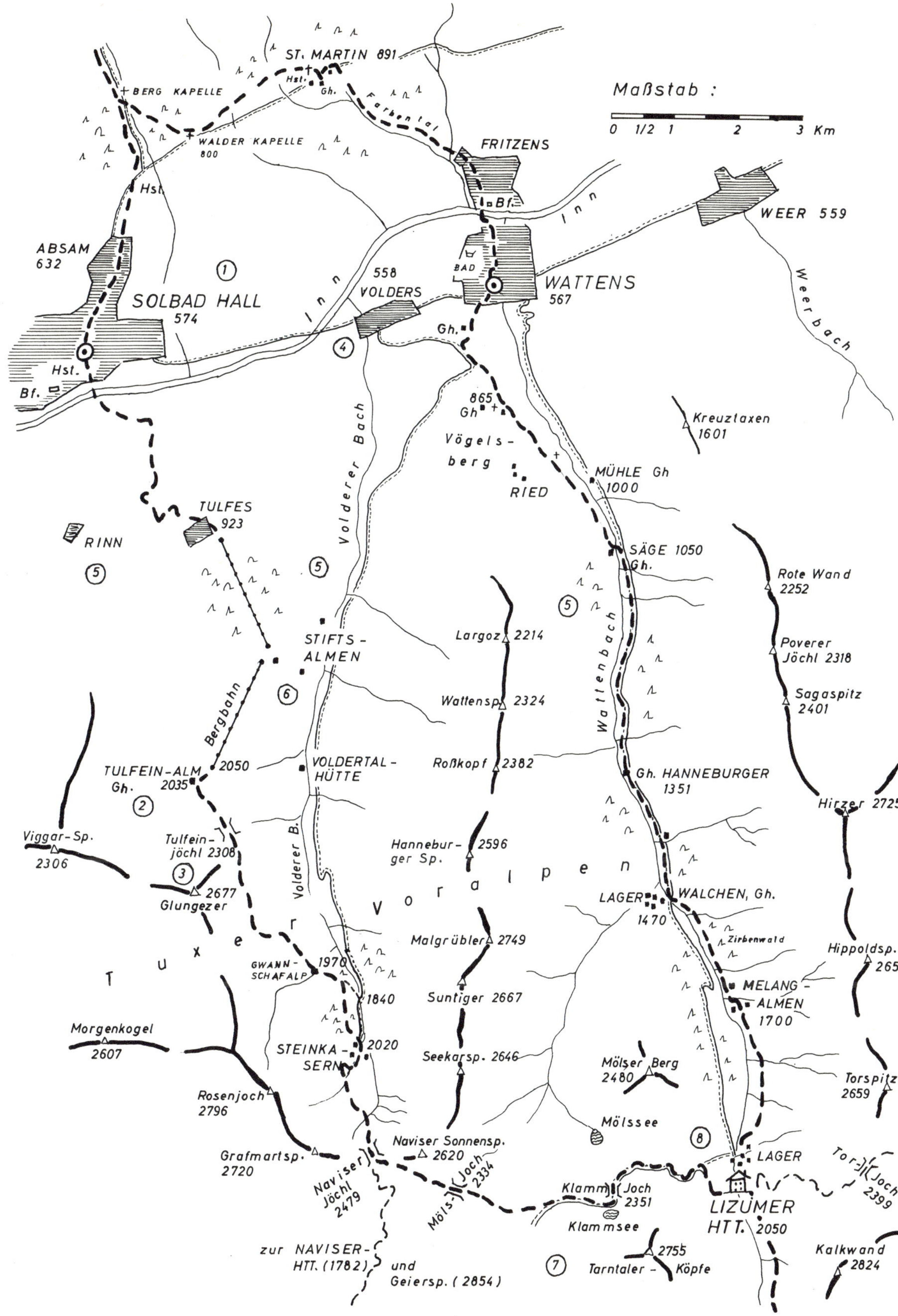
ST. MARTIN 891
BERG KAPELLE
WALDER KAPELLE 800
Hst.
Gh.
Farbental
Maßstab :
0 1/2 1 2 3 Km
FRITZENS
Bf.
Inn
WEER 559
Weerbach
ABSAM 632
SOLBAD HALL 574
558 VOLDERS
BAD
WATTENS 567
Gh.
Hst.
Bf.
865 Gh
Vögelsberg
RIED
MÜHLE Gh 1000
Kreuztaxen 1601
TULFES 923
RINN
Volderer Bach
SÄGE 1050 Gh.
Rote Wand 2252
STIFTS-ALMEN
Largoz 2214
Wattenbach
Poverer Jöchl 2318
Wattensp. 2324
Sagaspitz 2401
Bergbahn
Roßkopf 2382
TULFEIN-ALM Gh. 2035
2050
VOLDERTAL-HÜTTE
Gh. HANNEBURGER 1351
Hirzer 2725
Viggar-Sp. 2306
Tulfeinjöchl 2308
Hanneburger Sp. 2596
Glungezer 2677
Volderer B.
Tuxer Voralpen
LAGER 1470
WALCHEN, Gh.
Zirbenwald
GWANNSCHAFALP 1970
Malgrübler 2749
Hippoldsp. 2651
1840
Suntiger 2667
MELANG-ALMEN 1700
Morgenkogel 2607
STEINKASERN 2020
Seekarsp. 2646
Mölser Berg 2480
Torspitz 2659
Rosenjoch 2796
Mölssee
Grafmartsp. 2720
Naviser Sonnensp. 2620
LAGER
Tor-Joch 2399
Naviser Jöchl 2479
Möls-Joch 2334
Klamm Joch 2351
Klammsee
LIZUMER HTT. 2050
zur NAVISER-HTT. (1782) und Geiersp. (2854)
2755 Tarntaler-Köpfe
Kalkwand 2824
1
2
3
4
5
6
7
8

9. und 10. Wandertag: Lizum–Tuxerjoch–Dominikushütte

Über Himmelssteige und Gletschereis

Als ich nach Krieg und Gefangenschaft zum erstenmal wieder von der Lizum zum Tuxerjoch hinüberging, sagte der Hüttenwirt vor dem Aufbruch zu mir: »Wenn Du drüben angekommen bist, dann telefonier zurück!« Da die Route teilweise schlecht auffindbar ist und man sich leicht in den Schrofen oberhalb des Weitentales versteigen kann, wollte er von meiner Ankunft wissen.
Diese 9. Tagesetappe erfordert nach dem Pluderling-Sattel und nach dem Gschützspitz-Sattel Trittsicherheit und Schwindelfreiheit. Die dreimaligen Aufstiege kosten dazu manchen Schweißtropfen. Der Tag beginnt mit der Bewältigung von fast 700 Hm. Zwei Kilometer nach dem Aufbruch zweigt ostwärts ein Pfad zum Junnsjoch ab, wo oben in weißer Lackfarbe auf dem Felsen zu lesen ist: Venedig 261 km. Wir lassen uns aber vom Weg zum Pluderling-Sattel nicht abhalten weil er für den weiteren Verlauf die bessere Verbindung darstellt. Der Ausblick von dem Sattel auf den nahen Tuxer-Hauptkamm, die Hohen Tauern, auf die Ötztaler Gletscherberge und zurück zu den hellen Kalkwänden des Karwendels ist überwältigend. Wer noch höher hinaus will, kann in wenigen Minuten der leicht ersteigbaren Geierspitze 2854 m, einen Besuch abstatten. Der Pfad auf dem schiefrigen Gestein hinunter zu den Toten Böden ist schmal und der Hang in Richtung Junssee sehr steil. Die kargen und teils feuchten Matten geben für die Almwirtschaft nichts her, für den Botaniker hingegen sind sie eine Fundgrube seltener Polsterpflanzen. Fern menschlicher Betriebsamkeit verträumt der Junssee am Fuß der Pluderlinge die Zeit. Hinüber zum Silberkarl halte man sich immer an die rechten Berghänge. Das Nahziel ist der Gschützspitzsattel, die tiefste Einsenkung am gegenüberliegenden Bergkamm. Nach dem zweiten steilen Aufstieg sehen wir erstmals das Tuxerjochhaus, unser heutiges Tagesziel. Es liegt 350 m unter uns am Ende des ansteigenden Weitentales.
Nach rechts, also in Richtung Südwesten, quert unser Steiglein zuerst den steilen Grashang unmittelbar unter der Gamskarspitze. Wie auf einem Himmelssteig stapfen wir dann Schritt für Schritt auf dem ausgesetzten Wiesengrat abwärts. Links gähnt das Mitterkar, rechts die Tiefe des Gamskars. Hier darf kein Gewitter kommen! Ab und zu tönt das Blöken eines Bergschafes zu uns herauf. Von der Richtung des Tageszieles dürfen wir uns nicht verleiten lassen, darauf los zu gehen. Wir kämen sonst unweigerlich in die nicht ungefährlichen Felsschrofen. Oberhalb der Wiesen- und Felsköpfe biegen die kaum erkennbaren Steigspuren scharf nach links, also noch einmal von der Zielrichtung ab um dann sicher zwischen Felsen und über Bäche in das Weitental hinunter zu führen. Am Goaßabrünnl ist es dann geschafft. Nach dem bisher geleisteten sind die restlichen 300 Hm auf dem bequemen Weg zum Tuxerjochhaus ein friedlicher Ausklang. Meist ist am selben Tag noch Zeit bis zum Spannagelhaus weiter zu gehen, doch ist die Lage des Tuxerjoches gegenüber den eisgepanzerten Bergmajestäten Olperer, Gefrorene Wand und Hoher Riffler so beeindruckend schön, daß es einer Sünde gleich käme, hier nicht einen geruhsamen Bergabend zu verbringen. Anders ist es bei verhangener Sicht, oder, wenn am nächsten Tag die Überschreitung des Olperers auf dem Programm steht. Dies bleibt allerdings erfahrenen und geübten Alpinisten vorbehalten. Der Nordgrat und der Südostgrat weisen bei guten Verhältnissen Schwierigkeiten (nach der Alpenskala) bis zu II – auf. Schnee und Vereisungen können zusätzliche Probleme bringen. Wir wollen auf dem Tuxerjoch in den Abend hineinträumen und bei einem Bummel auf das »Hüttenbergl«, dem Reißköpfl, schauen, wie 800 m tiefer im Tuxertal die ersten Lichter aufleuchten.
Am nächsten Tag bietet sich als Aufstiegshilfe der Sessellift bei der Sommerbergalpe an. Von der Unterkunft am Tuxerjoch ist er nur 20 Abstiegsminuten entfernt. Steht man früh auf, was auf Berghütten sinnvoll und üblich ist, kann man bis zum Betriebsbeginn der Bergbahn im Spannagelhaus bereits die erste Brotzeit machen. Das gemächliche Hinwandern zum Gefrorenen Wand-Kees, der Gang über die eben erst dem Gletscher entsprungenen Bäche und das Emporsteigen auf der mächtigen Seitenmoräne im Angesicht der Eisbrüche, ist nicht nur naturnäher, sondern auch gesünder. Die imposanten Wände der Lärmstange und des Kaserers begrenzen im Westen das Gletscherbecken. Am Weiterweg zur Friesenbergscharte ist nach anhaltendem Tauwetter eine leichte Dusche durch den angeschwollenen Kleinen Kunerbach nicht auszuschließen. Das Balancieren über die großen Gneisblöcke wird zu einer lustigen Trimm-Dich-Übung. Mit den steilen Serpentinen wird der Schritt von selbst wieder langsamer. Behutsam stapfen wir über den im Spätsommer ungewohnten Firnschnee des östlichen Gefrorenen Wand-Kees. Ist das Eis ausgeapert, wird das Steigen zu einem vorsichtigen Hinauftasten. Viel kann dabei jedoch nicht passieren, da diese Strecke weder lang, noch besonders steil ist. Der dunkle Felsaufbau der Gefrorenen Wand ist ganz von Eisfeldern eingefroren. Eine alte Sage erzählt von Wilden Fräulein, die dort oben im Berg hausten, das Tal beschützten und den Bauern gegen einen schrecklichen Riesen halfen.
Und wieder öffnet sich am Scheitelpunkt der Scharte ein neuer, entzückender Ausblick. Wie ein Auge in der Landschaft schaut der Friesenbergsee neben der kleinen Berghütte herauf. Dahinter erstrecken sich zu beiden Seiten des Greinerkammes die tiefen Furchen des Zemmgrundes und Schlegeisgrundes. Der Schartenabstieg ist mit Eisenklammern und Seilen gesichert. Nach aufregenden Minuten für bergungewohnte Wanderer herrscht auf dem anschließenden Berliner Höhenweg zur Olperer Hütte wieder eitel Freude. Ein Landschaftsgärtner hätte die klobigen Steine und rustikalen Platten nicht schöner legen können. Daß aber selbst hier für unbeholfene Wanderer mit Flachlandschuhwerk Gefahren lauern, erlebte ich im vergangenen Jahr: Während der Rast hörte ich einen gellenden Schrei und sah gerade noch, wie ein Mensch mit dem Kopf voraus über ein Schneefeld auf das Geröll hinunter rutschte. Platzwunden und vermutlich eine Gehirnerschütterung waren die Folgen. Die ältere Frau, sie konnte gestützt noch ins Tal gehen, war auf dem abschüssigen, nassen Boden ausgerutscht und vornüber gefallen.
Wie Kulissen bauen sich die Gipfelreihen nacheinander auf und bergen dazwischen die Zillertalergründe. Wie schnell sich unsere Umwelt in den letzten Jahrzehnten gewandelt hat, beweist die Tatsache, daß noch im Jahr 1881 das österreichische Militär ausgeschickt wurde, um in diesen Tälern Bären zu jagen. Mit dem Bau des Schlegeisspeichers, dessen Wasserfläche wie ein norwegischer Fjord zu uns herauf leuchtet, wurde die ursprüngliche hochalpine Berglandschaft am Zusammenfluß von Schlegeisbach, Zamserbach und Riepenbach einschneidend verändert. Nach 6jähriger Bauzeit wurde er 1972 fertig gestellt. Mit einem Nutzinhalt von 127,7 Mill. cbm Wasser sorgt er für den Jahresausgleich des Wasserhaushaltes.
Jenseits des Stausees erkennen wir den breiten Bergstock des großen Möseler, er ist der zweithöchste Gipfel im Zillertal. Beim Abstieg vom Schlegeisgrund schießt neben uns der Riepenbach auf glattem Fels zu Tal und die zerzausten Wetterzirbeln begrüßen uns wieder. Am Rand des Bergwaldes oberhalb von Staumauer und See steht die neue Dominikushütte, unser Übernachtungsdomizil; die alte mußte den Fluten weichen.

Touristische Angaben: 9. Tag: Lizum–Tuxerjoch, ca. 10,5 km, ca. 1143 Hm auf, ca. 880 Hm ab, (ohne Gipfelbesteigung) teilweise ausgesetzte Bergtour, keine Einkehr. – 10. Tag: Tuxerjoch–Dominikushütte, ca. 12 km, ca. 834 Hm auf, ca. 1342 Hm ab, teilweise ausgesetzt, mehrere Einkehren.

Führer und Karten: H. Klier, AV-Führer »Zillertaler Alpen«, Verlag R. Rother, München, Kompaß-Wanderkarten 1:50000 Blatt 36 u. 37 (Inntal-Brenner und Zillert. Alpen), AV-Karte 1:25000 Westl. Zillertaler Alpen.

Literatur: H. Gasser, Erlebnis Zillertal, Leopold Stocker Verlag, Graz und Innsbruck.

Hinweise zur Wanderskizze des 9. und 10. Tages:

1 Torjoch: 2386 m, leichter Übergang nach Lanersbach im Tuxertal; als Ausweichroute empfehlenswert bei schlechtem Wetter; Weiterweg entlang des Tuxbaches zum Spannagelhaus oder über Finkenberg, Breitlahner zur Dominikushütte.

2 Skigebiet Lizum: Infolge Schneereichtums und günstiger Geländeform bestens für Frühjahrsschitouren geeignet; Geierlauf: Hochalpiner Staffellauf bergauf und bergab, der in Abfahrt und Langlauf große Anstrengungen erfordert, findet alle zwei Jahre im Mai statt.

3 Tuxer Tal: ca. 18 km langes Hochtal südwestlich von Mayrhofen, von Finkenberg (839 m) nach Hintertux (1486 m); Hauptort Lanersbach (1290 m); Hintertux besitzt ein Freibad, das mit 22,5 °C. warmen, radioaktiven Quellwasser gespeist wird.

4 Tuxer Joch: 2364 m, siedlungsgeschichtlich bedeutsamer Übergang vom Tuxertal in das Schmirntal (ein Seitental des Wipptales); früher wurden die Toten von Hintertux über das Tuxerjoch zur Bestattung nach Mauern gebracht (daher die »Tuxer Kreuzln«).

5 Olperer: 3476 m, höchster Berg des Tuxer Hauptkammes und dritthöchster der Zillertaler Alpen, erstmals erstiegen 1865 von Paul Grohmann mit Steinklauber Josele; die schwierigsten Stellen am Gipfelgrat machte die AVS-Prag leichter begehbar.

Berghütten:

6 Tuxerjochhaus: 2313 m, österr. Touristenklub, Telefon, geöffnet Ostern, 1. 7.–30. 9., 16 Betten, 26 Lager, mit Lift erreichbar.

7 Spannagelhaus: 2528 m, österr. Touristenklub, geöffnet Ostern, 15. 7.–30. 9. und Spätwinter, 26 Betten, 22 Lager, mit Bergbahn erreichbar.

8 Friesenberghütte: 2498 m, AVS-Berlin, Telefon, erbaut 1928–30, geöffnet Ende Juni–Mitte Sept., 14 Betten, 21 Lager.

9 Olpererhütte: 2385 m, erb. 1881, Umbau 1931, AVS-Berlin, Telefon, geöffnet Ende Juni–Mitte Sept., 18 Betten, 10 Lager.

10 Dominikushütte: 1805 m, erb. 1972, Privathütte, Besitzer Franz Eder, Telefon, geöffnet von Mai–Okt., 16 Betten, 9 Matrazenlager, mit Auto erreichbar.

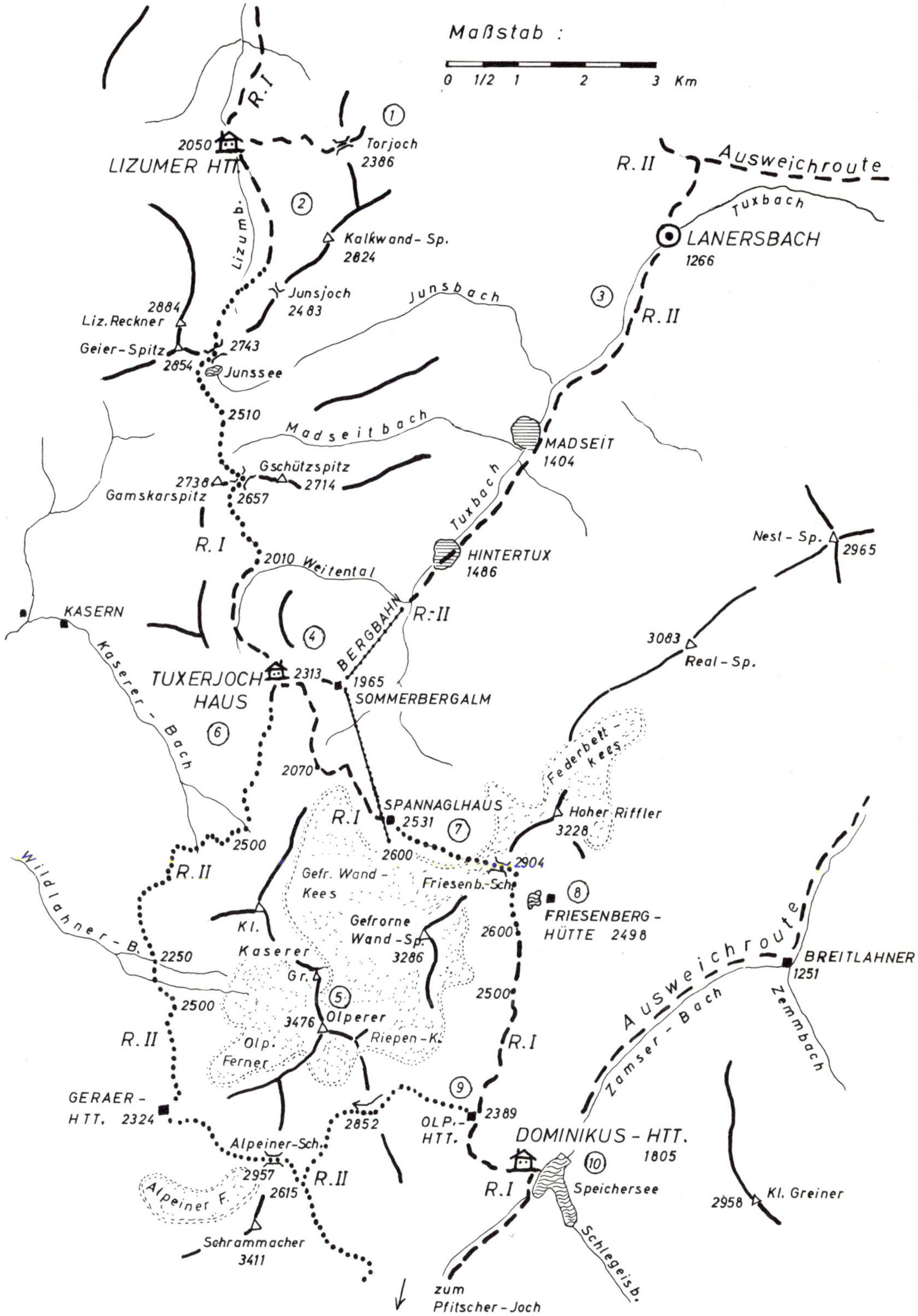

11. und 12. Wandertag: Schlegeisgrund–Stein–Pfunders

Auf Schmugglerpfaden und Edelsteinsuche

Der elfte Wandertag verursacht keine großen Anstrengungen. Wir können Kräfte sparen für die uns am nächsten Tag erwartende mühevolle Überschreitung des entlegenen Gliederschartels. Nichtsdestoweniger wandern wir heute über die Scheitellinie der Alpen und kommen damit nach Italien. Nach dem Ersten Weltkrieg war festgelegt worden, die neue Grenze so zu ziehen, wie »die Kugel rollt und das Wasser fließt«. Tirol, das Land in den Bergen, hatten die Politiker damit auseinander gerissen. Die Landshuter Hütte, 6½ km östl. des Pfitscherjoches gelegen, wurde mit dieser Regelung in einen österreichischen und in einen italienischen Bereich aufgeteilt.

Bevor der Ausflugsrummel auf dem Parkplatz und vor dem Kiosk am See einsetzt, verläßt man am besten den Schlegeisgrund. Am Zamsgatterl kreuzt unser Traumpfad die Hohe Route der Ostalpen. Sie führt in 60 Tagestouren über 50 Dreitausender des Zentralalpenkammes von der Ankogelgruppe im Osten bis zur Silvretta an der Schweizer Grenze. Die Kapelle am Wegrand erinnert an die 21 beim Bau der Zemkraftwerke Verunglückten. Der leicht begehbare Weg bleibt immer an der Ostseite des Zamserbaches. In der Gegend »Große Gnade« lichtet sich der Wald, bleibt schließlich ganz zurück und malerische Einzelbäume mit großen Urgesteinsblöcken beherrschen den Vordergrund. Das Blickfeld wird größer und erfaßt klare, weitgerundete Bergkonturen. Ruhiger und zeitloser als die gezackten, hellen Felswände des Karwendels wirkt diese Urgesteinslandschaft. Sie erinnert an die Bergwelt Skandinaviens.

Allerspätestens hier, vielleicht aber auch schon an der Seitenmoräne unterhalb des Spannagelhauses oder am Berliner Höhenweg, sehen wir die drolligen Murmeltiere. Neugierig spitzen sie hinter Felsblöcken hervor. In ihrer braunen Tarnfarbe sind sie gar nicht so leicht zu erkennen. Ein schriller Pfiff ihres aufgestellten Beobachters warnt meist die ganze Sippschaft und schon sind sie in den großen Höhlen verschwunden. Für den langen Winterschlaf werden die Lager mollig weich ausgepolstert und ein ganzes Heufuder, mit Steinen vermengt, versperrt und isoliert den Zugang. Bevor es aber soweit ist, mähen sie mit ihren Zähnen das Gras, wenden es sorgfältig, um es später als Heu einzubringen.

Im Talende, wo mäandernde Bäche den Almgrund beleben, öffnet sich nach Westen der Gletschertrog des Stampfkees. Stolz erheben sich über dem Firnfeld die Sagwandspitze und der Schrammacher. Nach Schlauchkar und Geierscharte kann uns der Jochschinder nichts mehr anhaben. Stangen, Fahnen, Grenzsteine, Hinweistafeln und eine bescheidene Wachthütte markieren oben die Staatsgrenze. Von rechts her mündet der Steig von der Alpeiner Scharte. In der Gegend um das Pfitscherjoch trifft der Zentralgneis aus dem die höchsten Zillertalergipfel bestehen, mit der Unteren und Oberen Schieferhülle zusammen. Für Mineraliensucher lagern hier besonders fündige geologische Formationen. Ludwig Fruth nennt in seinem Buch »Mineralfundstellen« von Tirol und Salzburg zu beiden Seiten des Pfitscherjoches zehn Fundorte und Dalla Tore zählt für das ganze Pfitsch gar an die 60 Mineralien auf, darunter sind Steine von seltener Größe und Schönheit.

Der lang hingestreckte, von einem eiszeitlichen Gletscher ausgehobelte Sattel, birgt ein ½ Dutzend kleiner Seen. Nur die zwei größeren sind mit Namen bezeichnet. Westlich des Weges spiegelt sich im Langsee der Grawandkofel und östlich unseres Weges im Jochsee die Rotbachlspitze. Am Alpenhauptkamm stoßen des öfteren gegensätzliche Wetterlagen aufeinander. So hatte ich Mühe mit einer größeren Wolfratshauser Wandergruppe im Sommer 1974 bei dichtem Nebel und Schneetreiben den richtigen Weg zum Joch hinauf zu finden. Wenige Minuten später auf der Südseite lachte die Sonne vom blauen Himmel und beim Abstieg ernteten wir reife Heidelbeeren und sammelten die schönsten Steinpilze für ein ausgiebiges Abendessen.

Nach dem ersten Straßenbogen fällt der Blick auf die in das Oberbergtal hinabstürzenden Hängegletscher. Um dieses alpine Schaustück gut betrachten zu können, geht man am besten die große Straßenkehre nach Osten ganz aus. Unwillkürlich fällt einem auch die artenreiche Bergflora an dem Südhang und an der begleitenden Straßenböschung auf. Erstaunlich ist es, wie die Natur seit etwa 1930 – damals wurde die Militärstraße gebaut – den Hang in einen blühenden Steingarten verwandelte. Der etwa 10 km lange Talboden von Innerpfitsch liegt unter uns ausgebreitet. Bis um das Jahr 1100 soll ihn ein großer See ausgefüllt haben. Nach der Volksüberlieferung haben gewaltige Hangrutsche das Wasser ins Sterzinger Moos hinauspfitschen lassen. Die Ableitung des Talnamens davon ist allerdings umstritten. Vor der zweiten Straßenkehre treffen wir erneut auf den Fußsteig nach Stein. Vorbei am Arzbach, entlang eines Waldweges und über den eingeschnittenen Steiner Bach kommen wir zur Wirtin Kaslatterer. Hier, oder auch schon oben am neu instandgesetzten Pfitscherjochhaus, nächtigt man am besten. Besitzer der Südtiroler Berghütte oben auf dem Joch ist der Knappenhofwirt von St. Jakob. Die Fahrstraße ist etwa ab Mitte Juni befahrbar.

Tags darauf nach dem Aufbruch gilt es den richtigen Abzweiger von der Fahrstraße hinauf zu den Bichler Almen zu finden. Der Weg setzt in der – sowohl von oben als auch von unten – dritten östlichen Kehre an, führt ca. 250 m das Oberbergtal hinein, überquert den Bach und wendet sich rechts zu den Heustadel hinauf. Links an den Hütten vorbei leitet die Markierung zur verfallenen Wiener Hütte und damit zum Hochfeiler hinauf. Wir aber gehen knapp rechts an den Stadeln vorbei und auf einem schmalen Steiglein in das blumenreiche Unterbergtal. Ein Holzsteg – sofern er nicht von Lawinen zerdrückt oder von reißenden Wassern hinweg gespült wurde – hilft uns über den Bach. Im Anstieg über die felsdurchsetzten Grasschultern verlieren sich immer wieder die Pfadspuren. Beim Queren der schiefrigen Hänge halte man sich immer schräg aufwärts in Richtung Scharte. Nach äußerst mühevollem Anstieg winkt endlich oben die Jochstange. Erblickt man dann noch dazu die hier nicht seltenen Granate, sind alle Strapazen vergessen und jeder hämmert lustig drauflos, um ein Souvenir mit nach Hause zu bringen.

Vom weltentrückten Gliederschartl schweift der Blick voraus bis zum Peitlerkofel und den Geislerspitzen. In einer Entfernung von nur 5 km Luftlinie erhebt sich der Firndom des Hochfeilers. Strömen gleich schickt er den Gliederferner und den Weißferner in die Tiefen des Unterbergtales. Wie Christine Scheumann in einem Zeitungsartikel kürzlich schrieb, wurde 1956 in dieser bilderbuchhaft unheimlichen und düsteren Landschaft Anzengrubers »Meineidbauer« verfilmt. Wir stehen hier auf einem der alten Schmugglerpfade, die aus dem Pustertal kommend hinüber zu den Grenzübergängen zwischen Pfitscherjoch und Rothbachl führten.

Beim Abstieg halte man sich von Anfang an nach links in die zum See abfallende steinige Mulde. Nach dem langen und steilen Aufstieg ist es dann eine Wohltat über die weichen Matten fast eben zum Wasser hinzuschlendern. Die Lage des Sees in dieser Urlandschaft ist so weltfern, daß ihn sogar die Kartographen um eine Bergkette zu weit westlich einzeichneten. Weg- und pfadlos springen wir von Stein zu Stein über seinen Auslauf, der bald darauf in eine tiefe Schlucht hinunterstürzt. Vorsicht vor diesem Steilabfall! Der zweite, viel kleinere Bachlauf weist uns den Weg. Zwischen ihm und dem Abgrund gehts zuerst über Grasbuckel hinunter und anschließend rechter Hand mehrere hundert Meter lang neben dem dahinschießenden Rinnsal her. Lose aufgeschichtete Steinmäuerchen und Kuhglockengeläut künden die Nähe der Oberen Engberg-Alm an. Neuerdings existiert ab dem See eine rot-weiß-rote Markierung mit der Nummer 20.

Bei den freundlichen Sennen gibt es Milch und steinhartes Fladenbrot. Die Alm wird von einem Bauern aus Meransen, oberhalb Mühlbach, bewirtschaftet. Unterhalb der Alm stoßen wir nach Stunden weglosen Steigens zum erstenmal wieder auf einen Pfad. Der Bewuchs am Weg wird üppiger und die ersten Sträucher stellen sich ein. Bei einer Furt überqueren wir den Engbergbach und mit

ihm umrunden wir, vorbei an der aufgelassenen Lappa-Alm und der Unteren Engbergalm, den Bergrücken Fassnacht. Die Routenmarkierung Nr. 19 taucht auf. Sie kommt von der Oberen Weitenbergalm herunter. Ausgehend von Wieden (1381 m) im Außerpfitsch kann man auch über das Pfundererjoch (2575 m, ein früher häufig benützter Übergang) oder das Sandjöchl und die Brixener Hütte hierher gelangen.
Im weiteren Wegverlauf rauscht der Bach immer tiefer in die Dunerklamm hinein. Hoch darüber vorbei am klaren Jungfernbrünnl leitet ein sicherer Felsensteig zu den obersten Bauernhöfen nach Daan. Ein einsames und hartes Leben führen die paar Bauernfamilien in ihren verwitterten Höfen oberhalb der Straße, die, von Pfunders heraufkommend, im Steinbruch endet. Über weichen Wiesenboden streben wir der gegenüberliegenden Talseite zu. Dort treffen wir mit dem Weg von Eisbruggjoch zusammen und gelangen ungestört von Autoverkehr hinunter in das Bergdorf Pfunders.

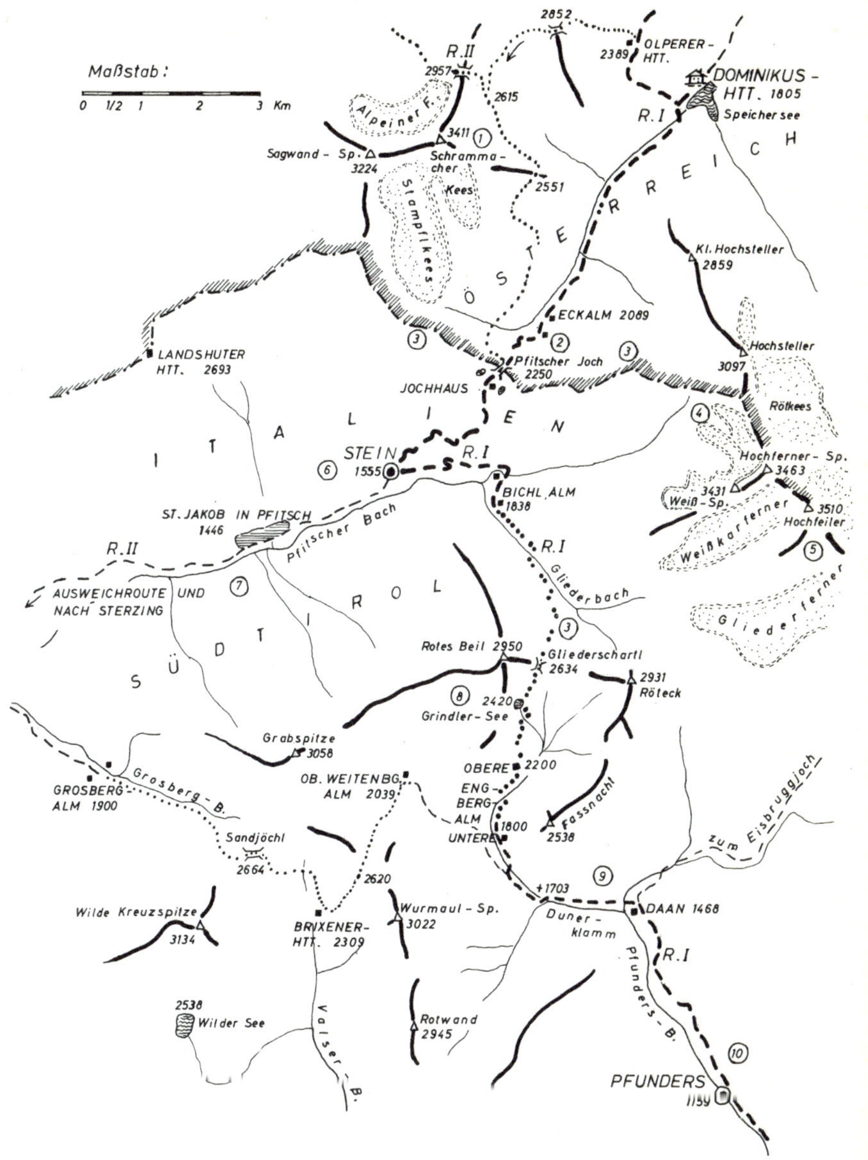

Touristische Hinweise: 11. Tag: Dominikushütte–Stein, 13,5 km, 470 Hm, auf 700 Hm ab, Einkehr. 12. Tag: Stein–Pfunders, 16 km, 1109 Hm auf, 1509 Hm ab, keine Einkehr.

Führer und Karten: Wie unter 9./10. Tag, dazu Kompaßkarten Nr. 44 Sterzing/Vipiteno und Nr. 82 Tauferer Ahrntal.

Literatur: J. Rampold, Eisacktal; H. Menara u. J. Rampold, Südtiroler Bergseen, beide Athesia Verlag Bozen.

Hinweise zur Wanderskizze des 11. und 12. Tages:

1 Schrammacher: 3411 m, Erstersteigung 1847 durch Thurwieser, Lechner und Jakob Huber (Gainer Jaggl); für eine Frühjahrsschitour vom Pfitscherjoch her sehr gut geeignet.

2 Pfitscherjoch: 2250 m, seit 1973 wieder offizielle Grenzübertrittstelle vom 1. 6.–30. 9. für Fußgänger zwischen 7 und 21 Uhr; Pfitscherjochhaus: 2277 m, Privathütte, 1965 teilweise zerstört, wieder aufgebaut; geöffnet ca. Ende Juni bis Ende September; 30 Betten.

3 Mineralfundstellen: Oberhalb des Landshuter Höhenweges bis ca. 2700 m, am Grenzkamm östl. des Pfitscherjoches, bei der Haupentalscharte 2697 m, an den Hängen der Grießerscharte 2886 m und im Gliedergang des Unterbergtales.

4 Grießferner und Hochferner: Hängegletscher im Oberbergtal, 900 m Wandhöhe, durchschnittliche Neigung teilweise bis 65°, großartigste und schwierigste Eiskletterei der Ostalpen, Biwackschachtel im hintersten Oberbergtal der Sektion Sterzing.

5 Hochfeiler: 3510 m, höchster Berg der Zillertaler Alpen, erstmals bestiegen 1865 von P. Grohmann und Steinklauber Josele; Normalanstieg 3 Std. von der 1967 zerstörten Wienerhütte, 2665 m über den Südwestgrad Schwierigkeitsgrad I, sofern der Firngrad nicht vereist ist. (Hütte nicht bewohnbar).

6 Stein: Letzte, ganzjährig bewohnte Siedlung im obersten Pfitschtal mit gleichnamigem Gasthaus, 10 Betten, 9 Straßenkilometer, unterhalb des Pfitscherjoch, Schiefersteinbruch 1973 aufgelassen.

7 Pfitschertal: Nördliches Seitental ausgehend von Sterzing im Eisacktal, 32 km lang, Seehöhe von etwa 950–1550 m, eine Gemeinde mit ca. 2210 Einwohnern (271 Italiener); vor dem Hochferner–Hochfeilerstock Aufgliederung in Oberberg- und Unterbergtal; Busverbindung ab St. Jakob.

8 Grindler-See: 2485 m, in Karten teilweise zu weit westlich eingetragen, auch als Silweller-See bezeichnet, 160 m lang, 100 m breit und bis ca. 25 m tief, Abfluß als Engbergbach, Name vermutlich vom Alm-Grund.

9 Dun: Gesprochen und teilweise auch so geschrieben: »Daan«, 1531 m, Weiler im hintersten Talschluß, nach der Volksüberlieferung Keimzelle der Besiedelung des Pfunderer Tales (Bergknappen), früher 12 Höfe, heute drei, vollbewirtschaftet; Marmorsteinbruch der Firma Grünig.

10 Pfunders: 1159 bis 1908 m, 650 Einwohner, Name Funders erstmalig 1085 genannt, abgeleitet vom lat. fundus (Boden, Landgut); seit 1929 zur Gemeinde Vintl gehörend, Busverbindung, Postamt in Vintl.

13. Wandertag: Pfunders–Lüsen

Von der Vintl nach Lüsen

Nach der Übernachtung in dem Bergdorf Pfunders schultern wir erneut unsere Rucksäcke und wandern in dem Bewußtsein, den Alpenhauptkamm bewältigt zu haben, talauswärts. Die hohen Berge in unserem Rücken hinderten die Verkehrsexperten daran, aus dieser Straße eine durchgehende Verkehrsader zu machen, und so hält sich der Autoverkehr in erträglichen Grenzen. Im Gegensatz zum gestrigen steilen Anstieg spüren wir heute kaum den Rucksack. An die zwei Gehstunden sind es bis hinaus nach Niedervintl im Pustertal. Mit einer Meereshöhe von 756 m liegt es nur knapp 200 m höher als das tiefe Inntal. Bald nach dem Aufbruch sperrt unseren Blick nach Süden ein breiter Waldrücken. Es ist der ausgedehnte Rodenecker Wald, der sich oberhalb der gleichnamigen Ortschaft nach Osten zur Lüsner Alm hinaufzieht. Diesen gewaltigen Höhenrücken gilt es zu übersteigen. Spätestens zwischen den ersten Fichten am Hang scheint der Rucksack wieder schwerer zu werden. Hinzu kommt, daß es für einen Fremden schier unmöglich ist, trotz Karte, Kompaß und Höhenmesser ohne jeglichen Irrgang das Zwischenziel, den Villpeder Gasthof an den freien Südhängen oberhalb des Lüsner Tales, zu finden. Am besten ist es, man heuert einen Einheimischen als Führer an, oder sieht von vornherein mehr Zeit als üblich für die Strecke vor. (Wie mir ein Münchner berichtete, gehe man nach Niedervintl beim Bauern Zintl ziemlich hoch hinauf, um dann einen durchgehenden vermutlich alten Wallfahrersteig zu benützen.) Am Mariä-Heimsuchungs-Kircherl mit Ausflugsgaststätte ist dann das Tagesproblem bewältigt. Will man noch mit der letzten Gondel zum Tagesziel nach Lüsen hinunterschweben und vorher eine wohlverdiente Stärkung einlegen, so sollte man ungefähr um 17.00 Uhr beim Villpeder sein. Von hier bis zur Bergstation der Bergbahn ist es nur noch etwa eine halbe Stunde.
Wer nicht unbedingt die ganze Strecke ausschließlich zu Fuß zurücklegen will, kann von Niedervintl oder Pfunders aus per Taxi über Mühlbach und Rodeneck zum Villpeder Gasthof hinauf fahren. Herrscht aber ein ausgesprochenes Hochdruckwetter, sollte man auf keinen Fall das ohne Zweifel reizende Dörferl Lüsen als Tagesziel wählen. Besser ist es in diesem Fall, man steuert von Obervintl aus – indem man immer bergwärts geht – die freien Wiesen der Lüsner Alm an; was natürlich wesentlich bequemer auch nach der Taxiauffahrt vom Villpeder Hof aus möglich ist. Die Starkenfeld- oder die Kreuzwiesenhütte dient dann als Nächtigungsstandort. Eine dritte Möglichkeit führt mit Bus und Bergbahn über Brixen zur AV-Hütte der Plose. Ziel der drei Varianten ist am darauffolgenden Tag die Peitlerscharte und die dahinterliegende Schlüterhütte.

Touristische Hinweise: 13. Tag: Pfunders–Lüsen, ca. 26 km, 1200 Hm auf, 1383 Hm ab, Einkehren am Weg.

Führer und Karten: Kompaßkarte 1:50000 Nr. 56 Brixen.

Literatur: A. Gorfer/Faganello, Die Erben der Einsamkeit, Verlag Arti Grafische Saturnia, Trient; J. Rampold, Pustertal, Athesia Verlag, Bozen.

Hinweise zur Wanderskizze des 13. Tages:

1 Kammerschien: 1528 m, zwei entlegene Bergbauernhöfe, die nur über steile, fast 2stündige Fußsteige erreicht werden können. Der Unterkammerschiener wird bereits 1546 als Oedbauer beurkundet. Vom Weiler Schaldern über Weg Nr. 13a erreichbar.

2 Weitental: 880 m, Ortschaft abseits der Hauptstraße gelegen, öffentliches Telefon, Gasthäuser, Ort bereits im Jahre 1157 als Witental genannt, Pfarrkirche z. Hl. Thomas, schon 1180 erwähnt, Neubau v. 1431 zeigt spätgotische Formen, Langhaus und Einrichtung von 1777; der geschmackvoll gestaltete Friedhof ist beachtenswert.

3 Niedervintl: 750 m, Sitz der Gemeinde Vintl, zusammen mit Pfunderer Tal und Obervintl ca. 2750 Einwohner (57 Italiener), Bahnstation der Pustertallinie, Raiffeisenkasse (Geldwechsel) und Postamt, PLZ. 39030, Taxi, 150 Betten, Fremdenverkehrs-Verein, Außenstelle AVS-Brixen.

4 Mühlbach: 775 m, 6 km von Niedervintl entfernt, Markt seit 1296 bis vor 50 Jahren noch Weinbau, mit Meransen, Vals und Spinges ca. 2040 Einwohner (193 Italiener), Seilbahn nach Meransen, Arzt und Apotheke, Fremdenverkehr, Holzverarbeitung, Elektrizitätswerk.

5 Rodeneck: 886–1500 m, mit Ortsteilen St. Paulus, Vill, Nauders Giefen und Berghöfen ca. 950 Einwohner (5 Italiener), im Jahre 1847 waren es 979 Einwohner (3); 5 km teilweise schmale Straße von Mühlbach her, Busverbindung über Mühlbach nach Brixen. Sitz des Dekanats und alter Herrschaftssitz.

6 Starkenfeldhütte: Stützpunkt für Einkehr und Übernachtung auf der Lüsener Alm (1800–2192 m), Gehzeit von der Seilbahn, Bergstation ca. 1½ Stunden.

7 Brixen: 560 m, 16226 Einwohner (5486 Italiener, 131 Ladiner), alte, geschichtsträchtige Stadt an der schicksalhaften Brennerroute; Bischofssitz seit etwa dem Jahr 1000–1964 (Verlegung nach Bozen) Schnellzugstation, Autobahnanschluß, um Brixen rund 40 prähistorische Funde, 1. Nennung des Ortsnamens in einer Regensburger Urkunde vom Jahre 901, partnerschaftliche Beziehungen zur Stadt Regensburg in der Oberpfalz.

8 Lüsen: Die Gemeinde umfaßt das gesamte Lasankenbachtal von ca. 600–2361 m, das Dorf liegt bei 972 m, 1358 Einwohner (7 Italiener), Entfernung nach Brixen 13 km, teilweise sehr schmale Straße, Busverbindung, öffentliches Telefon im Geschäft Melauner am Dorfplatz; PLZ 39040, Spar- u. Vorschußkasse Brixen (Geldwechsel), 300 Betten, Verkehrsverein, Seilbahn nach Lüsenberg 1450m.

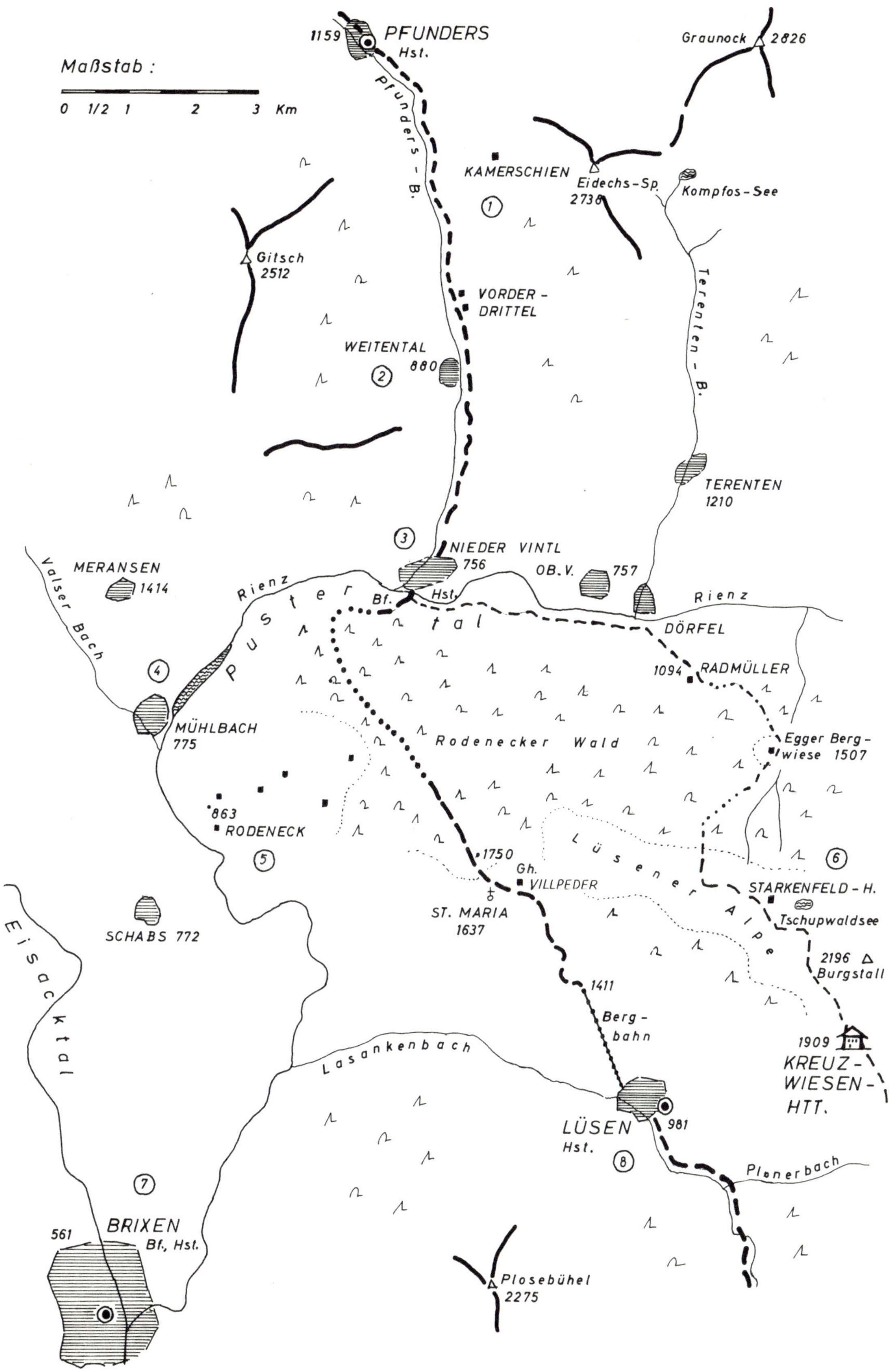

Maßstab :
0 1/2 1 2 3 Km
1159 PFUNDERS
Hst.
Pfunders - B.
Graunock 2826
KAMERSCHIEN
Eidechs-Sp.
2738
Kompfos-See
Gitsch
2512
VORDER-
DRITTEL
WEITENTAL
880
Terenten - B.
TERENTEN
1210
NIEDER VINTL
756
OB. V. 757
MERANSEN
1414
Valser Bach
Rienz
Bf.
Hst.
Pustertal
DÖRFEL
1094 RADMÜLLER
MÜHLBACH
775
Rodenecker Wald
Egger Berg-
wiese 1507
863
RODENECK
1750
Gh.
VILLPEDER
Lüsener Alpe
STARKENFELD-H.
Tschupwaldsee
ST. MARIA
1637
SCHABS 772
2196
Burgstall
Eisacktal
1411
Berg-
bahn
1909
KREUZ-
WIESEN-
HTT.
Lasankenbach
LÜSEN
Hst.
981
Plenerbach
BRIXEN
561
Bf., Hst.
Plosebühel
2275

14. Wandertag: Lüsen–Schlüterhütte

Zum Dolomiten Höhenweg

Bei normaler Gangart braucht man vom Inntal bis nach Lüsen sechs Tage. Da man am siebenten Tag sowieso ruhen soll und im anheimelnden Dorf Lüsen die wichtigsten Geschäfte, einschl. Geldinstitut, vorhanden sind, legt man am besten hier den zweiten Ruhetag ein. Bei einem Gang durch das Dorf fällt einem unterhalb der Seilbahnstation das massive Geviert einer größeren Hofanlage ins Auge. Es ist der ehemals bischöfliche Meierhof, der bis zu seiner Auflösung im Jahre 1941 zu den größten Höfen des ganzen Eisacktales zählte. Es gab eine Zeit, da fuhr man für die zahlreichen Knechte und Mägde die Teigkrapfen, die sogenannten Schlutzer, mit dem Schubkarren in die Stube. Zum Schmunzeln regt an, daß sich die Lüsner Schützen zur Schlacht von Spinges am Beginn der Tiroler Freiheitskämpfe beim Rodenecker Wirt solange verspäteten, daß sie gar nicht mehr zu Helden werden konnten. Übrigens soll eine alte Rivalität zwischen den Rodeneckern und den Lüsenern, die auf die ehemals unterschiedlichen Herrschaftsbereiche der Rodenecker Herren und der Brixener Fürstbischöfe zurückreicht, noch immer nicht begraben sein.

Das beim Aufbruch sichtbare Ziel des 14. Wandertages ist der Doppelgipfel des Peitlers. Von Lüsen aus ist – ganz im Gegensatz zum vorhergehenden Wandertag – ein Verlaufen fast unmöglich. Der tiefe Einschnitt des Lasankenbachtales zwischen Petschieder Berg und Maurerberg weist uns den Weg nach Süden. Kaum liegt die mächtige Zone des Silikatgesteins hinter uns – seit dem Pustertal bewegten wir uns im Brixner Quarzphillit! – sehen wir rechts am Weg erneut einen alten verfallenen Kalkofen (siehe auch 3. Wandertag »Im Isarwinkl«). Das durch den Zusammenfluß des Rodlbaches mit dem Schartenbach gestärkte Bergwasser rauscht uns in den weiten Gungganwiesen entgegen. Nach Westen führt der Weg ins Aferer- und Villnößtal, nach Osten über das Würzjoch und Untermoi in das ladinische Gadertal. Nach Absprache mit den Gastgebern in Lüsen wurden die schweren Rucksäcke bis hier herauf gefahren. Der steile Serpentinensteig zur Scharte verlangt Pausen und kostet einige Schweißtropfen. Wie die Ärzte aber behaupten, wird mit so einer Anstrengung zugleich die Herzmuskulatur gestärkt, und neuerdings hat man gar einen angsterzeugenden Stoff im Körper festgestellt, der durch so eine körperliche Bewegung abgebaut wird. Wenn ich meine Fotos vom Wegweiser an der Scharte aus den Jahren 1973 und 1975 miteinander vergleiche, so kann ich daraus deutlich die Zunahme des herumliegenden Abfalls feststellen. Hier war es auch, wo Arnulf zwei schwere Rucksäcke hochlupfte, um sie vor dem Gipfelanstieg an passender Stelle zu deponieren. Dabei verlor er das Gleichgewicht und fiel mit dem Oberschenkel in die Scherben von den hier herumliegenden Bierflaschen. Aus war's mit dem Peitlergipfel!

Falls man die Route über Brixen/Plose wählt, bietet sich das große Freischwimmbad oder das neue städtische Hallenbad zur körperlichen Entspannung an. Auch versäume man es nicht, der Atmosphäre dieser ältesten Stadt von Deutschtirol in ihren schmalen Gassen, in dem weltberühmten Kreuzgang, in den kunstvollen Kirchen und im Diözesanmuseum nachzuspüren.

Um die Qual der Variantenwahl noch zu vergrößern, nachfolgend noch ein Zitat von J. Rampold über die Lüsner Alm, die man, wie bereits erwähnt, am besten von Obervintl oder vom Villpeder aus ansteuert: »Tagelang läßt sich's über diese Almböden schlendern, und man wird kaum einem Menschen begegenen, höchstens schweigsamen Hirten in schweren Mänteln, die am Abend vielleicht erzählen von dem Riesen auf Niwenól«. Aus nächster Nähe grüßen dort oben die Gletscherberge im Norden und winken die Dolomitengipfel im Süden. Meist weglos wandert man über die Matten und Moorwiesen vorbei am Glittnersee, über das Lüsener Joch und den Maurerberg zum Würzjoch, um dann ab dem Fuß der Peitlerscharte vereint mit den anderen zwei Varianten der Schlüterhütte am Kreuzkofeljoch zuzustreben.

Touristische Angaben: 14. Tag: Lüsen/Schlüterhütte, ca. 17 km, 1389 Hm auf, 60 Hm ab, leichte Bergwanderung, keine Einkehr (ohne Besteigung des Peitlerkofels).

Führer und Karte: Kompaß-Wanderkarte 1:50000, Bl.-Nr. 56, Brixen.

Literatur: Rampold, Eisacktal, Athesia Verlag Bozen; Rampold, Südtiroler Wanderbuch, Tyrolia Verlag Innsbruck.

Hinweise zur Wanderskizze des 14. Tages:

1 Lüsen: Urkundliche Erwähnung im Jahre 893 (Forestis ad Lusinam), in einer Schenkung des Königs an den Bischof. (Bischöfl. Meierhof im Dorf); Bindeglied zum deutschsprachigen Pustertal und ladinischem Gadertal. Pfarrkirche St. Georg 1502 geweiht, 1775 erweitert und barockisiert, Monstranz 1490, Pieta um 1430, 2 Grabsteine 1511/12; Kirche St. Kilian 1400 im Friedhof, erneuert 1683, Kreuzigungs Gruppe 15. Jahrh.; St. Nikolaus in Petschied, alte Kultstätte, vermutlich Quell-Heiligtum, wurde früher von Augenleidenden aufgesucht, Sage vom Stieropfer.

2 Kreuzwiesenhütte: Almwirtschaft mit Übernachtungsmöglichkeit, 10 Betten, ca. 3 Stunden von Lüsen, ca. 2 Stunden von der Seilbahnstation.

3 Glittnersee: ca. 2000 m, in einer kleinen Seenplatte (Schmelzwasserseen), 55 m lang, 40 m breit und 1 m tief, mit Zu- und Abfluß; Vorkommen von Alpenseglern und Schneehühnern, Name von dem Gehöft Ober- und Niederglittner in Lüsen/Petschied, laut Volksmeinung soll der See unterirdisch mit dem Radlsee oberhalb Brixen verbunden sein, 30 Minuten vom Lüsnerjoch.

4 Lüsnerjoch: 2008 m, Alter Übergang von Lüsen in das ladinische Untermoi, Weg Nr. 13, 5–6 Stunden, teilweise als Wirtschaftsweg ausgebaut.

5 Würzjochaus: Auch als »Neue Peitlerkofelhütte« bezeichnet. 2006 m, privat, ganzjährig geöffnet, mit Auto erreichbar, am Würzjoch gegenüber der 700 m hohen Peitlerkofel-Nordwand, Schigebiet, 24 Betten.

6 Peitlerkofel: 2875 m, nördlichster Eckpfeiler der Dolomiten, Normalanstieg von der Scharte ca. 1½ Stunden; gesicherter Steig.

7 Plose: Auch Fröllspitze oder Telegraph genannt, 2504 m, Brixner Hausberg, Schi- und Wandergebiet; Plosestraße asphaltiert, 27 km von Brixen bis zur Plosehütte; Seilbahn ab Milland mit Mittelstation St. Andrä, 2016 m, Höhenunterschied 1430 m; Gondellift zur Plosehütte, der Name wird von der kahlen Blöße der Gipfelkuppe abgeleitet; Plosehütte: 2449 m, AVS-Brixen, Erb. 1887 erw. 1907, ganzjährig bewirtschaftet, 47 Betten, 10 Lager.

8 Aferer Geiseln: 2652 m, aus Schlerndolomit, Bezeichnung »Avers« schon um 1232 bekannt, wenig begangen, von Norden schwer ersteigbar, am besten vom innersten Villnößtal her.

9 Franz-Schlüter-Hütte: 2301 m, auch Peitlerkofelhütte genannt, ital. Rifugio Genova, erb. 1898, auf Anregung des Bozener Bergsteigers Johann Santner und auf Kosten des Dresdners Franz Schlüter (Schlüterbrot); 65 Betten, 20 Lager, geöffnet: 1. 6.–1. 10.

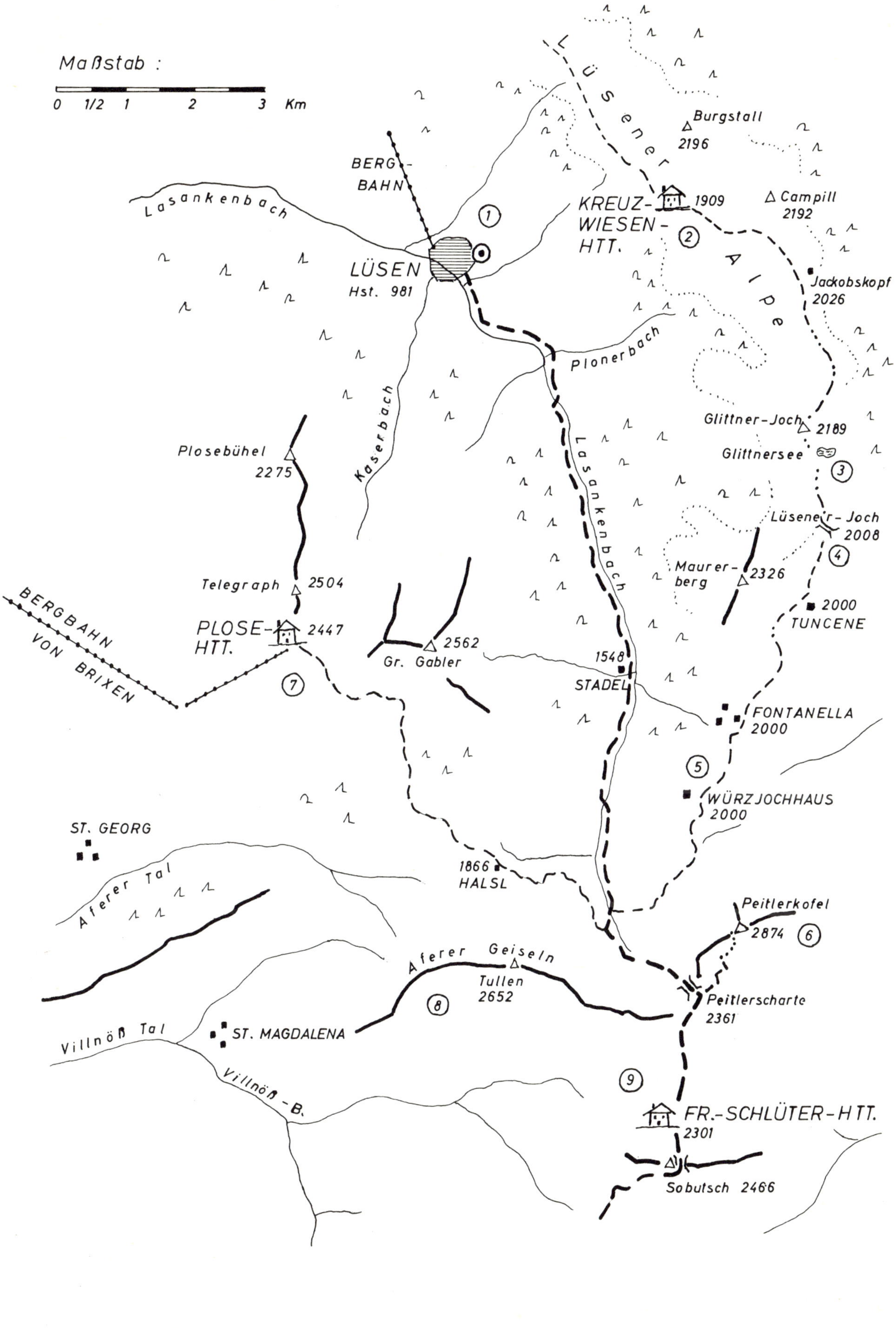
Maßstab :
0 1/2 1 2 3 Km
BERG-
BAHN
Lasankenbach
LÜSEN
Hst. 981
Lüsener Alpe
Burgstall
2196
KREUZ-
WIESEN-
HTT.
1909
Campill
2192
Jackobskopf
2026
Plonerbach
Kaserbach
Plosebühel
2275
Glittner-Joch
2189
Glittnersee
Lüsener-Joch
2008
Maurer-
berg
2326
2000
TUNCENE
Telegraph
2504
PLOSE-
HTT.
2447
BERGBAHN
VON BRIXEN
2562
Gr. Gabler
1548
STADEL
FONTANELLA
2000
WÜRZJOCHHAUS
2000
ST. GEORG
Aferer Tal
1866
HALSL
Peitlerkofel
2874
Aferer Geiseln
Tullen
2652
Peitlerscharte
2361
Villnöß Tal
ST. MAGDALENA
Villnöß-B.
FR.-SCHLÜTER-HTT.
2301
Sobutsch 2466
1
2
3
4
5
6
7
8
9

15. und 16. Wandertag: Schlüterhütte–Grödnerjoch–Boehütte

Quer durch Ladinien

Fast unmerklich kommen wir nach Ladinien, dem Herzstück der Dolomiten. Jahrhundertelang bis zum Bau der großen Straßen, waren Saumpfade die einzige Verbindung zur Außenwelt. So konnten sich rund um den Sellastock »Der Gralsburg Ladiniens«, die Ureinwohner der Alpen am besten unverfälscht erhalten. Früher glaubte man, ihre, dem Fremden unverständliche Sprache, sei ein verlotterter italienischer Dialekt. Hingegen hat dieses »Edelweiß unter den europäischen Sprachen« seinen Ursprung im Latein. Es ist den romanischen Sprachen französisch und italienisch gleichwertig und engstens verwandt mit dem räto-romanischen in Graubünden und Friaul. Als Muttersprache wird es neben Italienisch und Deutsch noch von etwa 20000 Menschen gesprochen.

Der 15. Wandertag, er führt von der Schlüterhütte zum Grödnerjoch, ist der Tag der neun Jöcher und Scharten. Ganz anders als im Zentralmassiv, wo die Überwindung eines Joches fast eine Tagesaufgabe ist, passiert es hier, daß wir ein Joch betreten, und es kaum merken. Zwischen 2300 und 2600 Meter Meereshöhe pendeln wir während dieses Tages. Er beginnt mit dem Ausblick vom Kreuzkofeljoch und dem Aufstieg zum Sobutsch, setzt sich fort mit einem Dahinschlendern oberhalb der Medalges-Alpe zum Kreuzjoch und dem etwas anstrengenderen Aufstieg zur Roascharte. Das Übersteigen der Sella Nivea ist eine lustige Kletterei, wählt man aber statt dessen den Serpentinensteig über die Siellesscharte erfreut einem dort ein nicht minder fröhliches Echo. Gegenüber von beiden Wegen strecken die Geislerspitzen ihre Türme in den ladinischen Himmel und dazwischen gähnen die dunklen Schründe des sagenumwobenen Wasserrinnen-Tales. Oberhalb unseres Weges zur Puezhütte am Vorgipfel des Puezkofels (2538 m), ist eine Mineralienfundstelle. Wer Glück hat, findet in den tonigen Neokomkalken die braunen Jaspis-Knollen oder schöne Versteinerungen, darunter Ammoniten und Seeigel. 900 Meter unter uns, draußen an der Mündung des Langentales liegen wie Spielsachen die Häuser von Wolkenstein, der höchsten Siedlung des Grödnertales.

Nach einer stärkenden Rast in der kleinen Puezhütte öffnet sich am Ciampai-Joch zwischen Seekofel und Sass Songher das tiefeingeschnittene Edelweißtal. Wie die Volkssage erzählt, sind die Colfuschger an jedem Sonntag oder Vorabend eines Festes hier herauf und weiter über die Puezalpe nach Lajen oder Brixen zum Gottesdienst gegangen. Und ihre Toten brachten sie nicht über das Grödnerjoch, sondern über Puez in den Friedhof der Erzpfarre Albein. Im Winter hatte man in Colfuschg – genau wie in Hintertux – die Verstorbenen eingefroren, und zwar in den Felshöhlen der Gardenazza.

Durch Inseln von Gras und Blumen, den einstigen Gärten der Christanes, gelangen wir an den sagenumwobenen Crespeinasee. Von allen Seiten sind es von den menschlichen Siedlungen bis hier herauf weite Wege. In der Stille zwischen Kedultal und Crespeinasee mahnt oben auf dem Joch der Gekreuzigte am Zirmholz zu Besinnung und Einkehr. Ein selten schöner Wandertag neigt sich dann dem Ende zu, wenn wir aus der Geisterwelt des Cirkessels auf das Grödnerjoch hinunter steigen.

Am darauffolgenden Wandertag steigen wir fast nur auf. Das Val Setus, eine »Bresche in der Gralsburg Ladiniens«, gewährt den Zugang zum ersten Plateau, auf dem die liebevoll geführte Pisciaduhütte steht. Günther Meßmer reiht in seinem Buch »Dolomitenklettersteige« bei vier Klassifizierungen den zum Val Setus parallel laufenden Eisenweg in die zweitschwierigste Gruppe ein. Vorbei am Pisciadusee geht es nach der Rast in der Hütte entlang der Seilsicherungen hinauf zum Hochplateau. Inmitten des ehemaligen Korallenatolls steht unser Tagesziel, die ehemalige Bamberger Hütte (heute Rifugio Boè). Bei einem abendlichen Spaziergang auf den 3152 m hohen Piz Boè genießen wir von dieser Zinne Ladiniens das Schauspiel des Alpenglühens an den bizarren Dolomitengipfeln.

Touristische Hinweise: 15. Tag: Schlüterhütte–Grödnerjoch, ca. 19 km, 1003 Hm auf, 1165 Hm ab, leichte, doch lange Bergwanderung, Einkehr am Weg. – 16. Tag: Grödnerjoch–Boèhütte, ca. 7 km, 821 Hm auf, 85 Hm ab, teilweise ausgesetzte Bergtour, Einkehr am Weg.

Führer und Karten: H. Delago, Dolomiten-Wanderbuch, Tyrolia Verlag, Innsbruck; Kompaß-Wanderkarte 1:50000 Nr. 59 Sella-Gr.–Marmolata.

Literatur: K.F. Wolff, Dolomitensagen, Tyrolia Verlag Innsbruck; L. Fruth, Mineral-Fundstellen, Chr. Weise Verlag, München.

Hinweise zur Wanderskizze des 15. und 16. Tages:

1 Campill lad. Longiarù: 1398 m, rund 450 Einwohner, früher vermutlich zur Grafschaft Norital und später zum Gericht Thurn und damit zu den Bischöfen von Brixen gehörend; bereits 1371 Erwähnung einer Kirche, Pfarrkirche S. Luzia aus dem Jahre 1867.

2 Geislerspitzen: Sass Rigais 3027 m, Schlerndolomit, 1880 erstm. von einem Alleingänger erstiegen, die Anstiege sind fast durchwegs schwierig; gesicherter Klettersteig über die Südflanke (I); 800 m hohe Nordwand; Bergbahn von S. Christina zur Seceda.

3 Geologische Überschiebung: Mergeln der unteren Kreidezeit überdecken den Hauptdolomit, der an den Puezspitzen wieder sichtbar wird. Hier erster Nachweis einer sicheren Überschiebung in den Dolomiten; vom Wanderweg aus deutlich erkennbar.

4 Wolkenstein: (Selva di Gardena) 1563 m, mit Plan 952 Einwohner, höchstgelegene Siedlung des Grödnertales; gleichnamige Ruine an der Mündung des Langtales erbaut von dem Ritter-Dichter Oswald von Wolkenstein (1377–1445); Buslinien nach Bozen, Klausen, sowie nach Corvara und Cortina.

5 Grödnerjoch: 2125 m, Straßenübergang vom Grödner- ins Gadertal, erbaut von den Österreichern im Ersten Weltkrieg; drei Berggasthöfe, Telefon (Hospiz, Hotel Cir, Gasthof Mutschlechner), Sessellift von Wolkenstein, Schilifte.

6 Colfuschg: (Colfosco in Badia), 1645 m, erstm. 1153 erwähnt, Kirche von 1419, im Gasthaus Capella Gemälde mit Szenen aus ladinischen Sagen, auf dem Friedhof Gedenkstein für den ladinischen Heimatforscher Dr. Johann Alton.

7 Sella: Mächtiger Gebirgsstock über den vier ladinischen Haupttälern (Grödnerbach, Gader, Cordèvole und Avisio); der untere Teil ist Schlerndolomit, das Zwischenband Raibler-Schichten mit Gehängeschutt und der Gipfelaufsatz ist Hauptdolomit; entstanden als Korallenatoll im lauwarmen Wasser des Triasmeeres; höchste Erhebung: Boèspitze 3152 m.

Berghütten (Rifugio):

8 Puezhütte: 2475 m, erbaut 1889, Vom DÖAV, Sektion Ladinia, wiederhergestellt vom CAI; (Sitz in Enneberg), 9 Betten, 6 Lager, geöffnet 20. 6.–30. 9.

9 Pisciaduhütte: 2583 m, erbaut 1903 vom DÖAV, Sektion Bamberg, heute: CAI-Bologna; 10 Betten, 20 Lager, geöffnet 1. 7–20. 9.

10 Boèhütte: 2879 m, erbaut 1894 vom DÖAV-Bamberg; im Krieg verwüstet, wieder hergestellt vom CAI Trentino, 30 Betten, 20 Lager, geöffnet 10. 7.–20. 9.

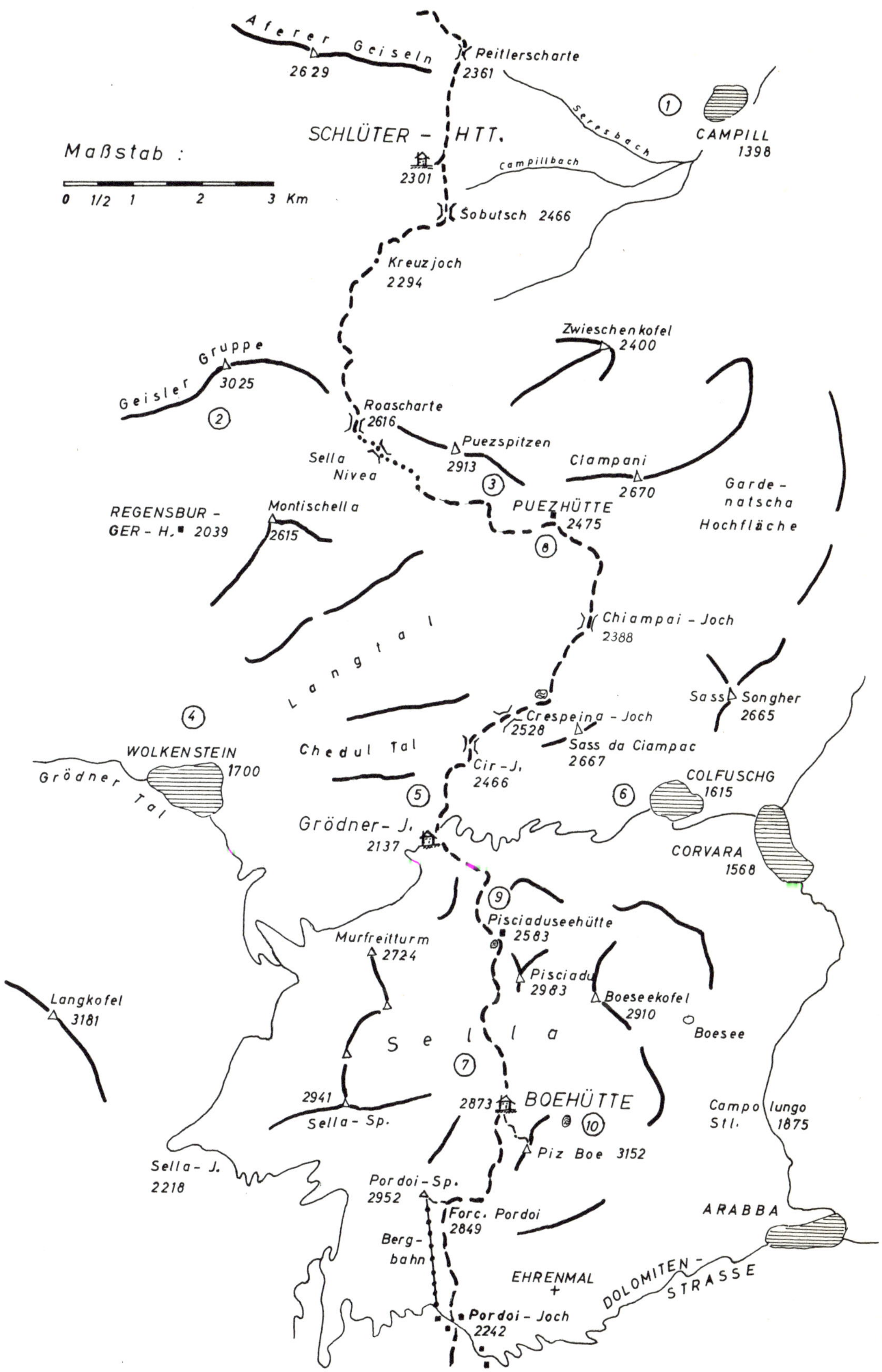

17. und 18. Wandertag: Boèhütte–Marmoladahütte–Masare am Alleghesee

Sonnige Höhen – Schaurige Tiefen

Bei gutem Wetter sollte man der Verlockung nicht widerstehen zum Sonnenaufgang auf den Piz Boè, diesen leichten Dreitausender vor der Haustüre, hinaufzusteigen, um all die Schönheit der ladinischen Bergwelt nochmals in sich aufzunehmen. Auch ein Blick in die schaurigen Tiefen des Val Mesdi, dort wo im Winter routinierte Schifahrer hinunterschwingen, ist in Hüttennähe möglich. Bis neue Gäste eintreffen, hat man dann längst dieses weit über der Mattenregion liegende Refugium verlassen. So ähnlich wie auf dieser weiten Steinwüste mag es wohl auf dem Mond aussehen. An der Pordoischarte ist wieder eine Entscheidung notwendig: 20 Minuten Aufstieg, dafür dann eine Gondelabfahrt über 713 Höhenmeter, oder gleich hineinspringen in den Schotter des steilen Kars? Beides hat seine Reize. Auffallend ist der Kontrast des dunklen, aus Eruptivgestein bestehenden Padonkammes und der dahinterliegenden im Firnschnee schimmernden Marmolada.
Nach einer ausgiebigen Stärkung auf dem Pordoijoch verlassen wir den modernen Zivilisationsrummel mit Ausflugsbussen, Souvenirläden und Autoverkehr. Hinter dem Sass Becce und der Rifugio Viàl del Pàn werden die Spaziergänger immer weniger. Die meisten müssen wieder zu ihrem Auto am Joch zurück. Bevor der steile Abstieg zum Fedajasee einen Kniaschnaggler hervorrufen kann, stehen wir schon vor dem Tagesziel, der geräumigen Marmoladahütte.
Das Zwischenziel am darauffolgenden Tag ist Malga Ciapella. Der bequeme Weg ist durch den Fedajasattel und das Val Ciamp d'Arei vorgezeichnet. Der wesentlich erlebnisreichere führt mit Hilfe des Sesselliftes zum Plateau der Erschöpften an den Gletscherrand, über die Marmoladascharte und entlang der mächtigen Südwand dorthin. Damit verlassen wir den markierten Höhenweg Nr. 2 Brixen–Feltre. Ein Abstecher mit der Seilbahn auf die Marmolada gewährt einen Blick zurück bis zu den Zillertaler Alpen und voraus bis zu den letzten Bergen im Süden. Wir überblicken damit die längste Strecke der Alpenüberquerung. Nach dieser sonnigen Höhe sind wir dann in wenigen Minuten in der tiefen Sottogudaschlucht. Diese 2 km lange und oft nur wenige Meter breite Pforte entläßt uns aus dem Sagenreich des Königs Ombro. Das Dörfchen Sottoguda kann mit schönen alten Bauernhäusern und auch mit einem gepflegten Gasthof aufwarten. Nach einem Blick hinüber zum alten, interessanten Rocca Pietore, streben wir hinauf in den Bergwald und steuern über Caracoi Cimai und Saviner die Ortschaft Masarè am Südufer des Alleghesees an. Nach 5 Wandertagen seit Lüsen, ist hier, an einem der schönst gelegenen Orte der Alpen, der 3. Ruhetag angebracht.

Touristische Hinweise: 17. Tag: Boèhütte–Fedajasee, ca. 12 km, 237 Hm auf, 1070 Hm ab. – 18. Tag: Fedaja–Alleghesee (Masarè), ca. 22 km, 306 Hm auf, 1368 Hm ab; an beiden Tagen leichte Bergwanderungen und jeweils Einkehren am Weg.

Führer und Karten: wie unter 15. und 16. Tag.

Literatur: G. Langes, Die Front in Fels und Eis, Ladinien und Autorama Südtirol; die beiden ersten im Athesia Verlag, Bozen, letzteres Universitäts-Verlag Wagner, Innsbruck; C. Artoni, Sella, Marmolada, Arti Grafiche R. Manfrini AG., Caliano (Trient).

Hinweise zur Wanderskizze des 17. und 18. Tages:

1 Seilbahn Pordoispitze: 2952 m – Pordoijoch: 2239 m, Fahrzeit: 4 Minuten, in 20 Minuten von der Pordoischarte aus (2848) erreichbar; 1962 eröffnet.

2 Pordoijoch: 2239 m, Übergang vom Fassa- ins Cordèvoletal, höchster Punkt der Dolomitenstraße, Gedenkstein an die Eröffnung im Jahre 1905 (urspr. Inschrift wurde entfernt); Erinnerungskappelle an 8 durch Lawinen im Jahre 1937 umgekommene Schilehrer; Unterkünfte: Rif. Savoia des CAI, Hotel Pordoi und Col di Lana, alle Telefon, Bushalte.

3 Deutsches Krieger-Ehrenmal: am Mattenhügel Piera Clòcia, 2200 m, 1937 Baubeginn, 1959 Einweihung; Ruhestätte in der Gruft des 8eckigen Baukörpers für 8582 Tote des Ersten Weltkrieges, in Erdgräbern zwischen Alpenrasen des 8,5 m breiten Außenringes 842 Gefallene des Zweiten Weltkrieges; Figuren aus Muschelkalk, Flammenschale aus Diabas und Fußboden aus Porphirplatten.

4 Bindelweg: 13 km lang, vom Pordoijoch über Belvedere 2426 m nach Fedaja, 2040 m; ausgebaut als Wanderweg vom DÖAV-Bamberg unter dem Vorstand Dr. Karl Bindel (Erschließer der Sella-Gruppe, s. Zeitschr. des DÖAV 1899, 1900 und 1904); alter ladinischer Saumpfad Viàl del Pàn.

5 Malga Ciapela: 1446 m, Bergkessel an der Vereinigung des Almtales Ciamp d'Arei mit dem Ombretta-Tal (Pettorinabach); dreiteilige Seilbahnanlage über Punta Serauta zur Punta Ombretta, erbaut 1968; Name von der Kapelle in den »Serrai«; gleichnamiges Hotel, Bushalte.

6 Marmolada: 3344 m, ladinisch Marmoleda, Name bedeutet »Die Schimmernde«; höchster Berg der Dolomiten mit ca. 3 qkm großem Gletscher (ohne Vernellgletscher); Marmolada di Rocca 3309 m Schigipfel, 1860 erstmals von den Engländern John Ball und Birchbeck erstiegen; Marmolada di Penia erst 1864 erstiegen von Paul Grohmann mit den Ampezzaner Bergführern Angelo und Fulgenzio Dimai.

7 Alleghe-See: 979 m, 2,5 km lang; Alleghe: ca. 1200 Einwohner, PLZ 32022, schön gelegene Ortschaft.

8 Marmoladahütte: 2045 m, CAI (Rif. E. Castiglione) ganzjährig bewirtschaftet, 72 Betten und Lager, mit Auto von Canazei u. Caprile erreichbar.

9 Berti-Hütte: 1950 m, CAI, geöffnet 15. 6.–25. 9.

10 Ombretta-Hütte: (Rif. Valier) 2080 m, 30 Betten und Lager.

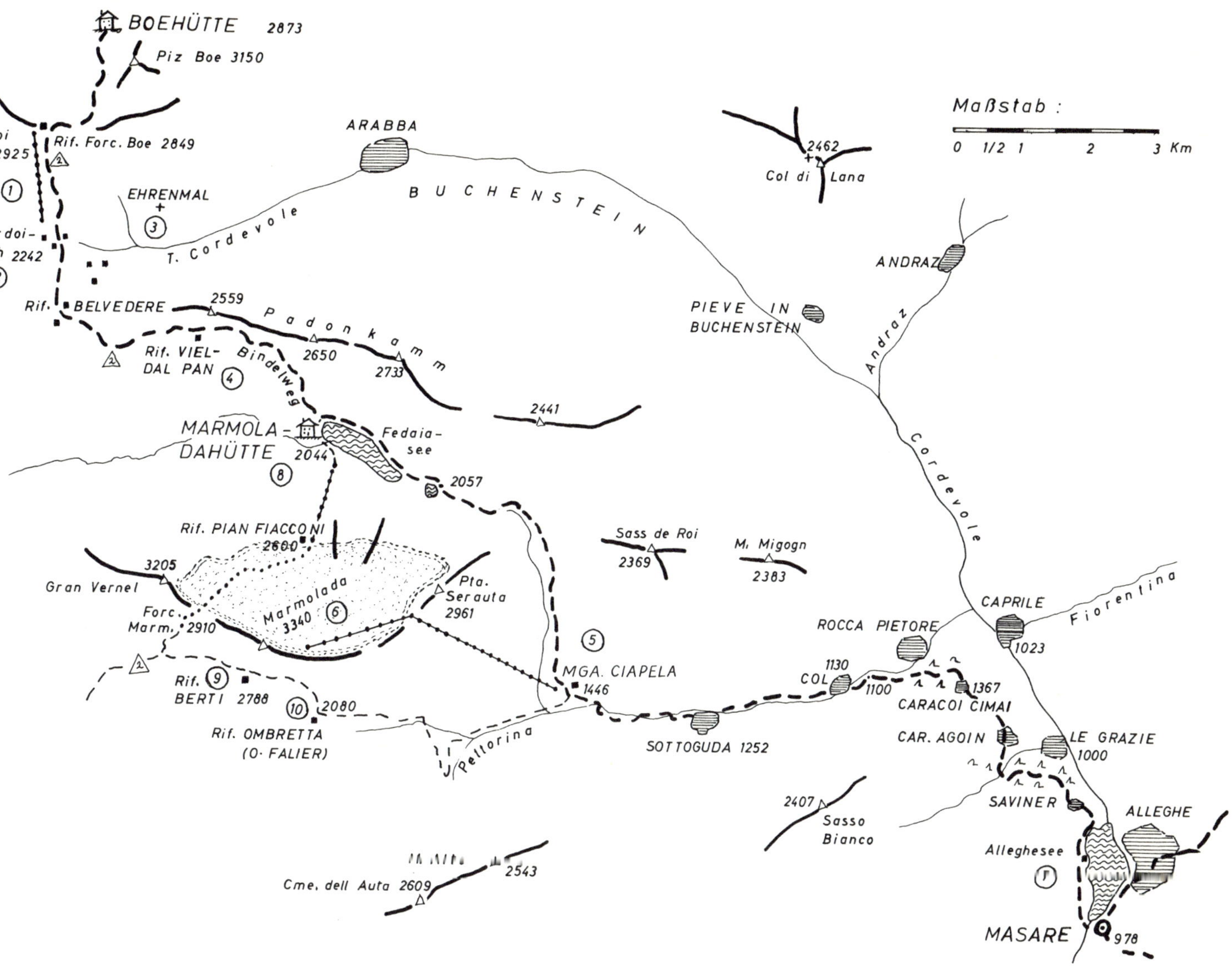
BOEHÜTTE 2873
Piz Boe 3150
S. Pordoi 2925
Rif. Forc. Boe 2849
ARABBA
BUCHENSTEIN
2462
Col di Lana
Maßstab :
0 1/2 1 2 3 Km
EHRENMAL
T. Cordevole
Por doi-Joch 2242
ANDRAZ
Rif. BELVEDERE
2559
Padonkamm
PIEVE IN BUCHENSTEIN
Andraz
Rif. VIEL-DAL PAN
Bindelweg
2650
2733
2441
MARMOLA-DAHÜTTE 2044
Fedaia-see
Cordevole
2057
Rif. PIAN FIACCONI 2600
Sass de Roi 2369
M. Migogn 2383
3205
Gran Vernel
Pta. Serauta 2961
Forc. Marm. 2910
Marmolada 3340
CAPRILE 1023
Fiorentina
ROCCA PIETORE
MGA. CIAPELA 1446
1130
COL
1100
1367
Rif. BERTI 2788
2080
CARACOI CIMAI
Rif. OMBRETTA (O. FALIER)
Pettorina
SOTTOGUDA 1252
CAR. AGOIN
LE GRAZIE 1000
2407
Sasso Bianco
SAVINER
ALLEGHE
2543
Cme. dell Auta 2609
Alleghesee
MASARE
978

19.–21. Wandertag: Masare–Tissihütte–Carestiatohütte–Pramperet

Der schönste Spaziergang in den Dolomiten

Am 19. Wandertag mit dem Verlassen des Alleghesees beginnen die südlichen Dolomiten. Würden wir nicht wandern, sondern marschieren oder laufen, so könnten wir die 48 Straßenkilometer bis Belluno an einem Tag zurücklegen. Damit verzichteten wir auf all das Schöne, was diesen Weg zu einem »Traumpfad« werden läßt. Fünf Tage lang durchstreifen wir von Hütte zu Hütte und von Joch zu Joch das stille Felsenreich der Belluneser Dolomiten.
Das Wanderziel nach dem Ruhetag am Alleghesee ist die neu erbaute Tissihütte auf dem aussichtsreichen Col Rean. Am Beginn des Bergwaldes oberhalb der letzten Häuser von Masarè liegt die Talstation der Materialseilbahn zur Hütte. Per Telefon von der Pension Mira Lago aus ist eine Verständigung über den Transport der Rucksäcke mit der deutschsprechenden Hüttenwirtin, Frau Bernardin, möglich. So kann der Weg über Alleghe hinauf zur Coldeihütte und über die Jöcher Coldei, Col Negro und Col Rean im Banne der Wand der Wände zu einem genußvollen Spaziergang mit großartigen Eindrücken werden. Köstliche Heidelbeeren verlocken beim Aufstieg immer wieder zum Naschen. Wir umrunden den Monte Coldei, einen nördlichen Vorgipfel der Civetta. Hier hat in den Zwanziger Jahren der Bergsteiger und Schriftsteller Domenico Rudatis an schwer zugänglichen Stellen, im Felsgestein eingeritzt, die römische Inschrift »Fin Bel Jul« entdeckt. Man vermutet, daß damit die Grenzen der Weidebezirke zwischen Bellunum und Julium Carnicum festgelegt waren. Die Coldeihütte wurde 1905 erbaut, im Zweiten Weltkrieg zerstört und später mit einem geräumigen Neubau erweitert.

Zum erstenmal sehen wir in das grüne Zoldano nach Pecol und Marison hinunter. Zu Füßen des Civetta-Nordkammes liegt verträumt der dunkelgrüne Coldeisee. Sein Wasserspiegel wechselt, da er von den umliegenden Schneefeldern gespeist wird. 15 Tagwerk ist er groß und etwa 10 Meter tief. An die Gipfelflanke des Col Rean mit Blick zur »Riesenorgel« Civetta duckt sich die schmucke Tissihütte. Ein Sonnenuntergang im Angesicht der verglühenden Riesenwand, der Tiefblick zu den aufblitzenden Lichtern im abendlichen Cordevoletal mit dem Profil der Marmolada im Hintergrund und eine gemütliche Runde beim Vino rosso am flackernden Kaminfeuer der rustikalen Hütte, ergeben einen Zusammenklang von Erlebnissen, wie sie nur dieser einmalige Rastplatz bescheren kann.

Anderntags wandern wir durch das blumenreiche und von Quellwassern erfüllte Val Civetta vorbei an aufgelassenen Almhütten zur 1929 erbauten und geräumigen Vazzolerhütte. Hier und auf der Tissihütte treffen wir mit den extremen Kletterern zusammen, die von diesen Stützpunkten aus aufbrechen, um eine der schwierigsten Kletterrouten anzugehen. In der Bergkapelle nebenan sind in zwei Gedenktafeln die Namen italienischer und deutscher Bergsteiger eingraviert, die im Gebiet der Civetta abstürzten. Unter anderem lesen wir auch den Namen Leo Maduschka. Der bekannte Münchner Schriftsteller erfror 1932 beim Versuch die Sollederroute zu durchklettern. Wie Riesenzinnen bewachen der Torre Trieste und der Torre Venezia den südlichen Zugang zur Civetta. Vorbei an den gewaltigen Moiazzawänden queren wir das oberste Corpassatal. Jenseits des Cordevole wird es von der 1500 m steilen Wand des Monte Agner begrenzt. Sie ist damit die höchste Felswand der ganzen Dolomiten. Nach zweimaligem Jochanstieg und über einen Natur-Trimini-Pfad, bestehend aus elastischen Latschenästen, kommen wir zum nächsten Tagesziel, zur Carestiatohütte. Der Vorbau des fogher verrät schon nach außen den offenen, von Bänken umgebenen Kamin im Innern.

Der 21. Wandertag beginnt mit einem halbstündigen Abstieg zum Duranpaß. Dieser verbindet das Agordino mit dem Zoldano. Südlich des Duranpasses findet man erst seit 1966 Wegezeichen. Die Route hinüber zur Schiara hat der bekannte Bergsteiger und Professor Ciovanni Angelini markiert.
Nach der Forcella Dagarei streben wir über Schotterhänge durch Latschengestrüpp und Felslabyrinthe der von Unkraut eingewachsenen Moscesin-Alm zu. Auf dem gleichnamigen Joch öffnet sich erneut ein Ausblick in das stille Zoldano, diesmal hinaus zum Hauptort Forno di Zoldo. Am Tagesziel bei der Privathütte Pramperet (Sommariva) erwartet uns eine Bilderbuch-Landschaft. So klangvoll wie der Name Pra della Vedova ist, so malerisch lagern die großen Felsblöcke mit und zwischen den bizarr gewachsenen Lärchen auf den sattgrünen Matten.
(Touristische Hinweise siehe nach dem nächsten Abschnitt).

Hinweise zur Wanderskizze des 19.–21. Tages:

1 Masarè: 978 m, Siedlung von Pensionen und Ferienhäusern am Alleghesee; östl. des Ortes am Il Piz Abbruchstelle des Schichtflächen-Bergsturzes; Materialseilbahn zur Tissihütte.

2 Cordèvole: Westlicher Nebenfluß der Piave; Quellgebiet ca. 2330 m hoch am Pordoijoch; Länge ca. 78 km; durch Bergsturz im Jahr 1771 Aufstau des Alleghesees.

3 Civetta: 3220 m, Hauptdolomit, Name zu deutsch: Steinkauz; gewaltiges Felsmassiv mit Wänden und Türmen und einer Länge von ca. 7 km; Erstbesteigung durch den Gemsjäger Simeone de Silvestro, vermutlich 1855; im Jahre 1867 erstiegen von Engländern, Schweizern sowie Paul Grohmann mit Silvestro; fast 1200 m hohe Nordwest-Wand (Wand der Wände), erstmals 1925 durch die Münchner Gustav Lettenbauer und Emil Solleder (Solleder Route, Schwierigkeitsgrad VI) durchstiegen.

4 Agordo: 611 m, Hauptort des mittleren Cordèvole Tales (Agordino) am Fuß der Pala- und der Tamèrgruppe; Pfarrkirche 16. Jahrh., Palazzo de Manzoni 17. Jahrh.; bereits ab 1869 CAI-Sekt.; Straßen nach Fiera di Primiero und über den Duranpaß in das Zoldano.

5 Zoldano: 848–1550 m, Tal-Landschaft, durchflossen vom Maè; erstmals erwähnt 1185 als Papst Luzius III dem Belluneser Bischof das Besitztum des Zoldano bestätigte; waldreich, Mittelpunkt ist der Ort Forno = Ofen, Forno di Zoldo; Bergwerke im 15. und 16. Jahrh.

Berghütten (Rifugio):

6 Rif. Coldai: 2135 m, CAI-Venezia, geöffnet 20. 6.–30. 9. 50 Betten, 20 Lager; Ausgangspunkt für die Civettaersteigung über die Via ferrata d'Alleghesi und für die Begehung des »schönsten Spaziergangs der Dolomiten« (H. Delago).

7 Rif. Tissi: 2275 m, auf dem Col Rean, benannt nach Attilio Tissi, dem Bergsteiger aus Belluno und Abgeordneten in Rom; CAI-Belluno, geöffnet 15. 6.–20. 9., 40 Betten, Telefon; erbaut 1963.

8 Rif. Vazzolèr: 1740 m, CAI-Conegliano, 20. 6.–20. 9., 72 Betten, 24 Lager; Ausgangspunkt für die Civettabesteigung über die Via ferrata A. Tissi.

9 Rif. Carestiato: 1933 m, CAI-Agordo, an der Moiazza mit Ausblick auf den Talkessel von Agordo; benannt nach Brutto Carestiato.

10 Rif. Pramparet: 1857 m, auf dem Pra della Vedova, Privathütte v. H. Titto Sommariva aus Forno di Zoldo, seit 1976 im Sommer bewirtschaftet vom CAI-Treviso.

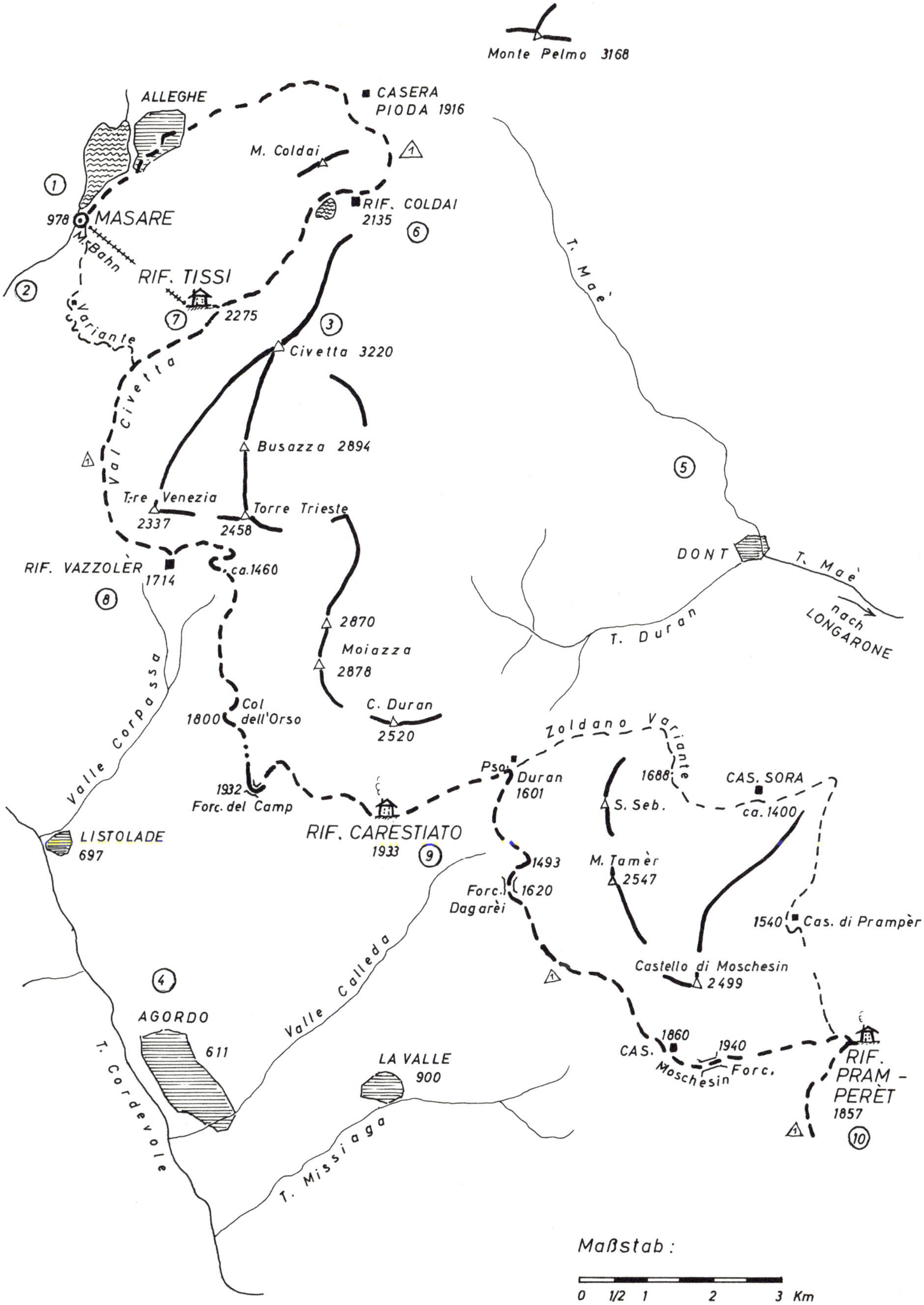
Monte Pelmo 3168
ALLEGHE
CASERA
PIODA 1916
M. Coldai
RIF. COLDAI
2135
978
MASARE
M. Bahn
RIF. TISSI
2275
Variante
Civetta 3220
Val Civetta
Busazza 2894
T.re Venezia
2337
Torre Trieste
2458
RIF. VAZZOLER
1714
ca. 1460
2870
Moiazza
2878
C. Duran
2520
Col
dell'Orso
1800
1932
Forc. del Camp
RIF. CARESTIATO
1933
Pso. Duran
1601
Zoldano Variante
1688
S. Seb.
CAS. SORA
ca. 1400
M. Tamèr
2547
1493
Forc.
Dagarèi
1620
1540
Cas. di Pramper
Castello di Moschesin
2499
CAS.
1860
1940
Moschesin
Forc.
RIF.
PRAM-
PERÈT
1857
T. Maè
DONT
T. Maè
nach
LONGARONE
T. Duran
Valle Corpassa
LISTOLADE
697
AGORDO
611
Valle Calleda
LA VALLE
900
T. Cordevole
T. Missiaga
Maßstab:
0 1/2 1 2 3 Km

22. und 23. Wandertag: Pramperet–Siebente Alpinihütte–Belluno

Durch die südlichen Dolomiten

Nach einem erholsamen Schlaf und einem stärkenden Frühstück auf der bescheidenen Rif. Pramperet sind am 22. Wandertag zwei hohe Bergbarrieren zu bewältigen. Es ist deshalb ratsam, das Lager möglichst früh zu verlassen. Die weltentrückten Gipfelgrade zwischen Monte Talvena und Cima di Gitta sowie die wildzerklüftete Schiara sind der hochalpine Abschluß der gesamten Fernwanderung. Über Latschenhänge führt der Weg hinauf zur Portela del Piazedel und weiter über Schotterterrassen zu den begrünten Bergschultern der Cima di Citta. Wie weite Logen in einem Riesen-Amphitheater öffnet sich beim Abstieg zur Cas. Pian de Fontana Mulde um Mulde. Die neuerdings als Notbiwak eingerichtete Quellenalm (Brunntrog mit klarem Wasser) bietet etwa zehn Personen Unterschlupf. Beim Aufstieg zum Varettajoch braucht das Ausbleiben der Markierungen nicht beunruhigen. Der breite Weg im schattigen Laubwald führt sicher zu den steilen Gipfelhängen der Cima della Scala hoch über das Val Vescovà. Fast 500 Meter unter uns lugt wie eine Spielzeugschachtel aus dem Talgrün die neu erbaute Rif. Furio Bianchet herauf.
Allerspätestens hier muß man sich schlüssig werden: Steigt man zu dieser Schutzhütte ab, um anderntags zur Busstation nach La Muda hinauszuwandern, oder geht man die über 500 Höhenmeter zur Marmolscharte an. Letzteres ist nur unbedingt Trittsicheren und Schwindelfreien zu empfehlen; und dies auch nur bei sicherem Wetter. Eine Umwelt voll schauriger Schönheit umgibt uns in den Schiaraschluchten. Oben auf der Scharte halte man sich zuerst rechts und achte sorgfältig auf die Markierungen. Äußerst gefährlich wäre es, in die vereiste Südschlucht abzusteigen. Entlang der Farbzeichen folgt in einiger Entfernung nach der Scharte die Biwakschachtel Marmol (9 Schlafstellen). Die anschließende Via ferrata Marmol ist eine teilweise ausgesetzte Steiganlage. Doch sind die Eisenleitern nie länger als ein Dutzend Sprossenabstände, und zwischen den Seilsicherungen folgen immer wieder Geröllabsätze. Die Anlage überwindet die Ostseite der Schiara-Südwand mit 600 Metern Höhenunterschied. Eine Rebschnur bzw. ein sogenanntes Brustgeschirr mit Karabinerhaken anzulegen, kann nie schaden! Schöne und beinahe furchterregende Felsszenerien öffnen sich hier den mutigen Wanderern.
Auf den Grasschultern der Rif. 7. Alpini liegen dann die alpinen Gefahren endgültig hinter uns. Durch die Schiara führen weitere Steiganlagen. Diese markierten und gesicherten Routen ermöglichen eindrucksvolle Rundtouren. Zwei Buchen stehen im obersten Talabschluß unweit der Rif. 7. Alpini auf 1800 m Höhe, vermutlich die höchsten ihrer Art in den Alpen. Eine Bergkapelle oberhalb der Hütte erinnert an die in diesem Gebiet abgestürzten Kletterer.
Am nächsten Tag ist der Weg hinaus über Case Bortot (ab hier Fahrsträßchen) und Bolzano bellunese nur mehr eitel Freude. Mit Maronibäumen, Zedern und venezianischer Kunst umschmeichelt uns die liebliche Atmosphäre des warmen Südens.

Touristische Hinweise für die 5 Wandertage in den südl. Dolomiten: 19. Tag: Masarè–Rif. Tissi, ca. 12 km, 1353 Hm auf, 50 Hm ab, Einkehr am Weg. 20. Tag: Rif.Tissi–Carestiato, ca. 14 km, 650 Hm auf, 998 Hm ab, Einkehr am Weg. 21. Tag: Rif. Carestiato–Pramperet, ca. 14 km, 647 Hm auf, 723 Hm ab, keine Einkehr. 22. Tag: Rif. Pramparet–7. Alpini, (bzw. Rif. Bianchet) ca. 14 km, (11) 1365 Hm auf (757), 1932 Hm ab (1369) keine Einkehr. 23. Tag. Rif. 7. Alpini–Belluno, ca. 13 km, 90 Hm auf, 1187 Hm ab, Einkehr am Weg.

Führer und Karten: H. Delago, Dolomiten Wanderbuch, Tyrolia Verlag Innsbruck; Pierro Rossi, Hohe Route der Dolomiten Nr. 1, Verkehrsamt der Provinz Belluno; Olaf Beer (Farchant/Oberbayern), Vom Pustertal nach Belluno; Franz Hanleithner, Dolomiten-Höhenwege 1–3, mit Karten 1 : 50 000, und Hilde Frass, Klettersteige der Dolomiten, beide Verlag Rudolf Rother, München. Wanderkarte 1 : 50 000 Casa Editrice Tabacco, Udine.

Literatur: Wolftraud dei Concini, Marmolada–Civetta–Pala, Bergverlag Rudolf Rother, München; G. Langes, Autorama, Universitäts Verlag Innsbruck.

Hinweise zur Wanderskizze des 22. und 23. Tages:

1 Hohe Route der Dolomiten Nr. 1: Durchgehend markierter Höhenweg vom Pragser Wildsee bis Belluno; der Wegverlauf wurde erstmals 1966 in der Zeitschrift »Alpinismus« beschrieben.

2 Karrenverwitterung: Auch als Schratten bezeichnet; die Auslaugungs- und Erosionsformen sind verschieden tief und treten auf vegetationslosem Kalkgestein auf.

3 Longarone: 10 Kilometer östlich der Wanderroute gelegen; im Jahre 1963 Bergsturz mit 60 Mill. Kubikmeter Gestein und Erde vom Monte Toc in den Vaiont-Stausee, 100 Meter hohe Flutwelle vernichtete den Ort und tötete 2000 Menschen.

4 Schiara: 2565 m, Berggruppe mit vier ausgebauten Steiganlagen; 1952 Via ferrata Col. Luigi Zacchi, mit Biwakschachtel Bernardina; 1959 Via ferrata Berti, 1963 Via ferrata Sperti mit gleichnamiger Biwakschachtel. 1966 Via ferrata Marmòl mit gleichnamiger Biwakschachtel; Felswahrzeichen westlich des Gipfels ist die Felsnadel Gusèla.

5 Certosa di Vedana: Gegründet 1155 als Hospiz des Hl. Markus von Vedana, Stützpunkt für Rompilger; seit 1456 Karthäuserkloster, Erweiterung durch die Klostergebäude 1521, Kreuzgang, Führung für Männer möglich; weiße Ordenstracht; einziges Kloster in Deutschland: Seibranz bei Leutkirch.

6 Case Bortot. 707 m, Ende des Fußweges beim Abstieg von der Rif. settimo Alpini, Parkplatz und Gasthaus. 3 km bis zur Bushalte nach Bolzano bellunese (Bus nach Belluno).

7 Belluno: 400 m, ca. 33000 Ew., Name von Bello (Gottheit) und Dunum (Hügel), Hauptstadt der gleichnamigen Provinz; 110 Straßenkilometer nach Venedig, 71 km nach Cortina, anmutige Lage auf Felssporn zwischen einmündenden Ardobach und Piave. Talblicke erinnern an den Isarwinkl. Bischofssitz, Lebensmittel- und Möbelindustrie, zahlreiche Buslinien, Bahnstation.

Berghütten (Rifugio):

8 Rif. Furio Bianchet: 1245m, CAI-Belluno, 36 Betten, Forststraße in das Cordèvoletal, vorher aufgelassene Alm »Pian dei Gat«.

9 Rif. settimo Alpino: CAI-Belluno, 1490 m, im Hochkar Pis Pilon, 41 Schlafplätze, geöffnet Ende Juni bis Ende September.

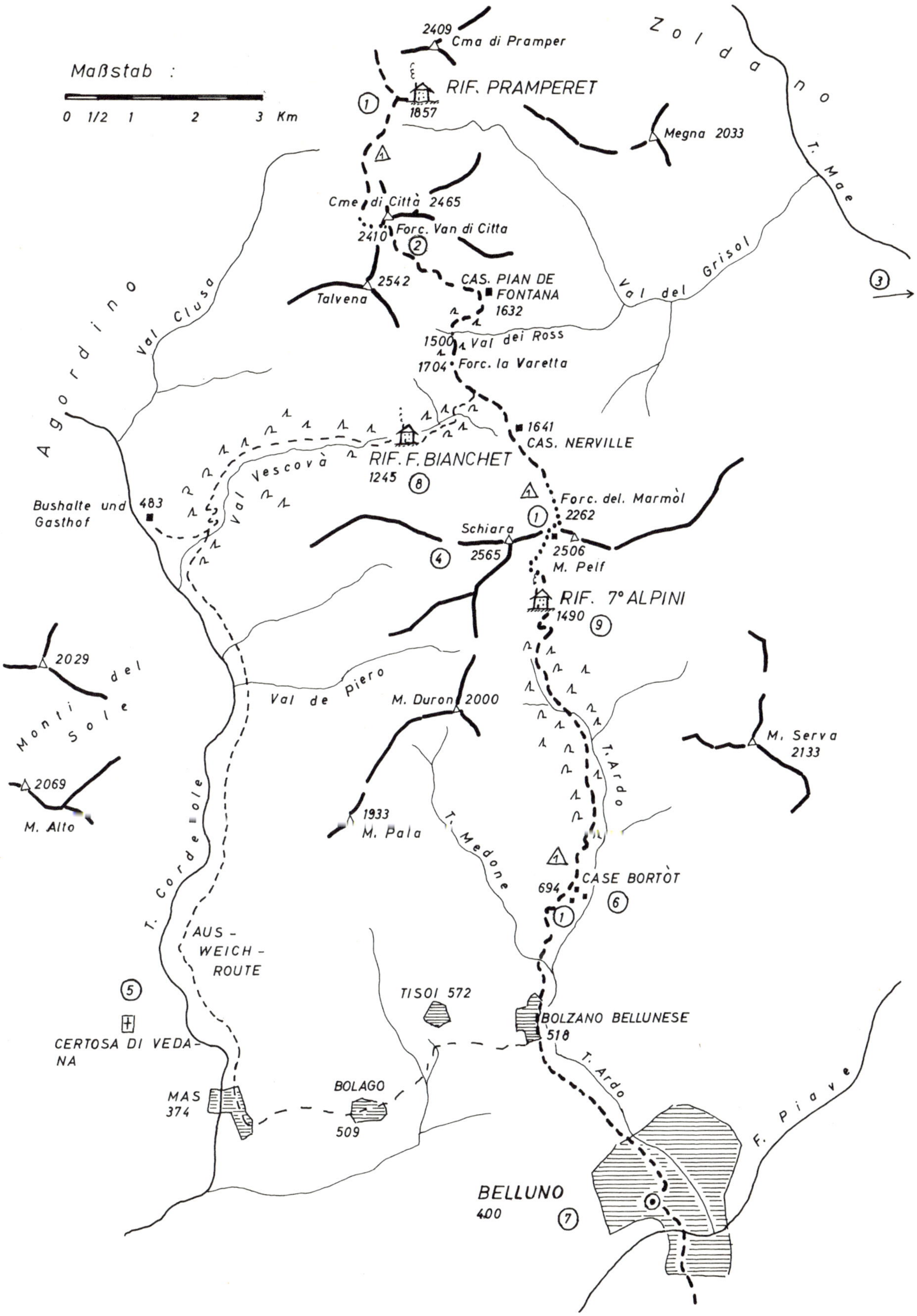

Maßstab :
0 1/2 1 2 3 Km
2409
Cma di Pramper
Zoldano
RIF. PRAMPERET
1857
Megna 2033
T. Mae
Cme di Città 2465
Forc. Van di Citta
2410
2542
Talvena
CAS. PIAN DE FONTANA
1632
Val del Grisol
1500
Val dei Ross
1704
Forc. la Varetta
Agordino
Val Clusa
1641
CAS. NERVILLE
RIF. F. BIANCHET
1245
Val Vescovà
Bushalte und Gasthof
483
Forc. del. Marmòl
2262
Schiara
2565
2506
M. Pelf
RIF. 7° ALPINI
1490
2029
Monti del Sole
Val de piero
M. Duron 2000
M. Serva
2133
T. Ardo
2069
M. Alto
1933
M. Pala
T. Medone
T. Cordevole
694
CASE BORTÒT
AUS-WEICH-ROUTE
CERTOSA DI VEDANA
TISOI 572
BOLZANO BELLUNESE
518
T. Ardo
MAS
374
BOLAGO
509
F. Piave
BELLUNO
400

24. Wandertag: Belluno–S. Maria di Revine Lago

Über den Schneeberg an die Weinstraße

Gegenüber der felsigen Schiara erhebt sich wie ein großer Aussichtsbalkon der breite Rücken des Nevegals. Er gipfelt im 1761 m hohen Col Visentin und wird im Westen vom Piave umflossen, im Osten begrenzt ihn die Strada d'Alemagna. Diese führt dort über den Fadalto-Paß und vorbei am Lago Morto und Lago di S. Croce. Der Berg trennt das liebliche Val Belluna vom Coneglianer Hügelland, das nach Süden in die Tiefebene ausläuft. Der Nevegal – zu deutsch Schneeberg – ist im Winter ein beliebtes Schigebiet, während im Sommer dort Autorennen abgehalten werden.

Mit den nächsten zwei Tageswanderungen durchschneiden wir den großen Piavebogen und treffen erst wieder bei Priula auf den südlichen Wildfluß. Der letzte alpine Höhenrücken kann ohne Mühe mit Linienbus (ab Bf. Belluno bis Hotelsiedlung Nevegal 1025 m) und anschließendem Sessellift erklommen werden. Der Lift überwindet eine Höhendifferenz von 590 Metern und endet oben auf dem Monte Faverghera neben der Rif. Brigata Cadore. Allerdings kann es sein, daß die Bergbahn werktags im Herbst nicht mehr in Betrieb ist. Darüber sollte man sich nicht ärgern; hat doch der Aufstieg zu Fuß auch seine Reize. Stimmungsvoll ist es, bei Tagesanbruch aufzubrechen, wenn die Stadt langsam erwacht, und hinter den Fenstern der Palazzi noch die letzten Lichter brennen. Das Hallen der Schritte in den mittelalterlichen Gassen vermischt sich mit dem an- und abschwellenden Plätschern der Brunnen. Der Weg führt zuerst hinunter an den Schicksalsfluß Piave. Im weiteren Verlauf besteht die ganze Tageswanderung aus einem gewaltigen Auf- und Abstieg. Bei wiederholtem sorgfältigen Kartenstudium gelingt es auf Nebenwegen durch die Dörfer Castion, Faverga und Cirvoi, die Siedlung Nevegal zu erreichen. Unterwegs wird der Blick nach Norden immer freier. Ab dem Ort Nevegal leiten Markierungen zur Höhe. Vorbei an der Liftstation halten wir uns vorerst an den Weg Nr. 2. Nach einem steilen Anstieg an der Schiabfahrt verläuft er später auf einer Länge von ca. 2 km fast in derselben Höhenlage. Er führt durch liebliche Wald- und Felspartien, wo im Spätsommer köstliche Wildfrüchte reifen. Bei einer Wegabzweigung an einem Hanganschnitt wählen wir Nr. 4 (Sentiere della Costa). Erneut wird der Anstieg steiler. Durch den lichter gewordenen Wald schauen die Dolomiten herüber. Das liebliche Val Belluna unter uns wird auch als der Garten der Dolomiten bezeichnet. Die Grundmauern der Casera Costa sind von hohen Brennessseln eingewachsen. Über Bergwiesen steigen wir dem Gipfel des Col Visentin zu. Die technischen Einrichtungen und die Berghütte sind schon von weitem erkennbar. Dort oben sollte einem der Wettergott Föhn schicken. Schreibt doch Pierro Rossi, der belluneser Schriftsteller im Merianheft 11/IX »Dolomiten« von diesem Höhenrücken: »Die Dolomiten und Venedig mit einem einzigen Blick zu erfassen: Das ist ein fast magisches Panorama, das diesen schönen Berg einzigartig macht«.

Beim Abstieg nach Süden benütze man die ersten Kilometer die breite Bergstraße. Da und dort sind Abkürzungen möglich; doch in den steinigen Böschungen ist Vorsicht geboten. Erst bei der westlichen Kehre auf einer Meereshöhe von nur mehr 1000 Metern (Schild »Casera dei Caprari«) suche man über Wiesenwege und Hangpfade Verbindung zur etwa 300 Meter tiefer und weiter westlich verlaufenden Straße. Frei schweift der Blick hinaus zur dicht besiedelten Talsohle von Vittorio Veneto und hinüber zu den Seen von Revine und der dahinter verlaufenden Weißweinstraße. Dem 2. Bergsträßchen folgen wir hinunter bis auf eine Meereshöhe von etwa 550 Metern. Bei einer Kehre verlassen wir auch sie, queren zuerst eine Schlucht und nach einem Wiesenweg nimmt uns für kurze Zeit ein steiniger Hohlweg auf, den wir wieder hinaus auf die Wiesen verlassen. Entlang von Zufahrtswegen der an den Hängen liegenden Häuser kommen wir zu einem Ausblick auf den malerischen Kreuzweg an der Kirche von Revine. Nur mehr etwa 100 Meter oberhalb der Talstraße wandern wir auf Fußsteigen und Zufahrtswegen, entlang rustikaler Mauern, vorbei an Weingärten hinüber zu den seit längerem sichtbaren Seen. Das Dörfchen Santa Maria mit dem Ausflugslokal direkt am Wasser ist unser Tagesziel. Lohnt das Wetter eine Besteigung des Col Viscentin nicht, und will man außerdem die Omnibus- und Sesselliftverbindungen meiden (sie verkehren im Herbst meist sowieso nicht mehr), dann bietet sich ein nur etwa 1150 m hoher Übergang nach Santa Maria an. Diese Jochvariante entlang der Cicogna und über Valmorel ist kürzer, landschaftlich auch sehr reizvoll und man spart etwa 600 Höhenmeter Auf- und Abstieg.

Touristische Hinweise für die Gipfelroute: Ca. 27 km, 1417 Hm auf, 1560 Hm ab, ohne Aufstiegshilfe anstrengende und lange Bergwanderung, Einkehren am Wege.

Führer und Karten: D'Italia 1:50000 Blatt Nr. 063, Belluno und Nr. 084 Vit. Veneto.

Literatur: Piero Rossi, Reiseführer durch das Dolomitengebiet, Vaccari – Sesto S. Giovanni (Italia); Grieben-Reiseführer, Band 248, »Östl. Südtirol Trentino«, Karl Thiemig Verlag München; Franco Sirena, Belluno, Guida Turistika Tipographia, Piave-Belluno.

Hinweise zur Wanderskizze des 24. Tages:

1 Belluno, Geschichte: Vorgeschichtliche Siedlung, 184 v.Chr. von Römern erobert, Einfälle germanischer und gotischer Stämme, unter den Franken herrschten gräfliche Bischöfe, dann oberitalienische Herrschergeschlechter; 1404 freiwillig zu Venedig, 1814–1866 österreichisch.

2 Nevegal: 1000 m, Hotelsiedlung, Touristenzentrum im Sommer und Winter, besucht aus ganz Venetien, 12 km Straßenverbindung von Belluno, Linienbus, alljährliches Autorennen, Lifte zum Kamm des Col Visentin, Gebiet interessant für Höhlenforscher.

3 Berghütten auf der Kammlinie des Col Visentin:
a) Rif. Brigata Alpina Cadore, 1610 m, CAI, 40 Betten, geöffnet ganzjährig; in der Nähe botanischer Alpengarten mit über 1000 Pflanzenarten.
b) Rif. Angelo Bristot, 1616 m, privat, 20 Betten ganzjährig geöffnet.
c) Rif. 5° Reg. Art. Alpina, 1761 m, 35 Betten, ganzjährig geöffnet.

4 Lago di S. Croce: 386 m, an der Strada d'Alemagna am Fuße des Fadalto Passes, (488 m, klassischer Übergang vom Piavetal nach Vittorio Veneto), zwischen Col Visentin und der Hochfläche des Cansiglio gelegen; 4,5 km lang, 2 km breit, am Südende Ferienort S. Croce del Lago, Buslinie von Belluno (18 km).

5 Bergdörfer Olivi und Menegon: 658 m, abseits der Wanderroute am Abstieg nach Vit. Veneto, Einkehr und Übernachtungsmöglichkeit im Cafe Pavan (Mirella und Peppi Segat I 31029 Fais di Vit. Veneto), Zufahrt von Longhere (schmales Bergsträßchen).

6 Vittòrio Vèneto: 139 m, 30000 Ew., verkehrsreicher Talkessel zu Füßen der belluneser Voralpen; malerische Altstadt mit Laubengängen, sehenswerten Kirchen und Palästen, besonders der Dom (15. und 18. Jahrh.) mit Altarbild von Tizian (1547), Castell San Martino (Bischöfliche Residenz), Loggia von Sansovino (Kriegsmuseum); Motorrad- und Zementfabrik; östlich der Stadt in Fregona eindrucksvolle Calieron-Höhlen; 24. 10.–4. 11. 1918 letzte Schlacht an der italienisch-österreichischen Front.

7 San Boldo Paß (Passo di San Ùbaldo) 706 m, 1917/18 von österr. Pionieren hinter der Piavefront erbaut, die Gedenktafeln wurden aus dem Fels gehauen; einzigartig durch die beidseitig in die Felsen gebauten Kehren.

8 Santa Maria di Revine Lago: 275 m, Dorf oberhalb des Lago S. Maria; Ausflugs- und Übernachtungslokal am See: Albergho Riva d'Oro di Moz Lino, Telefon, Schwimmbad, Wasserschi, Campingplatz.

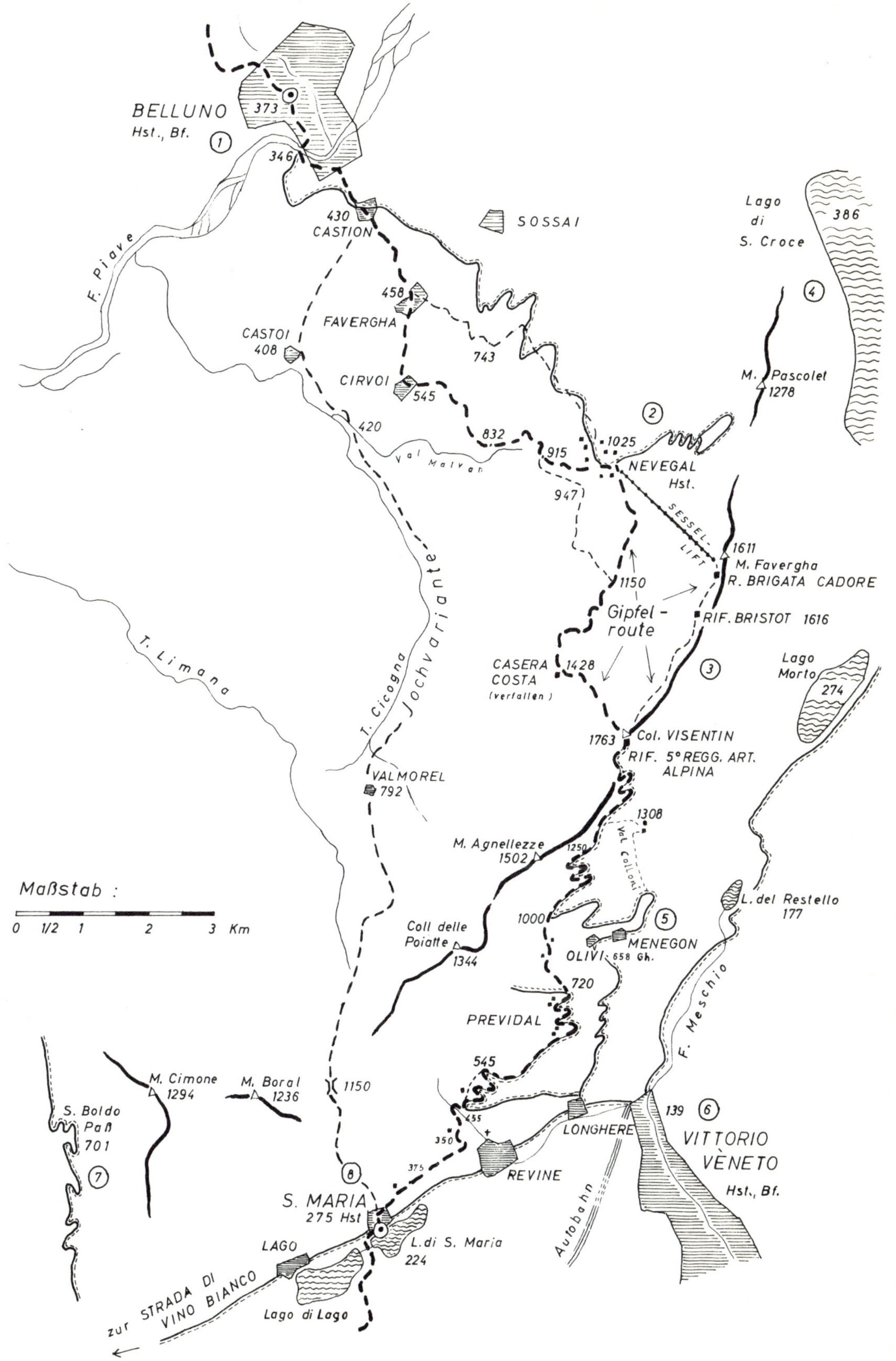

25. Wandertag: S. Maria–Ponte Priula

Über die letzten Hügel

Die erste Wanderung südlich der Alpen erschließt eine reich gegliederte Landschaft. Sie ist angefüllt mit kleinen Feldgehölzen, verträumten Bachtälern und entlegenen Bauernhöfen. Versteckt zwischen Weingärten und lose aufeinandergeschichteten Steinhaufen liegen sie meilenweit entfernt von den belebten Asphaltstraßen und lauten Städten. Der flüchtig auf den großen Touristenwegen Dahineilende ahnt nicht die intime und ursprüngliche Atmosphäre dieser ausgeprägt schönen Hügellandschaft. Landsträßchen schlängeln sich durch geschlossene Täler, klettern auf Anhöhen zu ein paar Häusern, oder zu irgendeinem alten Schloß. Dort herrscht noch Friede und die Stille wird nur vom Gesang der Vögel unterbrochen. Künstler, Heilige und Dichter liebten dieses Land; vom Venantius Fortunatus bis zum Hl. Martin, von Pietro Bembo zu Robert Browning und von Giorgione bis zu Tizian. Es ist eine Landschaft wie sie Eichendorfs Taugenichts auf seinem Weg nach dem Süden durchwanderte.
Da es vom Fuß des Schneeberges über den Mondragon und die vielen Hügel bis hin zur Ebene bei Priula ein weiter Weg ist, brechen wir zeitig auf. Nach Verlassen des Albergo Riva d'Oro gehen wir zuerst nochmals hinauf zur Dorfstraße von Santa Maria, umwandern den Campingplatz und suchen eine geeignete Stelle wo wir den Wasserlauf überwinden können, der die beiden Seen miteinander verbindet. Nach hohem Schilf und feuchten Wiesen wird es entlang der Felder hinauf zum Villenort Corona trockener. Er schmiegt sich an den Hügeleinschnitt, durch den die Straße über Tarzo nach Conegliano führt. Gleich nach dem Geländeeinschnitt verlassen wir nach rechts die belebtere Verkehrsader und vorbei an einem Krankenhaus und hübschen Landhäusern marschieren wir einige Straßenkehren aufwärts. Jenseits der breiten Talsenke des Fiume Soligo, der von den beiden Seen gespeist wird, begrenzen den Blick nach Norden der Monte Cor und der Monte Cimone. Über die dort 1300 Meter hohe Kammlinie – nach Nordosten steigt sie zum Col Visentin an – verläuft die Grenze zwischen der Dolomitenprovinz Belluno und der Provinz Treviso. Nachdem wir auf dem Asphaltsträßchen an die 100 Hm überwunden haben, zweigen wir beim Höhenpunkt 337 Meter zum Dörfchen Reseretta ab. Kleine, weiß getünchte Häuser säumen die nach Süden abfallende Dorfstraße. Durch Laubgehölz und entlang eines Baches senkt sich der Weg hinunter zum Gehöft Prapian. Von da steigt die Route wieder an, zuerst westwärts und dann genau nach Süden, hinauf zum Mondragon. Wenn er auch nur 436 Höhenmeter aufweist, so ist er doch im weiten Umkreis der höchste Hügel und gewährt schöne Ausblicke, insbesondere nach Osten über das Tal des Cervano zu den verstreut liegenden Dörfern und Kirchen. Das Nahziel, die Ortschaft Refrontolo, verbirgt sich hinter den Höhen genau im Süden. Die nach Südwesten streichenden Tälchen verleiten zum munteren Bachlauf Lierza hinunter zu gehen. An ihm liegt versteckt die weithin bekannte kleine Mühle (Molietta della Croda). In Refrontolo, das einen Verkehrsverein hat, stoßen wir auf die Weißweinstraße. Grund genug in einem der Lokale einen der mundenden Hügelweine zu kosten. Der Weiterweg ist vorgezeichnet durch ein auf der Anhöhe der Sonne entgegenlaufendes Sträßchen. Bei Biasi, nur noch 100 Meter hoch, queren wir die Überlandstraße Pieve di Soligo-Conegliano. Sofern wir nicht die ebene, aber sehr verkehrsreiche Autostraße über Barbisano nach Priula wählen, heißt es erneut eine Route über die Hügel zu suchen. Am besten wohl geht man vorbei an den Höfen Rochetta, Sandago und hinauf nach Guarda und S. Daniela (ca. 260 m).
Auf den Höhen um den Mondragon trafen wir auf Brachland, sich selbst überlassenen Weiden und Mischwald, in den Taleinschnitten auf wasserreichen Auen und an den südlich geneigten Hängen auf Weingärten, Mais- und Getreidefelder.

Äußerst beeindruckend endet die Wanderung über die Berge und Hügel. Weit erstreckt sich vor unseren Augen die große Tiefebene bei Priula hinunter bis zur Lagune und an die Adria. Mittendrin durchströmt sie der Piave. Für die Italiener ist er der heilige Fluß des Vaterlandes. Beim Verlassen der Hügel begrenzt das Tal im Westen der im Ersten Weltkrieg heiß umkämpfte Montello. Gegenüber flankiert unseren Blick das aus dem 14. Jahrhundert stammende trutzige Schloß San Salvatore. Nach den Kriegszerstörungen von 1917/18 wurde es wieder aufgebaut. Vom ursprünglichen Bau sind nur zwei Türme und Mauerreste sowie Einiges aus dem 18. Jahrhundert erhalten. Nachdem sich die Augen an der großartigen Weite sattgesehen haben, steigen wir schließlich die allerletzte Anhöhe hinunter. Auf den restlichen Tageskilometern vor Priula umfängt uns erstmals ganz die große südliche Tiefebene.

Touristische Hinweise: 25. Tag: Santa Maria di Revine Lago–Ponte di Priula, ca. 27 km, 737 Hm auf, 894 Hm ab, Einkehren am Weg. Anstrengende Hügelwanderung.
Nicht ganz so anstrengend, weil dabei das oftmalige Auf- und Absteigen im teilweise weglosen Gelände vermieden wird, ist die Variante entlang des Baches Lierza (R. II). Der Wanderer besucht dabei die malerisch an einem Wasserfall gelegene und längst aufgelassene alte Mühle und berührt die Burg Collalto. Diese Route ist wesentlich leichter auffindbar. Sie benützt allerdings fast ausschließlich untergeordnete Straßen und Wege, die jedoch ein schnelleres Vorankommen auf dieser langen Tagesetappe ermöglichen.

Führer und Karten: D'Italia 1:50000 Bl. Nr. 084 Vit. Veneto.

Literatur: Prospekte des Provinzial-Fremdenverkehrsamtes Treviso und des staatlichen Fremdenverkehrsamtes.

Hinweise zur Wanderskizze des 25. Tages:

1 Revine: Malerischer Kreuzweg zur reizvoll am Berghang gelegenen Kirche. – Revine Lago: Charakteristisches Dorf mit steilen Gäßchen und alten Steinhäusern; Sanktuar von San Francesco da Paola; zum Weihnachtsabend und Dreikönigsfest werden als volkstümliche Aufführungen die »lebende Krippe« und die »Passion des Herrn« dargeboten.

2 Corona und Tarzo: Ferienorte auf den ersten Hügeln gegenüber den venezianischen Voralpen mit schönen Villen und Parks aus älterer und neuerer Zeit.

3 Molinetto della Groda: Eindrucksvolle kleine Mühle, landschaftlich schön an einem Felsen nördl. von Refrontolo gelegen.

4 Refrontolo: 216 m, ca. 1700 Einwohner, hübsch gelegener Weinort an den Hügeln südlich des Mondragons (436 m), Schnittpunkt des Traumpfades mit der Weißweinstraße.

5 Weißweinstraße: Erste in Italien geschaffene Weinstraße, 35 km lang, verläuft am Fuß der venezianischen Voralpen durch das Hügelland von Conegliano nach Valdobbiádene.

6 Conegliano: 75 m, (50–150 m), ca. 31000 Einwohner, malerische Stadt mit historischen Gebäuden und Brunnen zu Füßen der Hügellandschaft; das Schloß ist Ausgangspunkt der Weißwein- und Rotweinstraße; Fachschule und Institut und Weinbau. Geschichte: 1389 zur Republik Venedig, in beiden Weltkriegen schwer beschädigt.

7 Strada d'Alemagna: Historischer Straßenzug führt von Venedig über Conegliano–Vit. Veneto, durch das Cadore und das Pustertal über den Brenner nach Tirol und Deutschland. Auf ihm zogen im Mittelalter die deutschen Kaufleute zu ihrer Niederlassung (Fondaco dei Tedeschi) am Rialto.

8 Susegana: 76 m, ca. 7200 Einwohner, landwirtschaftliches Zentrum am Fuße des Hügels San Salvatore; mit der grandiosen Ruine des gleichnamigen Schlosses (158 m) der Grafen Collalto; wurde im Ersten Weltkrieg schwer beschädigt; herrliche Lage am Rand der Tiefebene unfern des Piave.

9 Nervesa della Battaglia: 80 m, stark umkämpfter Ort im Juni 1918; am Fuße des im Norden und Osten vom Piave umflossenen Hügels Montello (371 m); früher ganz mit Eichen bestanden, jetzt Ackerland mit Waldtälern und Dolinen sowie schönen Ausblicken; am Südosthang oberhalb des Ortes Krieger-Ehrenmal mit Beinhaus; Ruinen der Abtei v. S. Eustachio, Canale d. Victoria.

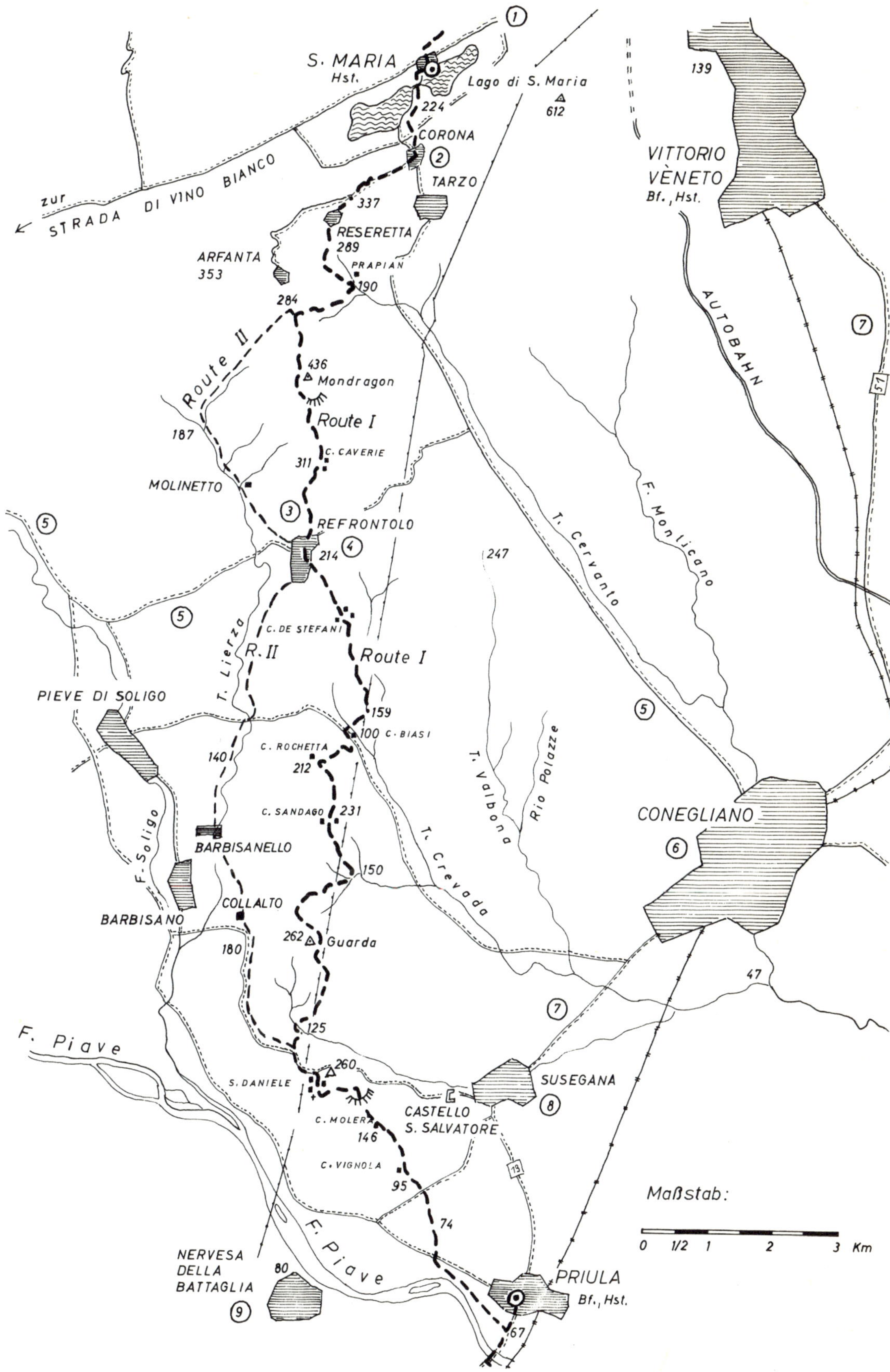

26. Wandertag: Priula–Bocca Callalta

Zwischen Wildfluß- und Kulturlandschaft entlang des Piave

Von Priula aus sind es nur noch 49 Straßenkilometer bis nach Venedig. Ein tüchtiger Maschierer schafft dies an einem Tag. Doch wer will schon auf der Autostraße durch das häßliche Industriegebiet Mestre und über den verkehrsreichen Damm in die Lagunenstadt marschieren? Da die großen Verkehrswege quer zum Piave verlaufen, bleibt man bei einer Wanderung entlang des Flusses unbelästigt von Lärm und Benzingestank. Dafür ist allerdings die Strecke an die Lagune und entlang des Strandes von Cavallion wesentlich weiter. Mit drei Wandertagen müssen wir hier schon noch rechnen.

Zu Beginn des ersten Tages in der Ebene deckt sich einen Kilometer lang unser »Traumpfad« mit dem »Spazierweg« von Johann Gottfried Seume. Auf seinem Weg von Leipzig nach Syrakus war er am 1. März 1802 von Conegliano nach Treviso unterwegs. Nach Überschreiten des Piave wenden wir uns flußabwärts, gehen unter der Eisenbahnbrücke durch und anschließend auf dem Hochwasserdamm weiter. Nach einem Kieswerk halten wir uns erneut wieder an den Damm. Zum Flußbett fällt er mit einer hohen Betonmauer ab. Getragen von mächtigen Betonpfeilern überquert die Autobahn Venedig–Vittorio Veneto den Fluß. Nach einigen hundert Metern ist der Damm plötzlich zu Ende. Später taucht er als niedrige Wiesenböschung wieder auf. Sofern wir nicht auf dieser künstlichen Erhöhung dahinwandern können, halten wir uns möglichst in dem Grenzbereich zwischen Wildfluß- und Kulturlandschaft. Im Schatten von Gehölzreihen und entlang von Wassergräben und Dämmen finden sich hier immer wieder längere Wiesen- und Feldwege. Zwischen Mais- und Getreidefeldern taucht da und dort ein Gehöft auf. In der Aue wächst wie an der Isar die Purpurweide. Ansonsten ist aber der Bewuchs wesentlich üppiger. Wir treffen auf Walnußbäume, Haselnußsträucher, Robinien, Platanen, Maulbeerbäume, Linden und Pappeln. Das bei uns seltene und geschätzte Federgras (Stipa pennata) – es wächst nur im Weinbauklima – glänzt im Gegenlicht. Die Landschaft wird belebt durch zahlreiche Vogelarten wie Pirol, Nachtigall, Wiedehopf, Kukkuck und verschiedene Schwalbenarten. Vor uns fliegen Fasane auf und Hasen suchen das Weite. Allerdings wird werktags die Stille in der Flußlandschaft an einigen Stellen vom Lärm der Kieswerke unterbrochen. Um nicht von den Lastwagen eingestaubt zu werden, meide man die Kiesstraßen in der Flußaue. An den schützenden Betondamm geschmiegt taucht nach etwa neun Kilometern das Dörfchen Salettuòl an der Piavebrücke auf.

Um den Flußübergang bei den Inseln von Papadopoli wurde im Oktober 1918 heftig gekämpft. Nachdem die österreichisch-ungarischen Truppen in der 12. Isonzo-Schlacht im November 1917 bis zum Piave durchgebrochen waren, konnten sie noch bei Nervesa, Fagarè und Musile Brückenköpfe bilden. In Gegenangriffen besetzte die 10. italienische Armee am 24. Oktober 1918 einige Flußinseln bei Papadopoli. Vom 16. auf den 17. Oktober schlugen sie hier drei Brücken und gewannen wieder die Ostseite des Flusses. 1800 Artilleriegeschütze, 500 Mörser und 21 Infanteriedivisionen brachten damals die Italiener an dem mittleren Piave zum Einsatz. Vom Gardasee bis zur Piavemündung standen sich Mitte Juni 1918 gegenüber: Auf österreichischer Seite 60 Divisionen, 7500 Geschütze und 580 Flugzeuge; auf italienischer Seite 59 Divisionen (davon 3 britische, 2 französische und 1 tschechische), 9983 Geschütze, Mörser und Flugabwehrkanonen, 676 Flugzeuge und 41 Ballone. An die für beide Seiten verlustreichen Kämpfe erinnert das Kriegerdenkmal unmittelbar am Fluß: Auf einem achteckigen Fundament ruht ein Quader; darauf eine Säule mit den Namen der Einheiten, den wichtigsten Daten und Ortsangaben. Daneben ziert eine Marmorplatte und ein Stern die Steinpyramide. Originalerinnerungen an jene geschichtlichen Ereignisse sind Trümmer von Granaten oder anderem Kriegsgerät, das im lehmigen Ackerboden oder im Flußschotter noch heute gefunden wird.

Nach Salettuòl folgen wir dem kurzen Damm, dann begleitet unseren Weg ein Weingarten und schließlich folgt ein etwa zwei Kilometer langer Wiesenweg. Im weiteren Verlauf berühren wir ein Kieswerk, benützen ein kurzes Wegstück eine Teerstraße, gehen an einer Feldahornhecke und Häusern entlang und treffen wieder auf Wiesenwege und Dämme. Draußen im Kulturland liegt die Ortschaft Candelù. Später taucht der schlanke Campanile von Saletto auf. Ein Brunnentrog am Wege gewährt Erfrischung. Vor dem Tagesziel Bocca Callalta fordern einige eintönige Straßenkilometer noch Kraftreserven. Wenn dann rechts die dunklen Zypressen am Kriegerfriedhof von Fagarè zu sehen sind, nähert sich der erste Wandertag in der Ebene seinem Ende.

Touristische Angaben: 26. Tag: Priula–Bocca Callalta, ca. 26 km, ebenes Gelände, nachmittags Einkehrmöglichkeit.

Führer und Karten: D'Italia 1:50000, Bl.Nr. 084 Vit. Veneto, Nr. 105 Treviso und Nr. 106 S. Donnà di Piave.

Literatur: J. G. Seume, Spaziergang nach Syrakus, Verlag J. Friedrich Hartknoch, Leipzig 1839 (Neuauflage bei Verlag Bruckmann KG., München).

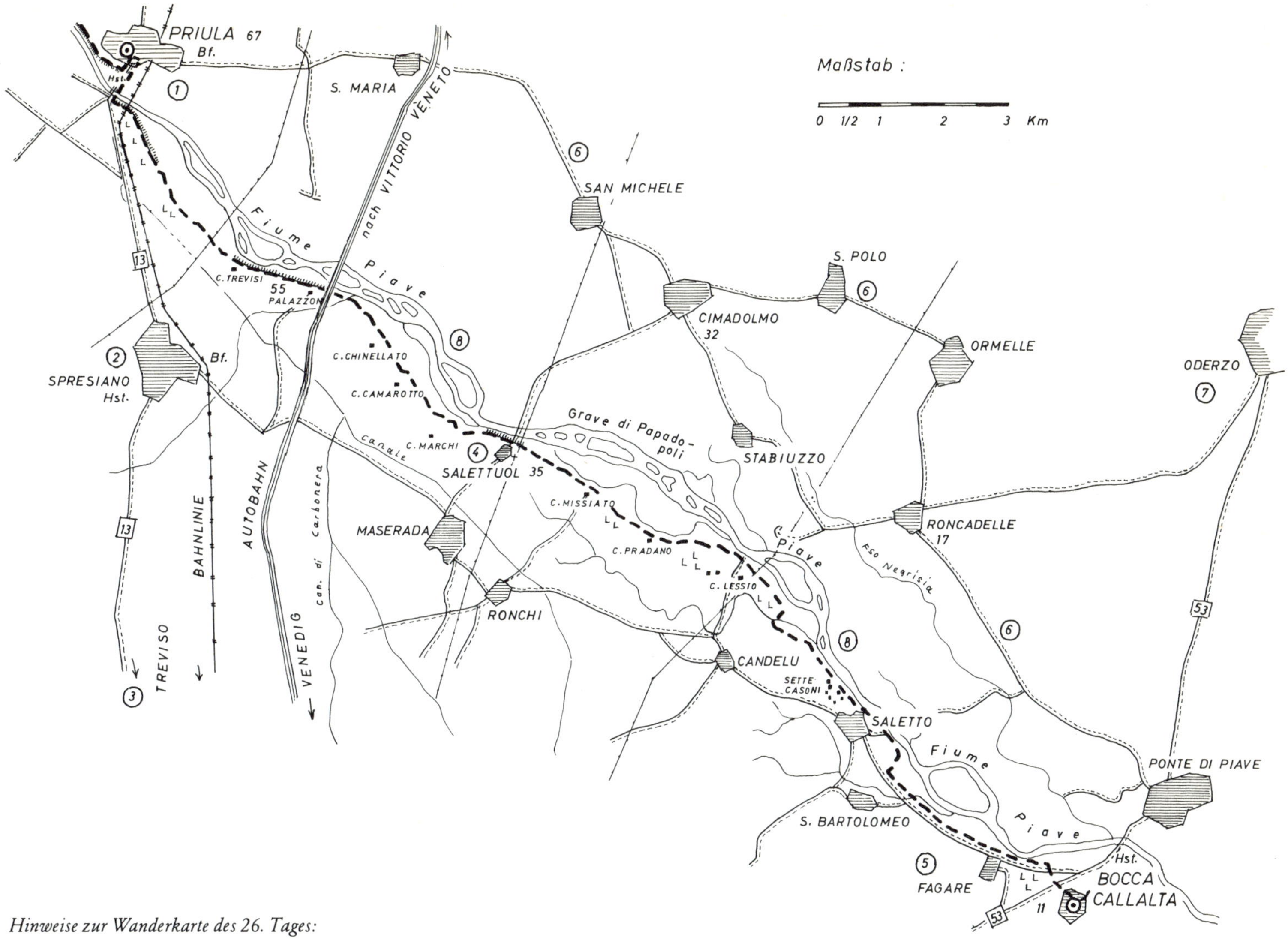

Hinweise zur Wanderkarte des 26. Tages:

1 Ponte Priula: 67 m, Ortschaft an der Ostseite des alten Piave-Überganges (Straßen- und Eisenbahnbrücke) mit einem Gelöbnistempel, der allen Gefallenen an der Piave gewidmet ist. Übernachtungsmöglichkeit: Albergo-Ristorante »S. Carlo« Ital. 31 10 10 Ponte Priula (Treviso), Telefon.

2 Spresiano: Holz- und mechanische Industrie, Straßenkreuzung nach Arcade; die Villa Giustilian-Recanaz ist ein bemerkenswerter Bau vom Ende des 17. Jahrhunderts mit Oratorium, im Innern ein Gemälde von Pietro Vecchia.

3 Treviso: 90000 Ew., wasserreiche, mittelalterliche Hauptstadt der gleichnamigen Provinz (660000 Einwohner, 2477 qkm); schon in der Bronzezeit besiedelt, unter den Römern Tarvisium genannt; zur Zeit Karl des Großen besaß Treviso die wichtigste Münzstätte Italiens. Größte Macht als freie Stadt im 13. Jahrh., ab 1339 Venezianisch; starke Zerstörungen im Ersten Weltkrieg (durch Fliegerbomben) und erneut im Zweiten Weltkrieg. Dom aus dem 12. Jahrh., Rathaus aus dem 13. Jahrh., einzige öffentliche Loggia im romanischen Stil. Konserven- und keramische Industrie.

4 Salettuòl: 35 m, Dorf an unserer Wanderroute und unmittelbar am Piave gelegen; Kriegerdenkmal zur Erinnerung an die schweren Kämpfe im Herbst 1917 und Juni 1918; Flußübergang bei den Inseln Grave di Papadopoli.

5 Fagarè: Monumentaler Kriegerfriedhof (Beinhaus), geschaffen vom Architekten de Fasco um die in der Schlacht am Piave gefallenen 15000 Soldaten aufzunehmen; 80 m langer, 28 m breiter und 15 m hoher Säulengang sowie acht Kapellen.

6 Rotweinstraße: Siehe »Weinstraßen im Veneto . . .«, die Wanderroute zu Beginn des vorletzten Wandertages verläuft vom Übernachtungsort Bocca Callalta über Zenson di Piave bis Fossalta di Piave entlang der Rotweinstraße.

7 Oderzo: 16 m, ca. 12200 Einwohner, 88 v. Chr. römische Kolonie. 49 v. Chr. von Pompeus zerstört und von Julius Cäsar wieder aufgebaut; sehenswerter, antiker Stadtkern; Endpunkt der Rotweinstraße.

8 Piave: Siehe auch »Isar und Piave . . .« als Wildwasser für Kajakfahrer ab Perarolo di Cadore fahrbar (vorher 15 km langer Stausee von Piave di Cadore mit langer Umtragestelle). Zu Beginn des Talkessels vor Belluno großes Stauwehr. Befahrung empfehlenswert bis Quero, Schwierigkeitsgrade von I–IV, nach Quero zeitweise fast alles Wasser in die Kanäle abgeleitet.

9 Bocca Callalta: Übernachtungsort vom 26. auf den 27. Wandertag, Gasthaus (Trattoria) »Zanella« (Speise- und Übernachtungslokal).

27. Wandertag: Bocca Callalta–Jesolo

Vom Piave an die Lagune

Der 2. Wandertag in der Ebene ist zugleich der vorletzte der ganzen Wanderung. Während gestern noch die Weite der einsamen Wildfluß- und einer entlegenen Kulturlandschaft das Bild am Wege prägte, überwiegen heute in der intensiv bewirtschafteten Flur die vielen kleinen Ortschaften. Der Fleiß und die menschliche Betriebsamkeit haben die Auwälder bis auf einen Reststreifen entlang des Flußufers verdrängt. Der Piave selbst ist sichtlich gealtert. Von der Frische und der Munterkeit aus dem Cadore und dem Val Belluna ist kaum mehr etwas zu spüren. Das fehlende Gefälle und der Rückstau vom Meer lassen ihn nur mehr träge und oft kaum mehr feststellbar seinem Bestimmungsort, der Adria, zufließen.

Bei unserem Marsch halten wir uns vorerst wieder möglichst an den Fluß, ohne aber dabei all die zahlreichen Schleifen auszulaufen. Gestern konnten wir teilweise den Hochwasserdamm nicht benützen, da er völlig mit Gestrüpp eingewachsen war; heute dagegen trägt er auf lange Strecken ein geteertes Sträßchen, welches uns schnell vorankommen läßt. Über Zenson di Piave bis Fossalta verläuft parallel mit unserem Weg die Rotweinstraße. In den Weingärten reifen in der zweiten Septemberhälfte die Trauben und da und dort ist die Weinlese schon im Gange. Die Reben werden entweder an Spalieren gezogen oder nach dem System Belusci in Laubenform kultiviert. (Belusci wurde in Maria di Piave geboren und lebte dort um die Jahrhundertwende.) Die fruchtbaren Äcker geben Erträge an Mais, Weizen, Hafer und Hanf. Aus dem vorzüglichen Weizen werden die beliebten Maccaroni hergestellt. Und das Nationalgericht, die Polenta, ist Maismehl, das in Salzwasser gekocht wurde. Zusammen mit Hülsenfrüchten bildet es die Hauptnahrung der ärmeren Volksschichten. Zahllose kleine Kanäle bewässern das Land und die Wiesen können so bis zu achtmal im Jahr gemäht werden.

Einen Kilometer nach Zenson verlassen wir die Provinz Treviso. Seit der Kammlinie des Nevegals durchwanderten wir sie. Die erste Ortschaft in der Provinz Venezia ist Fossalta di Piave. In der Nähe dieses Weinortes wurde der amerikanische Schriftsteller Ernest Hemingway (1899–1961) am 8. Juli 1918 von einer Mine schwer verwundet. Es war am siebenten Tag seines Fronteinsatzes. Um die rund zweihundert Splitter aus seinen Beinen herauszuholen, wurde er zwölfmal operiert und lag als Verwundeter längere Zeit im Mailänder Lazarett. Diese Erlebnisse am Piave schlugen sich in Hemingways Roman »In einem anderen Land« nieder. Den Ort der Handlung verlegte er dabei an den benachbarten und mächtigeren Tagliamento. Auch sein Roman »Über den Fluß und in die Wälder« handelt an diesem südlichen Wildfluß.

Bei unserer Wanderung 1974 wechselten wir vom Piave bei Musile an die Lagune nach Caposile und marschierten dabei fast sechs Kilometer auf der belebten Teerstraße. Die eingezeichnete Route 1 benützt Nebenstraßen, dann Feldwege am alten Piave. Nach der Karte müßte es auch möglich sein, auf ruhigen Seitenwegen bereits von Croce aus nach Caposile oder über Musile nach Passarella di Sotto an das Tagesziel nach Jesolo zu kommen. Die erste Variante hat den Vorzug, daß sie an die 10 Kilometer zwischen dem Flüßchen Sile (Piave vecchio) und der verschilften Lagune dahinführt; wohingegen man im anderen Fall länger an dem Piave bleibt und Musile durchquert. Bedauerlicherweise ist das Kiessträßchen, auf dem wir 1974 zwischen Caposile und Jesolo beschaulich dahinwanderten, auf der Straßenkarte der Provinz Treviso – die im selben Jahr herauskam – als strada in construtione eingezeichnet. Eventuell verbliebe noch eine ganz andere Fortbewegungsart: Nämlich mit einem Faltboot auf dem Piave vecchio und dem Sile nach Jesolo zu paddeln. Das zusammengelegte und verpackte Boot könnte bahnlagernd nach S. Donna di Piave geschickt werden. Von besonderem Reiz müßte es sein, die Inseln in der Lagune nach genauem Kartenstudium und mit Hilfe des Kompasses anzufahren, vielleicht auf der geschichtsträchtigen Insel Torcello zu übernachten und am nächsten Tag über Burano und Murano Venedig anzusteuern. Bei einem größeren Faltboot läßt sich auch ein Segel setzen. Am Ende der Wasserreise nach einer Fahrt durch die Kanäle Venedigs könnte dann das verpackte Boot vom Bahnhof Venedig aus wieder per Bahn nach Hause geschickt werden. Für einen derartigen Abschluß dieses Aktiv-Urlaubes vergesse man aber nicht ein Fliegennetz und entsprechende Einreibemittel mitzunehmen.

Touristische Hinweise: 27. Tag: Bocca Callalta–Jesolo, ca. 31 km, ebenes Gelände, Einkehren am Wege.

Führer und Karten: Carta d'Italia 1:50000, Bl. Nr. 106, S. Donna di Piave und Nr. 128 Venezia.

Hinweise zur Wanderskizze des 27. Tages:

1 Fossalta di Piave: Weinort an der strada del vino rosso; südlichster Punkt der Rotweinstraße, die weiter nach Pralongo und Monastier di Treviso verläuft.

2 Musile und Santa Donna di Piave: Doppelort, beidseitig des Flusses gelegen; Zentrum für Landwirtschaft, Handel und Industrie (Pharmacia, Textilien, Mechanik); Produktion bekannter Weine (»Der Weiße von San. Donna«). S. Donna wurde im 13. Jahrh. von Fischern und Bauern gegründet, im 15. Jahrh. zu Venedig, 1808 zur Zeit der napolianischen Besatzung Sitz der Verwaltung des adriatischen Bezirks.

3 Sile: Ca. 80 km langer Fluß in der Provinz Treviso; entspringt in ihrem südwestlichsten Teil, durchfließt die Provinzstadt Treviso und entlang der östlichen Lagune; Mündung in den Golf von Venedig zwischen Jesolo und Cavallino; früher mündete er bei Mazurbo gegenüber von Burano. Reich an Fischen, besonders geschätzt sind die gutschmeckenden Aale.

4 Lagune: Flache Buchten und Meeresarme, die durch langgestreckte Landzungen und Inseln vom offenen Meer getrennt sind; ausgefüllt mit Brackwasser; ohne menschliche Eingriffe würden die Wasserflächen versanden und verlanden und die Lagune sich weiter in das Meer hinausschieben. Der Name bezieht sich auch auf die Wasserflächen in einem Atoll (siehe auch Artikel »Wo Land und Wasser . . .«).

5 Eraclea: Uralter Ort nördlich von Jesolo. Einstmals ein römisches Inselstädtchen in der Lagune von Oderzo; wie Jesolo und Torcello nahm es während des Ansturms der Germanenstämme Bewohner von Concordia, Altino und Aquilea auf. Im 7. Jahrh. flüchtete der Bischof von Oderzo nach Eraclea. Umbenennung in Cittanova; mit dem Aufstieg Venedigs verfiel der Ort (wie Torcello und Jesolo); durch Anschwemmungen verschwand die Insel. In der Nähe dichter Pinienwald und fünf Kilometer langer Badestrand von Eraclea Mare (von der Piavemündung bis Caorle).

6 Jesolo: 3 m, am Rande des heutigen Städtchens Reste der römischen Hafenstadt Jesulum mit den Ruinen des Domes Santa Maria Assunta und den Außenmauern der Basilika San. Mauro (9. Jahrh.). Durch Vertreibung aus verschiedenen Städten Veneziens während der Völkerwanderung starker Zuzug besonders aus Oderzo, um 864 Bischofssitz mit 42 Kirchen; der Mosaikboden der Kathedrale diente als Beispiel für den von San. Marco. Mit dem Einfalle der Franken begann der Verfall, völlige Zerstörung durch die Ungarn und Ende der Stadt im 15. Jahrhundert.

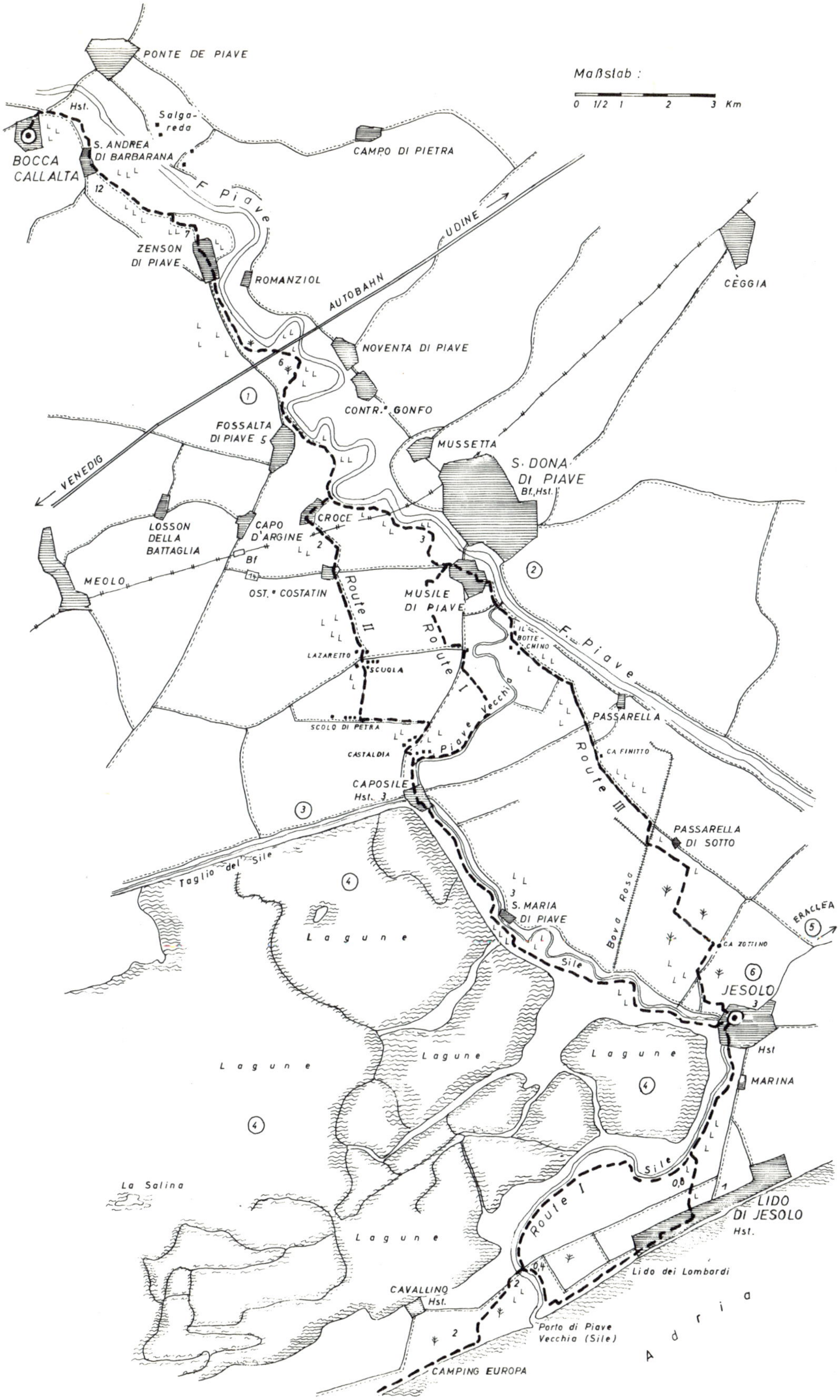

Maßstab:
0 1/2 1 2 3 Km
PONTE DE PIAVE
Salgareda
BOCCA CALLALTA
S. ANDREA DI BARBARANA
CAMPO DI PIETRA
F. Piave
ZENSON DI PIAVE
ROMANZIOL
UDINE
AUTOBAHN
CÈGGIA
NOVENTA DI PIAVE
CONTR.° GONFO
FOSSALTA DI PIAVE
MUSSETTA
S. DONA DI PIAVE
Bf. Hst.
VENEDIG
LOSSON DELLA BATTAGLIA
CAPO D'ARGINE
CROCE
MEOLO
Bf
OST.° COSTATIN
Route II
MUSILE DI PIAVE
Route I
IL BOTTECHINO
F. Piave
LAZARETTO
SCUOLA
Piave Vecchia
PASSARELLA
SCOLO DI PETRA
CASTALDIA
CA FINITTO
Route III
CAPOSILE
Hst. 3
PASSARELLA DI SOTTO
Taglio del Sile
Lagune
S. MARIA DI PIAVE
Bova Rosa
ERACLEA
CA ZOTTINO
Sile
JESOLO
Hst
MARINA
Lagune
La Salina
Route I
LIDO DI JESOLO
Hst.
Lido dei Lombardi
CAVALLINO
Hst.
Porto di Piave Vecchia (Sile)
Adria
CAMPING EUROPA

28. Wandertag: Jesolo–Punta Sabbione–Markusplatz

An das Meer und nach Venedig

Der letzte Wandertag entschädigt mit zwei einmaligen Erlebnissen für die Wanderung in der Ebene und für manche Mühen während der Alpenüberquerung. Ich kann mir nur wenige Lebensgenüsse vorstellen die an Intensität dem Baden im noch warmen Meerwasser und der Ankunft per Schiff im Becken von San Marco nach einer Alpenüberquerung zu Fuß gleich kämen.

Zum Beginn der abschließenden Wanderung suchen wir erneut nach einem Fußweg entlang des Sile. Heute bleiben wir auf der linken Flußseite. Wir vermeiden die vielbefahrene Via Roma Destra und schlendern entlang von Obst- und Weingärten oder über Lido dei Lombardi zur Landzunge Cavallino. Nach Überschreiten des Sileflusses auf der Straßenbrücke oberhalb des Porto di Piave vecchio verlassen wir nach wenigen Metern die Via Fausta – sie leitet den Straßenverkehr über Cavallino geradlinig nach Punta Sabbione – biegen ein in die Via Fontana und stehen endlich beim Campingplatz Silva am offenen Meer. Ende September ist das emsige Treiben der vielen Sommergäste längst vorbei und die meisten menschlichen Spuren haben die Wellen des Meeres wieder verwischt. Sein Rauschen begleitet uns auf den nächsten sieben Wanderkilometern entlang des Strandes von Cavallino. Dort wo der Sand vom Meerwasser noch angefeuchtet ist, sinken wir am wenigsten ein und so halten wir uns an diese magische Grenze, die Land und Wasser voneinander scheidet. Dies ist auch der Streifen, der laut einem italienischen Gesetz und trotz mancher privater Verbotstafeln von jedermann betreten werden darf. Ermüden vom anstrengenden Sandgehen die Füße, laden nahegelegende Trattorien oder Ristorante zur Stärkung ein. Die intensivste Erfrischung bietet das Baden und Schwimmen im offenen, salzhaltigen Meer. Mit den nackten Füßen, die so lange in den schweren Bergschuhen eingesperrt waren, genießt man den feinen hellen Sand. Sofern man noch Zeit hat, ist die Versuchung groß, hier ein paar faule Tage anzuhängen. Das Hotel Lido des Union Campingplatzes wäre dazu eine geeignete Bleibe. Die Einrichtungen des bestens geführten Platzes stehen einem dabei zur Verfügung.

Für die meisten aber geht der Jahresurlaub nach der langen Wanderung zur Neige und so schultern wir erneut die Rucksäcke. Nach dem Lido Union stapfen wir noch an die drei Kilometer entlang des Strandes, vorbei an den Campingplätzen Germania, Adriatico, Mercedes, Stella Mares und Ca'Pascuali. Nach letzterem biegen wir ein in den Sandweg der in Richtung der gleichnamigen Ortschaft führt und wenden uns dann nach einem knappen halben Kilometer wieder nach Westen, berühren an der Landseite den Platz Boschetto und die südlichen Häuser der kleinen Ortschaft Ca'Savio. Weitere zwei Kilometer entlang eines kleinen Kanals haben wir auf weichem Sandweg zurückgelegt und der allerletzte Kilometer hat bereits begonnen, wenn unser Nebenweg die belebte Via Fausta überquert. Nach ungefähr 500 Metern stehen wir dann schließlich am Canale di Treporti der nach links zur Porto di Lido sich öffnet. Er ist eine der großen Wasserverbindungen von der Lagune in das offene Meer. Durch ihn fahren die stolzen Hochseeschiffe von der Adria nach Venedig. Hier am Wasser enden alle Wege, auch unser »Traumpfad«. Wir besteigen eines der regelmäßig und in kurzen Zeitabständen zur neun Kilometer entfernten Lagunenstadt verkehrenden Schiffe und nähern uns, so wie sichs für die ehemalige Beherrscherin der Meere geziemt, durch den Haupteingang, dem Becken von San Marco. Zuerst durchfährt das Schiff zwischen San Nicolo am Lido und der Inselgruppe Vignole (Certosa und San Andrea) den Canale di San Nicolo. Die mächtige Festung auf San Andrea ließ die Republik von dem großen Architekten San Micheli anlegen, um diesen strategischen Punkt verteidigen zu können. Früher stand ein reiches Kloster auf der Insel. Einmal auf der Überfahrt und zwar in Lido di Venezia legt das Schiff an. Die Entwicklung dieser Insel zum weltberühmten Fremdenort begann erst am Anfang unseres Jahrhunderts. Vorher war die lange und schmale Insel, die Venedig vor dem Meer schützt, mit dichtem Pflanzenwuchs bestanden und die jungen Venezianer kamen hierher um zu reiten, zu jagen und sich im Bogenschießen zu üben. Am Tag Maria Himmelfahrt pflegte der Doge auf dem Buccintoro bei der Kirche San Nicolo zu landen, um die »Hochzeit mit dem Meer« zu feiern.

Heute ist die Attraktion das alljährlich im August/September stattfindende internationale Filmfestival. Nach Passieren der Insel Sèrvolo und vorbei am ersten Hafen Venedigs – der bis ins 19. Jahrh. ausgebaut wurde – mit seinen Werften und Lagerhäusern, wird die unvergleichliche Silhouette mit den Türmen von San Giorgio, der Chiesa Maria della salute und dem Campanile, immer deutlicher. An der Riva Schiavone legt unser Schiff schließlich an. Nach Überschreiten einiger Brücken und einem Blick auf die Seufzerbrücke öffnet sich die Piazzetta und diese wiederum zur Piazza San Marco. Der »Traumpfad« endet im »schönsten Salon der Welt«, wie Napoleon den Markusplatz einmal bezeichnete. Hier verströmt in der Lagune das letzte Bergwasser. Und so wie am Ausgangspunkt München ist auch von den Türmen Venedigs bei Föhnwetter die Alpenkette klar zu erkennen.

Aufgebrochen sind wir in der neugeschaffenen Fußgängerzone der Kunststadt München. Wir beenden die Wanderung in einer Stadt, die fast nur aus Kunst und Wasser besteht und in der nie Rad und Wagen herrschte. Nach der langen Wanderung über einsame Bergpfade, abseits der großen Zivilisation, sind die Sinne offen für die Atmosphäre dieser einmaligen Stadt. Zwei Abende und einen vollen Tag lang nehmen wir sie durch alle Poren auf. Dann besteigen wir das Vaporetto, durchfahren den ganzen Canal Grande und hinaus geht es mit dem Omnibus zum Flugplatz Marco Polo. Mit einer Flugschleife über der Lagune setzen wir zur zweiten Alpenüberquerung hoch in den Lüften an. Nach 45 Minuten – bei Rückenwind sogar nach 40! – landen wir am Aufbruchsort in München. Ein »Erlebnis des Lebens« ist zu Ende.

Touristische Angaben: 28. und letzter Tag: Jesolo–Punta Sabbione–Venedig. Ca. 24 km Fußwanderung und neun Kilometer Schiffahrt. Einkehren am Wege.

Führer und Karten: Carta D'Italia 1:50 000, Bl. Nr. 128 Venezia.

Literatur: Eugenio Vittoria, Tour Venedig–Jesolo, Verlag Benedetti Edizioni, 30122 Venezia, Castello 5252; Löbl/Hocke, Bummel durch Venedig, Süddeutscher Verlag, München; Marianne Langewische, Venedig, Geschichte und Kunst, Verlag M. DuMont Schauberg, Köln; Merianhefte: Venedig Nr. 10/VIII und 9/XXVII sowie »Triest, Friaul und Venezien« Nr. 4/XXI.

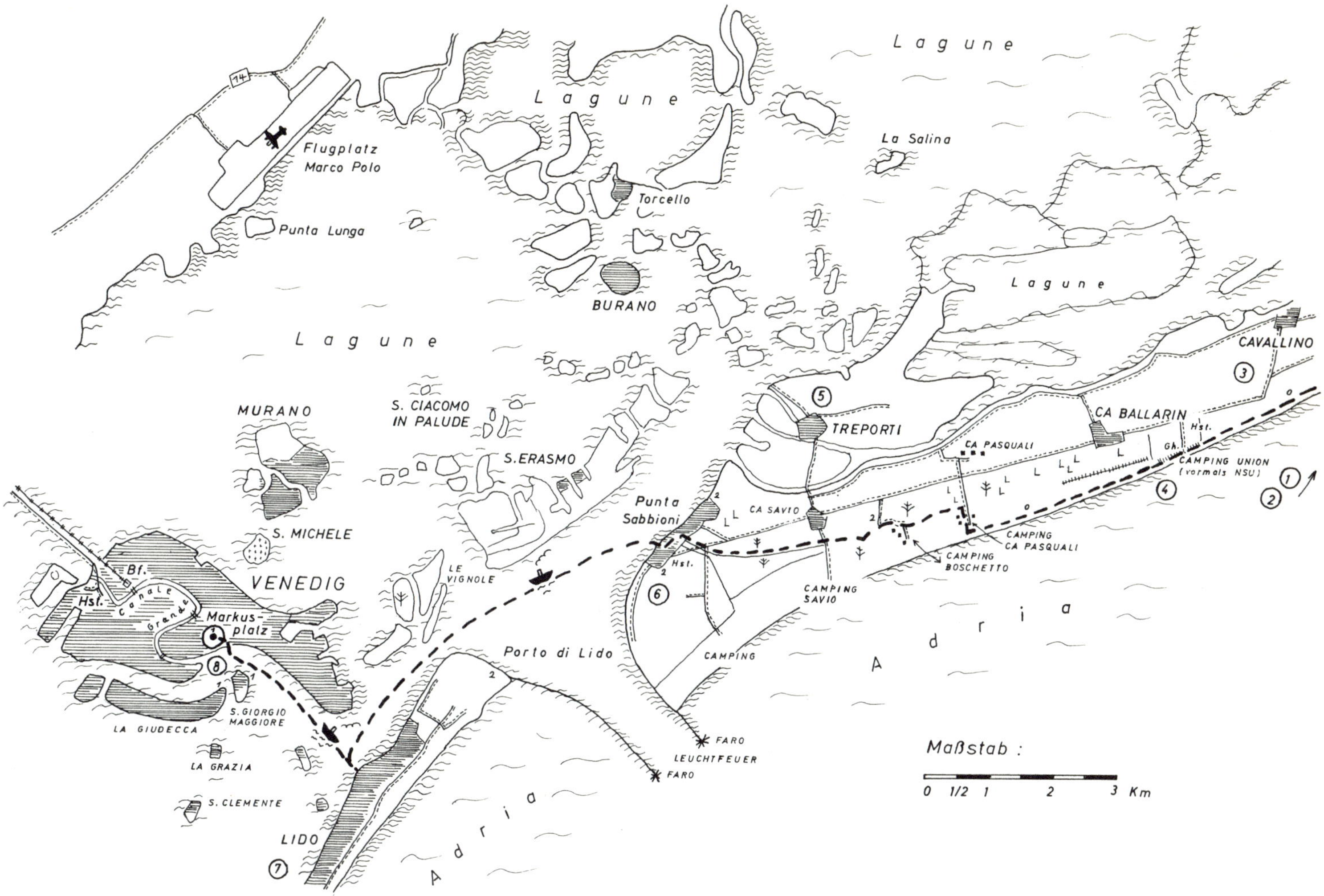

Hinweise zur Wanderskizze des 28. Tages:

1 Lido di Jesolo: Bedeutendes Seebad, flacher Sandstrand mit 15 km Länge; Institut für die Kurbehandlung mit Sand.

2 Porto di Piave Vecchio (Sile): Mündung des alten Piaveflusses, als Folge eines Durchbruchs verlegte der Piave 1863 seine Mündung nach Porto Lazzo, östlich von Jesolo. Der Sile wurde daraufhin in das alte Flußbett des Piave abgeleitet.

3 Cavallino: Name für die Ortschaft und den Küstenstreifen südwestlich von Jesolo, leitet sich ab von Equilinum (lat. kleines Pferd).

4 Camping Union-Lido (früher NSU): 60 ha großer Campingplatz, fünf ha. Strand, Kapazität: ca. 11000 Besucher, 3000 Zelte, 1350 elektrische Anschlüsse für Wohnwagen, 230 Bungalows. Verbunden damit ist das vierstöckige Hotel Union-Lido mit 70 Zimmern (160 Betten), erbaut 1964.

5 Treporti (früher Saccagnana): Kleine Ortschaft in der Lagune östlich von Venedig, gleichnamiger Kanal zwischen der Insel S. Ersamo und der Küste von Cavallino; früher waren hier drei Häfen. Sie wurden zugunsten des Hafens Lido di Venezia aufgegeben. Verkehrsverbindungen nach Jesolo, zu den Laguneninseln und nach Venedig.

6 Punta Sabbione: Westlicher Teil der Landzunge von Cavallino, Buslinie von Lido di Jesolo und Schiffsverbindung einschl. Vaporetto, über Lido di Jesolo zum Markusplatz und zur Piazzale Roma. Pferde- und Rinderzucht, Obstanlagen, Weinbau.

7 Lido Venedig: Langgestreckte Insel südöstlich von Venedig, Begrenzung der Lagune zum Meer; Weltbad mit feinem Sandstrand, Spielkasino und Palazzo del Cinema; regelmäßige Schiffs- und Fährverbindungen (auch für Autos).

8 Venedig: Hauptstadt der gleichnamigen Provinz und der Region Venezien, erbaut auf 120 Inseln der Lagune; erste Besiedelung infolge Vordringens der Germanen- und Hunnenstämme durch die Veneter um die Mitte des 1. Jahrtausends. See- und Weltmacht im Mittelalter, bis 1797 selbständiger Stadtstaat, reiche Geschichte, zahlreiche weltberühmte Kunstwerke.
Politische Gemeinde: 370000 Einwohner, davon in der Altstadt nur mehr 36000; Hochschulen für Architektur und Wirtschaft, Kunstakademie, Fremdenverkehr, handwerkliche Glas- und Textilverarbeitung, Hafen, Industrievorstädte Mestre und Marghera; die Altstadt ist von Luft- und Wasserverschmutzung sowie von Überflutung bedroht.

Der Wanderweg – geologisch gesehen

Von Walter Stephan

Alpenüberquerung zu Fuß, d.h. intensive Begegnung mit einem Hochgebirgssystem, dessen fortlaufende Ketten den eurasiatischen Kontinent girlandenförmig umspannen. Es stellt sich uns zunächst als Hindernis zu südlichen Ländern in den Weg und ist zugleich Wetterscheide zwischen dem kühleren Mitteleuropa und dem wärmeren Süden. War das immer so in erdgeschichtlicher Zeit? Keineswegs! Im Erdmittelalter umfaßte die Tethys (ein Mittelmeer in anderer Umgrenzung als das heutige) zeitweise das Alpengebiet und sogar noch Teile des nördlichen Alpenvorlandes. Noch aus der Tertiärzeit finden sich am Alpennordrand Gesteinsplatten, die von Muscheln übersät sind und uns in ihrer sandigen Einbettung an oberitalienische Strände erinnern. Erst sehr spät wurden all die Ablagerungen, die sich in den Tiefen und Untiefen der Tethys angehäuft hatten, gefaltet und übereinander geschoben, schließlich in einem heute noch andauernden Akt zum trennenden Hochgebirge erhoben.

Angesichts eines derart veränderten geographischen Bildes wird uns mit der Alpenüberquerung der Weg geöffnet, sowohl zum Verständnis erdgeschichtlichen Geschehens, als auch zum Erkennen des architektonischen Baus der Alpen, der sich uns zwischen München und Venedig in einem idealen Querschnitt darbietet.

München, der Start unserer langen Wanderung, liegt im nördlichen Alpenvorland, dessen geologischer Aufbau eine quartäre Deckschicht (Flußschotter, Moränen) über tertiären Ablagerungen erkennen läßt. Sowohl das Material der Deckschicht wie das ihrer Unterlage besteht aus dem Abtrageschutt des im Süden sich erhebenden Hochgebirges. Ansonsten zeigen sich aber außer dieser Gemeinsamkeit erhebliche Unterschiede zwischen diesen beiden Formationen, die nicht nur durch die Altersunterschiede bedingt sind. Die quartäre Deckschicht ist einige Meter oder meist nur gelegentlich einige zehn Meter mächtig (stark). Erdöl- sowie Erdgasbohrungen erreichten in den tertiären Schichten hingegen sogar mehr als 5000 Meter. So stellt also das Alpenvorland geologisch eine weite und tiefe Senke dar, die als Bauelement dem Außensaum des aufsteigenden Gebirges zugeordnet ist.

Längs des Weges nach Bad Tölz (1+2) hat die Isar die quartären Deckschichten der Münchener Schotterebene und des Moränenhügellandes durchschnitten und dabei streckenweise nahe der Talsohle auch den tertiären Untergrund erreicht, worauf Hangrutsche und feuchte Füße der steilen Hänge hinweisen. Bei Rimsel-

Anmerkung:
Zur Erläuterung der Karten und der Wanderroute können nur stichwortartig Hinweise gegeben werden. Nähere Angaben sind den geologischen Spezialkarten und -arbeiten zu entnehmen.
Die Zahlen in Klammern weisen auf die einzelnen Wandertage der Route hin.

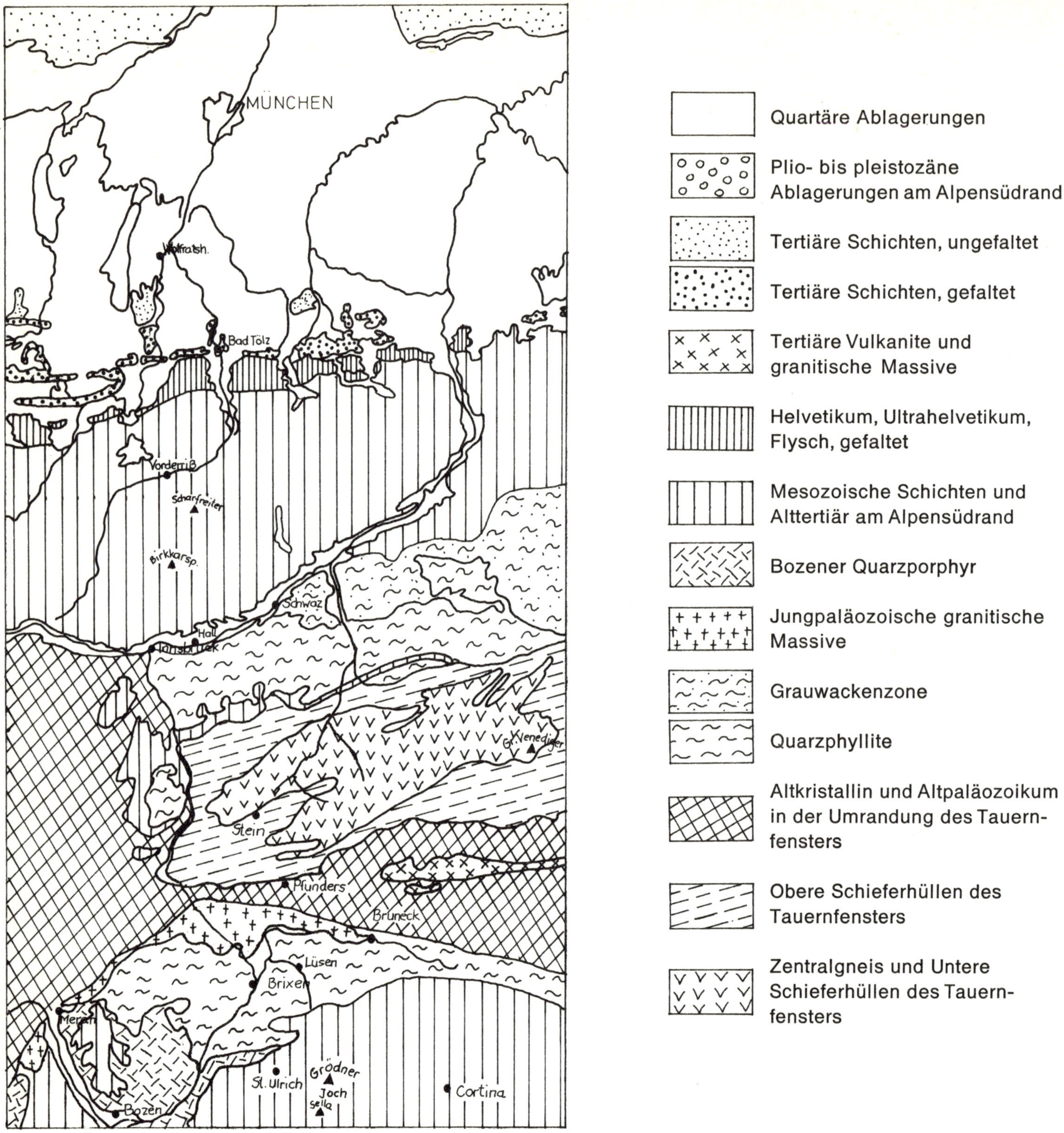
MÜNCHEN
Wolfratsh.
Bad Tölz
Vorderriß
Scharfreiter
Birkkarsp.
Schwaz
Hall
Innsbruck
Gr. Venediger
Stein
Pfunders
Bruneck
Lüsen
Brixen
Meran
St. Ulrich
Grödner Joch
Sella
Cortina
Bozen
Quartäre Ablagerungen
Plio- bis pleistozäne Ablagerungen am Alpensüdrand
Tertiäre Schichten, ungefaltet
Tertiäre Schichten, gefaltet
Tertiäre Vulkanite und granitische Massive
Helvetikum, Ultrahelvetikum, Flysch, gefaltet
Mesozoische Schichten und Alttertiär am Alpensüdrand
Bozener Quarzporphyr
Jungpaläozoische granitische Massive
Grauwackenzone
Quarzphyllite
Altkristallin und Altpaläozoikum in der Umrandung des Tauernfensters
Obere Schieferhüllen des Tauernfensters
Zentralgneis und Untere Schieferhüllen des Tauernfensters

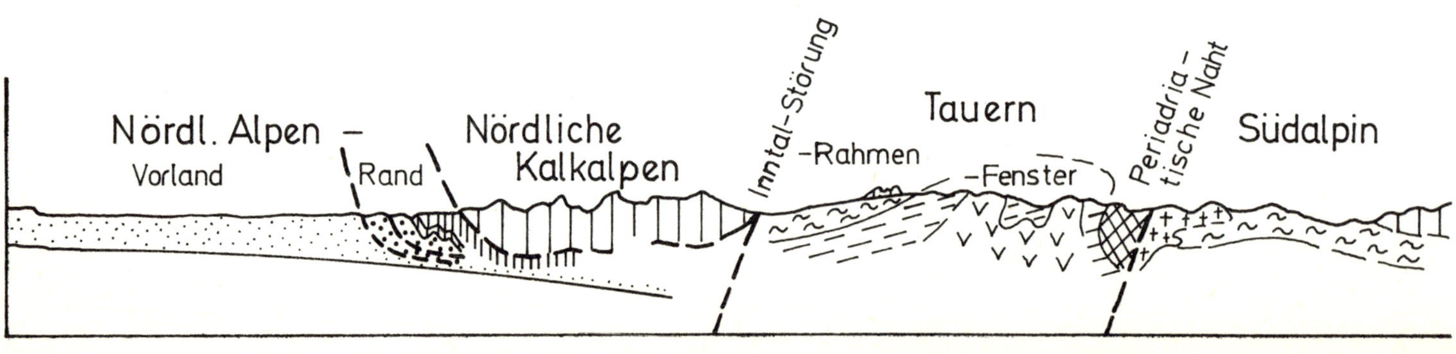
Nördl. Alpen –
Vorland
Rand
Nördliche Kalkalpen
Inntal-Störung
Tauern
–Rahmen
–Fenster
Periadriatische Naht
Südalpin

Stein
Pfunders
Lienz
Bruneck
Eisack
Rienz
Toblach
Drau
Brixen
St. Ulrich
Grödner
Joch
Cortina
Marmolata
Belluno
Feltre
Conegliano
Treviso
Piave
Vicenza
Brenta
Jésolo
Mestre
Venedig
Padua

rain, vorerst noch unmerklich, ist der Struktur nach schon der Alpenrand erreicht. Von hier bis über Tölz hinaus finden sich ältere tertiäre Schichten, die durch die Alpenfaltung hochgeschoben und dabei gefaltet worden sind und das bisher angetroffene ungefaltete Jungtertiär der nordalpinen Randsenke überlappen. Durch den Pechkohlebergbau und tiefe Erdölbohrungen wurde uns der strukturelle Bau erschlossen. Nach Süden zu schließen sich noch stärkere Überschiebungen, meist kreidezeitlicher Gesteinsserien an. Sie werden unter den Namen Helvetikum (Tölzer Jodquellen) und Flysch (Blomberg, Zwiesel) zusammengefaßt. Vermutlich liegen auch sie noch über dem ungefalteten Jungtertiär der Alpensaumsenke. Damit wird bereits hier der alpine Baustil aufgezeigt: ursprünglich nebeneinander gelegene Gesteins-Einheiten sind eng zusammengefaltet, verschuppt und dabei auf andere Einheiten, wie hier auf das Molassebecken, von Süden nach Norden überschoben worden (siehe Profil).
Von Lenggries an (3) engen schroffe Felswände das Tal ein, die nördlichen Kalkalpen sind erreicht: Vorwiegend Kalkstein, Dolomite der Trias-, Jura- und teilweise Unterkreidezeit, einst abgelagert in der Tethys, bilden sie heute das oberste Stockwerk im Bau der Ostalpen. Um Lenggries ist noch die Vielfalt triassischer und jurassischer Gesteine vertreten, unter denen der Wettersteinkalk als Felsbildner hervortritt. Vom Isarengtal unterhalb des Sylvensteinspeichers an (4+5) begleitet uns weiterhin über Vorderriß hinaus bis etwa zur österreichischen Grenze der Hauptdolomit. Das meist gut gebankte Gestein, vermutlich in einer Lagune abgelagert, kann bis über 2000 m mächtig werden. Breite Schutthalden stehen oft hoch an den Hängen an. Wir durchqueren dann das Karwendel (6+7), geprägt von den hellen, schroffen Felsen des Wettersteinkalkes. Der Abstieg zum Inn wird hoch über dem Fluß durch eine breite Talstufe unterbrochen. Sie liegt über einer erstaunlich mächtigen Schichtenfolge aus Seetonen und Schottern, die vor und vielleicht gleichzeitig mit dem Vorrücken der Gletscher der letzten großen Eiszeit am Hangfuß der Alpennordkette gebildet worden sind.
Das Längstal des Inns folgt einer großen Störungslinie. So tritt jenseits des Flusses (8), fast bis zur Lizumer Hütte, ein Gesteinsverband aus dem Erdaltertum auf: der Innsbrucker Quarzphyllit. Diesseits des Flusses könnte er, längs der Inntalstörung relativ abgesunken, im südlichen Karwendel tief unter den nördlichen Kalkalpen liegen.
In den Tarntaler Bergen, vor Erreichen der Lizumer Hütte, werden die silber- bis bleigrauen Quarzphylitte unvermittelt von erdmittelalterlichen (mesozoischen) Kalken überlagert, die denen der nördlichen Kalkalpen gleichen und u.a. die Gipfel des Hippold, der Sonnenspitz und der Torwand bilden.

Von der Lizumer Hütte nach Süden (9) begleiten uns anfangs noch Reste mesozoischer Kalke, die im Reckner einen Serpentinstock enthalten. Dann aber begegnen uns (9–12), den Hauptkamm querend, mineralogisch bunte, kristalline Gesteinsserien im strukturell tiefsten Stockwerk der Alpen. In einer breiten Aufwölbung treten erst Schieferhüllen (9) und schließlich im Zentrum Zentralgneise (10) auf; sie enthalten alte Gesteinsverbände, die mit ihren granitischen Tiefengesteinen intensiv durchbewegt und zu Augen- und Flasergneisen umgeprägt worden sind. Wir durchqueren den vom Olperer beherrschten Bereich des Zentralgneises zwischen Tuxer- und Pfitscherjoch (10–11). Beim Abstieg nach Pfunders (11–12) sind die diesseitigen Schieferhüllen des Zentralgneises erreicht. Von Pfunders ab (13) durchwandern wir den hier ca. 5 km breiten Südrahmen des Tauernfensters aus kristallinen Gesteinen und erreichen bei Weitental eine sich weit hinziehende Störung, die »Periadriatische Naht«. Mit ihr ist die strukturelle Nordgrenze des südalpinen Bereichs erreicht. An der Störung ist der Brixener Granit emporgedrungen, der uns bis zum Erreichen des Pustertales begleitet. Über Lüsen hinaus (14) steht dann mit dem Brixener Quarzphyllit ein Gestein an, das dem Innsbrucker Quarzphyllit ähnelt. Am Querweg, der nach Osten über das Würzjochhaus nach St. Martin führt, erreichen wir schließlich den Beginn der perm-, trias- und jurazeitlichen Schichtfolgen der Dolomiten.
Die Gesteinsserie der Dolomiten entspricht ihrem Alter und ihren Bildungsumständen nach teilweise der Gesteinsausbildung der Nördlichen Kalkalpen. Im Unterschied zu diesen sind die Schichten der Südlichen Kalkalpen weitaus weniger gefaltet und überschoben worden. Bei meist flacher oder wenig geneigter Lagerung und enormen Schichtmächtigkeiten (-stärken) konnte sich daher eine großartige Schichtstufenlandschaft entwickeln. In ihr bewirkt das Nebeneinander von hellen Korallenriffkalken und dunklen Lava- und Tuffgebilden farbliche Kontraste.
Zu Beginn des Anstiegs (14) zur Schlüterhütte stehen zunächst die permischen Schichtfolgen der Gesteinsserie an: zuunterst der meist rötliche, aber auch graue bis grünliche Grödener Sandstein, darüber löcherige Dolomite, Mergel, dunkle Kalke der Bellerophon-Schichten. Im Hangfuß des Peitlerkofel folgen dann in ähnlicher Ausbildung triassische Schichten, zuunterst die Werfener-, dann die Gracilis-Schichten und mit dem Sarl-Dolomit schließlich die erste typisch dolomitische Kalkriffbildung. Darüber liegen in einem schmalen Band die Buchensteiner-Schichten, zusammengesetzt aus zonenweise verschieden gefärbten Mergelkalken. Abschließend erhebt sich dann in großer Mächtigkeit bis zum Gipfel der Schlerndolomit. Eine ähnliche Schichtenfolge wie hier wird mit einigen Ergänzungen weiterhin anzutreffen sein. So zeigt die Sellagruppe (16) einen breiten Sockel

aus Schlerndolomit. Über ihm, getrennt von einem schuttüberdeckten Band aus Raibler Schichten, ist der Sella eine Kappe aus gut gebanktem Hauptdolomit aufgesetzt, mit der die triassische Folge hier abschließt.

Beim Abstieg von der Sellagruppe (17) stehen am Pordoijoch und unterhalb erst die fossilreichen Cassianer Schichten (Kalke, Sandsteine, Mergel) und dann tuffitische Sandsteine und Konglomerate an. Diese begleiten uns auch noch auf der östlichen Talflanke vor und hinter dem Fedaja-Paß (18), während im Westen das Kalksteinmassiv der Marmolada jäh ansteigt. Mit dem Aufstieg zur Tissihütte (19) wird der Sockel des Monte Civetta erklommen. Der Höhenweg zur Carestiato-Hütte (20) und zur Pramperet-Hütte (21) nutzt die durch den Gesteinswechsel bedingte Geländestufe, indem er sich an das auch hier von der Unterlage abgesetzte, schuttüberdeckte Band aus Raibler Schichten hält. Darüber liegt wiederum der Hauptdolomit, der jedoch in diesem Bergmassiv wie in seiner Fortsetzung von liassischen Kalken überlagert wird.

Die Fortsetzung des Weges von der Pramperet-Hütte am Fuß des Hauptdolomits und der Abstieg in das Piave-Tal nach Belluno (22–23) führt in die Gesteinsserien der südlichen Kalkalpen, d.h. in jura- und kreidezeitliche Ablagerungen (verschiedene Kalke, u.a. rote Ammonitenkalke, Mergelkalke u.a.). In der Umgebung von Belluno durchqueren wir ein tertiäres Becken, dessen älteste Ablagerungen ähnlich dem Flysch der Nördlichen Kalkalpen ausgebildet, jedoch ungefaltet sind. Die Strecke nach Revine (24) bleibt zunächst weiterhin im tertiären Flyschbecken und seinem kreidezeitlichen Südrand. Kurz vor Revine treffen wir noch auf einen schmalen Streifen aus Jura-Gesteinen.

Revine liegt am Rand der Südlichen Kalkalpen. Die Strecke bis Priula (25) führt durch das südliche Alpenvorland. Zunächst ist auch hier eine schmale Zone älterer, jedoch ungefalteter, tertiärer Schichten ausgebildet. Sie tauchen nach Süden unter eine breite Decke aus jüngeren tertiären Schichten. Das weist uns noch einmal auf die strukturellen Unterschiede im Bau zwischen Nord- und Südalpen hin. Auf dem Weg nach Venedig (26–27) treffen wir nur mehr die jungen und jüngsten Aufschüttungen des Piave und anderer Alpenflüsse. Sie füllen mit ihrer Fracht in großer Mächtigkeit die gegenwärtig noch aktive Senke am südlichen Außensaum des Gebirges. Das Ziel unserer Alpenüberquerung bei Jesolo oder am Lido von Venedig bringt den ebenso verdienten wie erfrischenden Kontakt mit den Fluten des Mittelmeeres. In einem Augenblick der Muße sollten wir uns an die Tethys mit ihren Meeresablagerungen erinnern, die wir überquert haben und auch an die Vorgänge, die zur Umbildung der Gesteinsschichten bis zu ihrer Erhebung zum Hochgebirge geführt haben.